JN303719

Information & Computing — 109

一歩踏み込む
LaTeXの基本

——入力支援環境「祝鳥^{のりてふ}」を用いた文書作成——

阿部 紀行 著

サイエンス社

本書で記載しているマイクロソフト製品は米国 Microsoft 社の登録商標または商標です．
その他，本書で記載している会社名，製品名は各社の登録商標または商標です．
本書では，® と ™ は明記しておりません．

サイエンス社のホームページのご案内
http://www.saiensu.co.jp
ご意見・ご要望は　rikei@saiensu.co.jp　まで．

まえがき

　LaTeX による文書作成は難しいと思われがちですが，そこまで難しいものではないと感じています．いくつかのおまじないを覚え，また必要な命令を覚えてしまえば，すぐにでも簡単な文書が書けるでしょう．LaTeX の標準的な設定により構成された文書は，それなりに見られるものとなっているはずです．

　しかし，LaTeX の使用がその段階でとどまる人はほとんどいないように思います．LaTeX による文書作成を繰り返していれば，すぐに「あの出力を少し変えたい」などといった願望が出てくるでしょう．これらの願望を実現するのは，LaTeX の第一歩目に比べればかなり難しいことであると思います．

　本書の目的の一つは，これらに対する解決方法を提示することです．本を参照したり Web での検索を行ったりすれば，うまくいけばこれらに関する解決方法を得ることができます．無事見つけられたならば，そこに書いてあるソースをそのまま打ち込めば，目的通りの出力を得ることができるでしょう．これはこれですばらしい解決方法です．しかし，本書ではこのようなケース・バイ・ケースの扱いではなく，より網羅的な解決方法について述べます．つまり，LaTeX 自体の動きを調べ，それにあわせて動きを変更することで解決を行おうということです．

　「LaTeX 自体の動きを調べ」などというと，非常に難しく聞こえます．事実，LaTeX の動きを完全に追うのは，LaTeX，更にはそのもととなっている TeX に関する詳しい知識が必要になるでしょう．しかし，そうではなく，簡単なカスタマイズをしたいだけであるならば，そこまで深い理解は必要ないと思われます．本書では，現実的に起こりうる多くの願望をカバーするような，必要最低限の知識を解説します．また，例をもとに実際にどのようにカスタマイズされるかを示します．

　さきほど，目的の一つは，と述べましたが，もう一つの目的が，入力支援環境の紹介です．LaTeX による文書作成を支援するソフトウェアは世の中にたく

まえがき

さん出回っていますが，そのいずれもが LaTeX による文書作成をサポートしてくれます．このような支援環境を活用することは，文書作成の効率をあげることになるでしょう．本書では，秀丸エディタに拙作マクロ祝鳥を用いた支援環境の使い方を紹介します[†1]．

本書の構成は次の通りです．2章から8章までで，LaTeX の入門をかねて基礎的な部分を外観します．ただし，入門的な部分にとらわれず，少しつっこんだ部分まで解説を試みました．特に7章では，あまり扱われることのない BibTeX の設定ファイルに関する解説を行います．9章では，パッケージ自身の使い方及びよく使われるパッケージに関して簡単な説明を加えます．10章では，LaTeX によるプレゼンテーション用スライドの作成を行います．メインはプレゼンテーション用のパッケージの使い方になりますが，更にこれらをカスタマイズする方法についても簡単に触れました．11章においてマクロの基本事項について触れます．ここでは，完全な知識ではなく，とりあえず次の12章で必要となる知識をそろえることを目標とします．12章では，11章で得た知識を用いて，LaTeX 出力の簡単なカスタマイズについて，例をもとに解説します．これにより，「ここにピリオドを出力したい」といった類の願望の実現方法に関する知識を得ることができることと思います．13章では，それらのカスタマイズをスタイルファイルにまとめる方法について述べます．

既に述べたとおり，本書は LaTeX の最初の段階を終えた方が，次のあと一歩を踏み出すようにと書きました．そのために，全てを書くことはやめ，書くべきことを注意深く選択しました．この取捨選択がよいものであったかは，読者の判断にゆだねる他ありません．本書が，LaTeX の次の一歩を踏み出すための助けとなればと思います．

最後になりましたが，サイエンス社編集部の田島伸彦氏及び足立豊氏には，私の読みづらい原稿に辛抱強くお付き合い頂きました．ここに深く感謝の意を述べたいと思います．

2006年11月

阿部 紀行

[†1] インストーラのダウンロードについては，http://www.saiensu.co.jp/ より本書のサポートページをご覧下さい．

目 次

第 1 章 初 め に — 1
- 1.1 TeX と は — 1
- 1.2 LaTeX と は — 1
- 1.3 日本語の TeX/ LaTeX — 2
- 1.4 dviware — 3
- 1.5 入 力 支 援 — 3

第 2 章 準 備 — 5
- 2.1 基 本 部 分 — 5
  - 2.1.1 インストール時の注意とインストール後の作業 — 6
  - 2.1.2 接続時にエラーが発生した時 — 7
  - 2.1.3 インストール時にエラーが発生した時 — 8
  - 2.1.4 どうしようもない場合 — 8
  - 2.1.5 TeX インストーラ 3 がしたこと — 9
  - 2.1.6 アップデート — 9
  - 2.1.7 その他のインストール — 10
- 2.2 Adobe Reader のインストール — 11
- 2.3 秀丸と祝鳥のインストール — 11
  - 2.3.1 アップデート — 13
- 2.4 テストをする — 13
- 2.5 祝鳥を使わないコンパイル — 15
- 2.6 コンパイルしてできるファイル — 19

第 3 章 LaTeX 2_ε の基礎 — 21
- 3.1 最初の LaTeX 2_ε — 21

3.2	$\LaTeX 2_\varepsilon$ 文書の例	22
	3.2.1　祝鳥による文書作成	26
	3.2.2　命令がわからない時は	29
3.3	祝鳥の基礎	30
	3.3.1　コンパイル	31
	3.3.2　各種挿入	32
	3.3.3　リストボックスによる補完	34
	3.3.4　ギリシャ文字補完	35
	3.3.5　¥end 補完	36
	3.3.6　対応するものへの移動	37
	3.3.7　マニュアルを開く	37
	3.3.8　不要ファイルの削除	37
	3.3.9　ログファイルを開く	38
	3.3.10 dvi ファイルへのジャンプ	38

第4章　基本的な命令　　40

4.1	タイトル作成,概要	40
4.2	文書構造,目次	41
4.3	脚注	43
4.4	引用符	43
4.5	ハイフネーション	43
4.6	改行・改ページ	44
4.7	書体,文字サイズ	45
4.8	中央寄せ,右寄せ	46
4.9	箇条書き	47
4.10	文字の上げ下げ	48
4.11	表	49
	4.11.1 table 環境	52
4.12	書いたものをそのまま出力する	53
4.13	空白の出力	54

第5章　数　式　57

- 5.1　数式出力の基本 57
- 5.2　基本的な命令 58
  - 5.2.1　添え字，冪乗 58
  - 5.2.2　分　数 58
  - 5.2.3　和と積分 59
  - 5.2.4　括弧などを大きくする 60
- 5.3　否定する 61
- 5.4　数式の種類 61
- 5.5　空白制御 62
- 5.6　書　体 63
- 5.7　数式の改ページ 65
- 5.8　AMS のパッケージを使う 66
  - 5.8.1　手軽に使えそうな機能 66
  - 5.8.2　環　境 68
  - 5.8.3　定理環境 72
  - 5.8.4　proof 環境 74
  - 5.8.5　定理環境のカスタマイズ 76

第6章　画　像　79

- 6.1　図を入れてみる 79
- 6.2　画像の種類 80
- 6.3　画像を変換する 81
- 6.4　dviout と Susie plug-in 83
- 6.5　バウンディングボックス 84
- 6.6　figure 環境 85
- 6.7　回り込み 86

第7章　参照，文献，索引　87

- 7.1　参　照 87
  - 7.1.1　参照の方法 87

	7.1.2	カウンタの関連づけ	89
	7.1.3	支援環境の活用	90
7.2	参考文献	91
	7.2.1	文献一覧を自分で書く場合	92
	7.2.2	cite パッケージの利用	93
	7.2.3	文献データを別ファイルにおいておく場合	93
	7.2.4	人にソースを渡す場合	97
	7.2.5	支援環境を活用する	98
	7.2.6	スタイルを変更する	99
7.3	索引	112
	7.3.1	索引の簡単な作り方	112
	7.3.2	¥index の使い方	114
	7.3.3	索引出力のカスタマイズ	115

第 8 章 大規模文書の作成　　118

8.1	アウトラインの活用	118
8.2	ファイルの分割	119
8.3	実際のソース	121

第 9 章 パッケージの使い方　　123

9.1	パッケージの使い方	123
9.2	CTAN	123
9.3	TeX システムの構成	124
	9.3.1	フォルダ構成	124
	9.3.2	kpathsea について	126
	9.3.3	パッケージのインストール法	127
9.4	パッケージの紹介	128
	9.4.1	より強力な数式 — AMS パッケージ	128
	9.4.2	リンクをつける — hyperref	128
	9.4.3	¥等を出力する — textcomp	132
	9.4.4	欧文フォントを変更する — txfonts 他	132
	9.4.5	色々な囲み — ascmac	136

目次

- 9.4.6 便利パッケージ — okumacro 137
- 9.4.7 色づけをする — color 138

第 10 章 プレゼンテーション　140

- 10.1 何を使うか 140
- 10.2 LaTeX Beamer を使う 141
  - 10.2.1 インストール 141
  - 10.2.2 ドキュメント 141
  - 10.2.3 まずは使ってみる 142
  - 10.2.4 通常文書との違い 143
  - 10.2.5 しおりの文字化け対策 145
  - 10.2.6 オーバーレイ 146
  - 10.2.7 テーマ 147
  - 10.2.8 テーマを自作する 148
- 10.3 dviout を使う 156
  - 10.3.1 インストール 156
  - 10.3.2 使ってみる 156
  - 10.3.3 itemize 環境などに関する注意 157
  - 10.3.4 オーバーレイ 158
  - 10.3.5 フレーム / 背景画像 159
  - 10.3.6 最終ページ 160
  - 10.3.7 dviout のプレゼンテーションモード 160

第 11 章 マクロの基本　162

- 11.1 初めてのマクロ 162
  - 11.1.1 オプション引数をとるマクロ 163
  - 11.1.2 改行の話 164
  - 11.1.3 代入を行う ¥let 165
  - 11.1.4 ¥newcommand 内での ¥newcommand 165
- 11.2 ¥makeatletter と ¥makeatother 166
- 11.3 カウンタの利用 166
  - 11.3.1 カウンタの定義と利用法 166

11.3.2 表示される数字のカスタマイズ 169
11.4 寸　法 170
11.5 環境の定義 172
　　 11.5.1 ¥def による環境定義 173
　　 11.5.2 list 環境 174
　　 11.5.3 trivlist 環境 178
11.6 条件分岐 179
　　 11.6.1 ¥ifdim 179
　　 11.6.2 ¥ifnum 180
　　 11.6.3 ¥ifodd 181
　　 11.6.4 ¥ifcase 181
　　 11.6.5 ¥ifx 181
　　 11.6.6 ¥iftrue, ¥iffalse 182
　　 11.6.7 if 系文を作る ¥newif 183

第12章　LaTeX 2_ε のカスタマイズ　184

12.1 基本知識 184
　　 12.1.1 ローカル・グローバル 184
　　 12.1.2 省略記号 186
　　 12.1.3 展開順序 186
　　 12.1.4 ¥def の仲間達 187
　　 12.1.5 ¥csname と ¥endcsname 188
　　 12.1.6 ¥@ifnextchar 189
　　 12.1.7 繰り返し処理 190
　　 12.1.8 カウンタ再論 191
　　 12.1.9 ボックス 192
　　 12.1.10 グルー 193
12.2 実際のカスタマイズ 195
　　 12.2.1 enumerate 環境の見出し変更 196
　　 12.2.2 文献引用に関するカスタマイズ 199
12.3 その他のカスタマイズ 202

12.3.1	紙サイズ等の設定	202
12.3.2	ページスタイル	204

第13章 スタイルファイルを作ろう　207

13.1	スタイルファイルの基礎	207
13.2	スタイルファイルの素性を明らかにさせる	208
13.3	他のパッケージを読み込む	209
13.4	オプションを使う	209

付録A　Windows の基礎知識　210

A.1	ファイル，フォルダ	210
A.2	拡　張　子	213
A.3	テキストファイルとバイナリファイル	215
A.4	圧　縮，解　凍	215
A.5	コマンドプロンプト（MS-DOS プロンプト）	216
A.6	環　境　変　数	219

付録B　色々なソフトを使う　223

B.1	スペルチェックをする — ispll	223
B.1.1	コマンドプロンプトから使う	223
B.1.2	祝鳥から使う	226
B.1.3	祝鳥から直接かける	227
B.2	文献管理 — JabRef	227
B.3	dviout を使う	230
B.3.1	出力を画像として取り出す	230
B.3.2	PDF への変換を行う	231

付録C　秀丸の使い方　232

C.1	エディタって何？	232
C.2	検　索　と　置　換	233
C.2.1	正　規　表　現	233
C.2.2	正規表現の基礎	234
C.2.3	繰り返し回数の指定	235

        C.2.4　文字の集合を表す正規表現 236
        C.2.5　グルーピング 237
        C.2.6　または（or） 238
        C.2.7　置換時の注意：最長一致の原則とものぐさ指定 238
        C.2.8　検索された文字列を置換に使う：タグ付き正規表現 ... 239
　C.3　grep 241
　C.4　秀丸マクロ 241
　C.5　キーマクロ 243

付録 D　祝鳥のカスタマイズ　　　　　　　　　　　　　　　**245**
　D.1　設定の仕方 245
　D.2　メインメニューをカスタマイズする 246
　D.3　begin 型と section 型のショートカットを変更する ... 248
　D.4　補完単語の作り方を変更する 248
　D.5　リストボックス補完の挙動を変更する 252
　D.6　辞書編集 253
　D.7　コンパイル関連の設定 254
        D.7.1　一般的な設定 254
        D.7.2　祝鳥のコンパイル周りの仕組み 256
        D.7.3　プログラムの設定 257
        D.7.4　プログラム設定 262
        D.7.5　メニューの設定 262
        D.7.6　コマンドの設定 263
        D.7.7　プレビューの設定 264

参 考 文 献　　　　　　　　　　　　　　　　　　　　　　**266**

索　引　　　　　　　　　　　　　　　　　　　　　　　　**268**

第1章
初めに

1.1 TeX とは

TeX はコンピュータ学者 Donald E. Knuth により作成された，組版（原稿に従い，文字や図などを印刷できる形にまとめること）を行うソフトです．文章自体も美しく出力されるのですが，特に数式の出力に関しては並ぶものがなく，事実上の標準になっています．

書く際は，TeX といったように少し E を下げて書きます．ただし，このような出力は難しいので，TeX と E を小文字で代用することも許されています．TEX や Tex は誤りです（よく見ますが）．TeX はギリシャ文字の $\tau\epsilon\chi$ に対応しており，「テッハ」と「テッカ」の中間のように発音するのが正しいのですが，そのような発音は難しいため，英語圏の人たちには「テック」と呼ばれることが多いようです．日本人の間では，「テフ」と呼ばれることが多いです．

Windows や UNIX, Linux, MacOS を始めとする様々な環境に移植されており，あらゆる種類のコンピュータ上で使うことができます．また，単に移植されているだけではなく，標準化が行き届いているので，どの環境でも同一の出力を行うことができます．この本では，主に Windows 使用者を対象にしますが，上のような理由から他の環境でも殆どそのまま通用することになります．

1.2 LaTeX とは

TeX 自体はプリミティブと呼ばれる原始的な命令しか持ち合わせておらず，そのまま使うのは少々骨の折れる仕事です．一方，TeX は組版に特化したプログラミング言語としても動かすことができ，TeX 自体を拡張する事ができます．その拡張をマクロと呼びますが，通常ユーザは通常マクロが既に組み込まれた TeX を使います．Knuth 自身も plain TeX と呼ばれるマクロを作っています．

現在もっとも使われているのが，Leslie Lamport による LaTeX と呼ばれる

拡張です。

LaTeX の大きな特徴は，文書の構造とレイアウトの分離にあります．例えば，この章の頭にある「第 1 章 初めに」という文字は，他の文字より大きくかつ少し文字の間を広くあけてかかれています．このようなレイアウトの指定は，原稿ファイル中ではなく，別のスタイル指定用のファイルにかかれています．そのため，原稿ファイル内では「初めに」というタイトルの章の指定しか行っていません．LaTeX は，指定されたレイアウト情報に従い，その章のタイトルを出力します．

このように，原稿ファイル内に「何々をどこどこにこれこれのサイズで出力せよ」という命令をおく必要がありません．そのため，ソース自体が読みやすくなりますし，出力を変更したい場合も，原稿でなくスタイル指定のファイルを変更するだけで全ての章のスタイルを変更することができます．

また一方で，LaTeX には，索引作成や参考文献出力といった便利な機能が搭載されています．このような便利な機能を備えていたため，非常に幅広く使われており，TeX を使ってるといっても実際は LaTeX であることが多いようです．

1993 年に LaTeX の新しい（といっても既に 10 年以上前ですが）バージョンである LaTeX 2_ε が誕生しました．それに併せて，それまでのバージョンは LaTeX209 と呼ばれています．本書では，この LaTeX 2_ε と，そのアスキーによる日本語化 pLaTeX 2_ε を解説します．また，単に LaTeX といえば LaTeX 2_ε を指すこととします．

1.3　日本語の TeX / LaTeX

TeX はもともと英語圏で作られたものですから，残念ながらそのままでは日本語が使えません．日本語に対応した TeX は，

- NTT による NTT jTeX
- ASCII による pTeX

の二つが存在します．この二つはその設計思想に違いがあり，jTeX は研究環境の整備などを目的とし，最低限の準備で日本語が使えることを目的にしています．一方で，pTeX は日本語による書籍などの出版のために，TeX をベースに日本語の組版ソフトの作成を目的にしました．そのため，jTeX は周辺ソフトウェアが英語版のままでも動きやすいという特徴を持ち，一方で pTeX は縦

書きのような日本語独特の出力を可能にしています．

このように書くと，pTeX の導入は非常に大変であるように見えますが，様々な方の努力により，現在は殆ど苦労することなく，pTeX で日本語を扱える環境をそろえることができるようになりました．その為かどうかはわかりませんが，現在主流として使われているのは pTeX であるように思います．本書でも，この pTeX 及びその LaTeX 2ε 版である pLaTeX 2ε を解説します．

1.4 dviware

TeX に原稿ファイルを処理させると，その結果を DVI ファイルというファイルに出力します．このファイル内には，どこどこに何々を出力しなさいといった組版結果が格納されています．

dvi を実際に画面や紙，ファイルに出力するソフトウェアを dviware と呼びます．Windows 環境下では以下のようなものが存在します．

- 東京大学の大島利雄氏による dviout for Windows．画面への出力や，印刷などが行える．高機能．
- Tomas Rokicki による dvips．PostScript ファイルを出力する．ASCII による日本語対応版もある．
- Mark A. Wicks による dvipdfm．PDF ファイルを出力する．平田俊作氏により日本語化された．

DVI は，DeVice Independent の略です．その名前の通り，出力が dviware に依存せずにどこでも同一の出力が得られるという特徴があります．しかし，個々の dviware は独自の拡張を持っていることが多く，special という特別な TeX の命令を用いることで，その機能を使うことができます．ただし，実際に表示させるためには，その special に対応してる dviware を使う必要があります．

1.5 入 力 支 援

ファイルにコマンドと呼ばれる命令を書いていき，それを TeX でコンパイルし dviware で出力結果を見る，というのが TeX の通常のスタイルです．従って，TeX システムの他には，テキストファイルを作成できるエディタが存在すれば文書作成を行うことができます．

しかし，この作業は実際やってみると，結構面倒です．そのために，いくつ

かの入力支援環境が作られています．例えば，Windows 環境では以下のようなものがあります．（他にもたくさんあります．）

Meadow ＋ YaTeX（野鳥）＋ RefTeX
　　　　UNIX 界では標準となっているエディタ Emacs の Windows 移植版 Meadow に，マクロとして RefTeX と広瀬雄二氏による YaTeX を組み込んだもの．YaTeX が主に入力支援であり，RefTeX はファイル内の情報（文書構造など）の扱いを支援する．入力支援環境の草分け的存在．全てフリーウェア．

秀丸 ＋ 祝鳥（のりてふ）
　　　　有限会社サイトー企画による Windows 定番のエディタ秀丸と，その上で動く拙作マクロ祝鳥（のりてふ）．YaTeX 及び RefTeX を参考にしたが，よりWindows との親和性を高めた（つもり）．秀丸がシェアウェアであるのが難点だが，アカデミックフリー制度なども存在する．詳しくはサイトー企画のホームページを参考．

　本書では，TeX 自体の機能を述べるのみでなく，後者の秀丸＋祝鳥を用いた文書作成環境を随所で解説していきます．

第2章
準　備

何はともあれ，環境を揃えなければ話になりません．この章では，Windowsに TeX 及びその周辺のソフトウェアをインストールする方法を解説します．

2.1 基 本 部 分

まずは TeX を使うために必要な最低限の環境を揃えます．ここでは，
- 近畿大の角藤亮氏による **W32TeX**
- 東京大学の大島利雄氏による **dviout for Windows**
- APFL **GhostScript**，**GSView**
- 三重大学の奥村晴彦氏による 新ドキュメントクラス

をインストールします．これらは完全に独立のアプリケーション達であることに注意してください．

W32TeX が TeX システムになります．文書を組版するプログラムや，表示のためのフォント，また各種マクロなどは全てここに含まれます．また，dvipsや dvipdfm といったいくつかの dviware も含まれます．

dviout for Windows は，Windows 用の dviware です．TeX の出力した DVIファイルは，dviout で閲覧することができます．非常に高機能な dviware です．

GhostScript は，PostScript ファイルを扱うソフトウェアです．閲覧などで用いるだけでなく，dviout が内部で使用したりと，色々な局面で役に立ちます．GSView は，本来コマンドラインから使う GhostScript を GUI で扱えるようにするフロントエンドです．

新ドキュメントクラスは，その名の通り新しいクラスファイル（3章参照）です．日本語文章を作成する際に標準的に用いられていたクラスファイルは，いくつかの問題点を持っていました．新ドキュメントクラスは，その点を解決したクラスファイルです．

第 2 章 準　備

インストールには，拙作 TeX インストーラ 3[†1] を用いるのが楽だと思います．本来 TeX システムのインストールには，インターネットからのダウンロードと，少々面倒なインストール作業を行わなければならないのですが，TeX インストーラ 3 はこれらの作業を自動で行います．なお，全てのファイルをインターネットからダウンロードするので，それなりに高速なネットワークに接続している環境で行ってください．（ADSL で十分です．）ダイアルアップでは少々きついでしょう．全部で 200M 弱をダウンロードします．（バージョンによって変わるかもしれません．W32TeX のページなどを参考にしてみてください．）

TeX インストーラ 3 は

http://www.saiensu.co.jp/

からダウンロードできます．ダウンロード後解凍し，出てきた kakuto3.exe を実行（ダブルクリック）してください．なお，kakuto3.exe は場合によっては kakuto3 と表示されます．これに関しては，付録 A 節 A.2 をご覧ください．

さて，TeX インストーラ 3 は「誰にでもインストールできる TeX」をモットーにしていますので，ここで丁寧にインストールの方法を解説してしまったら，負けた気分になってしまいます．というわけで，ここでは気をつけなければならない点及びエラーが発生した時の対処方法について述べることにします．とはいえおそれることはありません．エラーが発生しない限り，TeX インストーラ 3 のインストールで迷うところはないはずです．（殆どは，「次へ」を押していくだけでインストールできます．）

2.1.1　インストール時の注意とインストール後の作業

GhostScript をインストールする段階で，図 2.1 のような画面が表示されます．ここで，必ず

[†1] どうでもいいですが，「3」というからには 1 と 2 もありました．1 は一時的に公開していたのですが，2 は 1 のものを簡単に改造しただけで，手元で作っただけでボツにしました．3 で UI をスクラッチから書き直し，今の形にしました．内部で用いてるルーチンは 1 を作った時のものですが．そのような状況なので，事情を知らないでページのみを見ていた方から見ると 2 はどこへいったのだろうという感じですね．まぁ，1 の公開はあまり知られてないような気もしますが．

2.1 基本部分

Use Windows TrueType fonts for Chinese, Japanese and Korean
とかかれたチェックボタンにチェックを入れてください．これは，日本語で
GhostScript を用いる時に必要です．

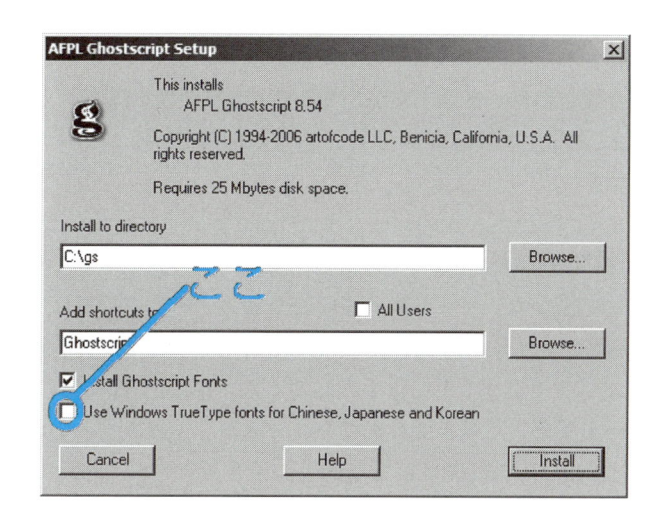

図 **2.1** GhostScript のインストール画面

また，インストールが終わった後，GSView を設定した方がよいです．GSView の起動はスタートメニューのプログラムから，Ghostgum → GSView*.* (*.* はバージョン番号) で行えます．起動すると，「GSView Registration」という画面が現れますが「OK」を押してください[2]．そしてメニューから「Options」→「Advanced Configure」と選び，GhostScript Options と書いてある欄に，既にかかれている項目を消さずに -dWINKANJI と追記してください．-d の前には半角空白を一つ置きます．これも，日本語用の設定です．

2.1.2 接続時にエラーが発生した時

TeX インストーラ 3 はダウンロード前にファイルの情報を取得します．ここで何らかのエラーが発生すると「接続時にエラー発生．」や「不明なエラーが発

---

[2] 今後起動するたびに表示されます．バグではなく，そういうものです．

生．ログファイルを見ると何かわかるかもしれません.」というメッセージが表示されます．

原因は数多く考えられるのですが，殆どの場合接続先を変更することで対処できます．二枚目のダイアログの「W32TeX のインストール設定」や三枚目の「dviout, GhostScript, GSView のインストール設定」で，URL や「何々のURL」という設定項目がありますが，ここで別の接続先を選んでください．なお，どの段階で失敗したかはログファイル (節 2.1.4) を見るとわかります．参考にしてください．

2.1.3 インストール時にエラーが発生した時

インストール時のエラーは多種多様にわたり，一般的な対処はできません．最終的にはログファイル (節 2.1.4) を見て貰うしかありません．

この場合は，「やり直す」という手も有効です．特に W32TeX のインストール時にエラーが発生した場合は，ダウンロードからやり直すといいでしょう．やり直すには，再度 kakuto3.exe を起動し，インストールに失敗したファイル (ログファイルを見るとわかるはずです) にチェックを入れて，一度目と同様の操作を行います．

2.1.4 どうしようもない場合

上記でわからない場合や，解決不能そうなエラーが発生した (一般保護違反でクラッシュした，等) の場合は，TeX インストーラ 3 配布ページの掲示板に書き込んでください．私を含め，誰か暇な人がいれば対処してくれるでしょう[†3]．

その際，もちろん失敗時の情報が無ければ対処しようがありません．TeX インストーラ 3 の失敗時の情報として最も有効なのがそのログファイルです．TeX インストーラ 3 のログファイルは，kakuto3.exe と同じフォルダに kakuto3_log.txt (場合によっては kakuto3_log) として保存されます．質問時は必ずこのファイルの中身を同時に知らせてください．また，このファイルの中身は自力解決を試みる場合にも有効なはずです．

[†3] ボランティアであることを忘れずに．

2.1.5 TeX インストーラ 3 がしたこと

TeX インストーラ 3 が行ったことを簡単に述べておきます．特に必要ではないので，暇なときにでも読んでください．

まずは W32TeX のインストールです．W32TeX 自体は非常にシンプルで，ファイルをダウンロードし解凍するだけです．興味があれば，ファイルのダウンロードフォルダ（デフォルトでは `C:¥tex¥download`）を見てみましょう．`context.tar.gz` や `web2c-7.5.5-w32.tar.gz` といった tar.gz で終わるファイルが沢山あります．TeX インストーラ 3 はこれらのファイルを解凍します．tar.gz ファイルを解凍する機能を持ってるわけではないので，W32TeX 付属の tar.exe を用います．（ダウンロードフォルダ内の `texinst` フォルダ内にあります．）これを実行し，解凍を続けるだけです．最後に，環境変数 PATH に W32TeX の実行ディレクトリ（TeX のインストールフォルダ以下の bin フォルダ．デフォルトでは `C:¥tex¥bin.`）を追加します．

GhostScript や GSView はデフォルトでインストーラを持っていますので，それらを実行します．GhostScript は最初に解凍が必要なので，解凍を実行します．これは zip で圧縮されているので，TeX インストーラ 3 自身の機能（zlib を内部に持っています．）により解凍を行うことができます．また，GhostScript のインストール後，GhostScript のいくつかのフォルダを PATH に追加します．具体的には，GhostScript インストールフォルダ内の gs*.** フォルダ内（*.** はバージョン番号）の中にある bin フォルダと lib フォルダを追加します．

dviout のインストールのために，まず dviout を解凍します．（これも zip で圧縮されています．）解凍した後，dviout の設定情報をレジストリに書き込みます．

jsclasses は解凍（やはり zip で圧縮されています）をするだけです．TeX インストールフォルダ以下の，`share¥texmf-local¥ptex¥platex` 以下に解凍します．

2.1.6 アップデート

各種アプリケーション，特に W32TeX は新しいものに更新されていきます．常に最新版を追い続ける必要はないでしょうが，何か不都合が起こった場合に最新版にすると直ることもあります．

アップデートを行うには，TeX インストーラ 3 をもう一度実行します．ダウンロードフォルダにファイルを残しておけば，それをもとにアップデートがされているかどうかを検知し，更新されていた場合，ファイルの選択画面でチェックを入れます．よって，もう一度通常通りにインストールをすればアップデートがなされるはずです．なお，GhostScript, GSView, dviout は既にインストールされてる場合アンインストールするかどうかを選択できます．画面の指示に従ってください．

ただし，この方法でアップデートできないケースがあります．それは，W32TeX の構成が新しくなりすぎて古いファイルを消さなければならない時です．この場合は，W32TeX の履歴にその旨が書いてありますので，それに従ってください．（最悪全て消せば OK ですが，それはちょっとやり過ぎかも．）

2.1.7　その他のインストール

TeX インストーラ 3 は先に紹介したようなもの以外のインストールをすることもできます．そのためには，プラグイン[4] の追加をする必要があります．なお，実は既にインストールした jsclasses もプラグインでインストールされています．

プラグインは私自身のホームページでもいくつか公開しています．2006 年 8 月現在，次が公開されています．

- Xy-pic：可換図式などを始めとする複雑な図形を描画するための凄まじく巨大なシステム．
- ispell：スペルチェッカ．角藤氏により手が入れられたものをインストールする．祝鳥から使える．

これらのインストールを行いたい場合は，TeX インストーラ 3 のあるフォルダの中の plugin フォルダにプラグインをコピーします．その後 kakuto3.exe を実行すれば，あたかももとから TeX インストーラ 3 がインストール可能であるかのように振る舞ってくれます．

---

[4] プラグイン（plug-in）とは，アプリケーションに機能を追加するための小さなプログラムを指します．今回の場合は，TeX インストーラ 3 自体が自分ではインストールできないアプリケーションのインストールを行うプログラムを追加します．

2.2 Adobe Reader のインストール

Adobe Reader は PDF ビューアで，Adobe 社が作成・配布するフリーウェアです．以前は Acrobat Reader という名前でしたが，version 7 から Adobe Reader に改名しました．

Adobe 社のホームページは

http://www.adobe.com/jp/

にあります（日本語のトップページです）．ここからたどることで入手できるはずです．インストールも「次へ」ですむでしょう．

なお，有料の Adobe Acrobat を持ってる人は不要です．

2.3 秀丸と祝鳥のインストール

以上で，TeX のソースファイルをコンパイルし，その結果を閲覧することができます．しかし，まだソースファイルを作成するためのソフトウェアは何も入れてません．ソースファイル自体は単なるテキストファイル（付録 A 節 A.3 参照）ですので，テキストエディタなら何でも問題ありません．しかし，実用上使いやすいエディタを使った方がいいでしょう．本書では，秀丸というテキストエディタを拙作の祝鳥と共に使うことにします．

まずは秀丸をインストールしましょう．秀丸は

http://hide.maruo.co.jp/software/hidemaru.html

からダウンロードできます．特に理由がない限り，最新版をインストールしてください．インストールは特に悩むところはないでしょう．最近は「簡単インストール」ができて，本当に簡単にインストールできるようになりました．なお，秀丸はシェアウェア[5] なので，インストールして暫くするとその旨のメッセージが出ます．継続して使うつもりがある人はサイト一企画のページに従い購入をしてください．また，いくつかフリー制度もあります．詳細はサイト一企画のページを見てください．

---

[5] お金を払わないと使えないソフト．ただし，「お試しバージョン」がネットワーク上で公開されている．

秀丸のインストールが終わったら祝鳥のインストールを行います．祝鳥は，

http://www.saiensu.co.jp/

からダウンロードできます．古い秀丸を用いてる人は，要求動作環境と照らし合わせ，必要ならば秀丸のアップデートも行ってください．

以下，秀丸に触れるのが初めてな人向けの解説をします．既に秀丸を使い込んでいるような人は，ページにあるインストール方法に従ってインストールを行ってください．

インストール前に，マクロフォルダの設定をすましておくといいでしょう．マクロフォルダに関しては付録C節C.4を見てください．設定方法もそこに書いてありますが，ここで繰り返しましょう．

ここではマクロフォルダを C:¥Hidemaru¥macros に設定します．まずはこのフォルダを作っておきましょう．そして秀丸を起動し[6]，メニューから「その他」→「環境」を選びます．左の一覧から「環境」を選ぶと「マクロファイル用のフォルダ」がありますので，その脇の「参照」を選び，先ほど作ったフォルダを選択してください．

設定が終わったところで祝鳥のインストールを行います．まずはダウンロードし，解凍しましょう．中には，fortex.mac と fortex フォルダが入っています[7]．それらを C:¥Hidemaru¥macros にコピーしてください．

コピーしたら秀丸に登録します．秀丸を起動し，メニューから「その他」→「キー割り当て」と選びます．「読み込み」を選び，更に「参照」を選んで，C:¥Hidemaru¥macros¥fortex¥fortex.key を選んでください．選んだら「OK」を押せば登録が完了します．登録したら，最後に祝鳥のインストーラを起動します．秀丸を起動し，[Ctrl]を押しながら[T]を押します．このキーは祝鳥の起動キーなのですが，初回起動の場合それを検知し，自動的にインストーラを立ち上げます．インストールは，殆ど「はい」で問題ないはずです．先に dviout, GSView, Adobe Reader のインストールをすましておけば，それらの場所も自動的に設定されるでしょう．

---

[6] デスクトップにアイコンがあるので，ダブルクリックします．

[7] 何故祝鳥なのに fortex なのか？それは作者自身も知らない……．

2.3.1 アップデート

秀丸のアップデートはインストールと全く同じです．扱いとしては「上書きインストール」となってるようです．

祝鳥のアップデートもあまり変わりません．ダウンロード＆解凍した後，同じ場所にコピーします．その後 Ctrl + T を押せば，アップデート用マクロ（といってもインストーラと同じですが）が実行されます．

無理矢理アップデートを実行させることもできます．その場合は，Ctrl + T を押した後，「タイプセット (T)」→「設定 (S)」と選び「初期化等」→「アップデート」を選びます．また，同じところにある「初期化」を選ぶと設定を全て白紙に戻します．何か変な設定をしてしまい，うまく動かない場合は選んでください．

2.4 テストをする

さて，テストをしてみましょう．まずは秀丸を起動し，次の内容を書き込みます．

```
¥documentclass{jarticle}
¥begin{document}
¥TeX のテスト．
¥[
¥frac{1}{2}
¥]
¥end{document}
```

書き込んだら，適当なファイル名で保存します．拡張子は.tex とします．とりあえずはデスクトップに test.tex とでも保存すればいいでしょう．

この文書が TeX 文書の実体となるテキストファイルで．ソースファイルと呼ばれます．ソースファイルは，このように特殊な形式を持つテキストファイルです．もちろんこのままでは文書ではありませんから，次にこれを読める形にするために，コンパイラというプログラムで処理します．すると，文書にミスがなければ，dvi ファイルというファイルを出力します．dviout というソフトウェアでこのファイルを開けば，その出力結果を見ることができます．

このように，TeX による文書作成は「ソースファイルの編集」→「コンパイルし，結果の確認」→「追記したり，ミスを修正したりとまたソースファイル

の編集」→……というように進んでいきます．

　さて，祝鳥ではコンパイルとプレビューを自動で行ってくれます．これをしてみましょう．⌈Ctrl⌋を押しながら⌈J⌋（日本語キーボードでは「む」と書いてあるキー）を押し，「DVI に変換して表示 (P)」を選びます．うまくできていれば，コンパイルした後 dviout が開き，次のように表示されるはずです．

$\TeX$ のテスト．
$$\frac{1}{2}$$

文書にミスがあった場合は，画面が途中で止まります．?と画面に表示されている場合は，⌈X⌋を入力し，⌈Enter⌋を押してください．コンパイルがストップします．うまくいかない場合は，右上の「×」を押してとめてしまってもいいでしょう[†8]．ストップしたら，編集中のミスを捜して修正し，また同じ手順を踏んでください．

　その他，「PS に変換して表示」や「PDF に変換して表示」なども選んで試してみてください．

　さて，うまく行かなかった場合が問題です．既に見た通り，$\TeX$ は色々なアプリケーションが連携して動いてますので，まずはどこが問題なのか把握する必要があります．多くの場合，秀丸 + 祝鳥よりも前に問題があることが多いようです．

　まず最初の段階のコンパイル及び dviout による表示で問題が現れた場合は，$\TeX$ システムのインストールに何が問題がある可能性があります．$\TeX$ のインストールチェックに関しては，大島利雄氏による「Windows95/98/Me/NT/2000/XP における日本語 TeX のインストールのチェック」が便利です．以下にあります．

　　　http://akagi.ms.u-tokyo.ac.jp/tex_instchk.html

使い方も書いてありますので，そこを見ながらテストしてみてください．問題点が特定できたら，そこを解決しましょう．

[†8] プログラムを強制終了するので，あまりやらないでください．節 3.3.1 でより詳しく対処方法について述べています．

PS 形式で問題が起きる場合は，大体の場合 GhostScript や GSView の設定が問題です．特に，節 2.1.1 で触れたことがきちんと行われているか確認してください．

2.5 祝鳥を使わないコンパイル

前節では祝鳥を使ったコンパイルを紹介しました．ここでは，より正統的（？）な方法を使いましょう．すなわち，コマンドプロンプトからのコンパイルです．

通常の作業をする場合，コマンドプロンプトからコンパイルを行う必要は殆どないでしょう．恐らく必要になるのは次のような場合です．

- ソースがない場合：ソースがある場合，それをコンパイルして得られた dvi ファイルから pdf ファイルなどが生成できますが，そうでない場合も dvi があれば pdf に変換することができます．
- 定型的でない処理をする場合：LaTeX をとりまく様々なソフトウェアは，中にはコンパイル後の dvi に対し更に特殊なプログラムを実行しなければならない場合があります．ただし，祝鳥はコンパイル周りを非常に柔軟に作ってあるので，祝鳥からできない場合は殆どないでしょう（節 D.7 も参照）．とはいえ，一回のみの「お試し」などにそこまでするのは，と思います．

さて，実際にしてみましょう．コマンドプロンプト自体の使い方は，付録 A 節 A.5 を見てください．その他 Windows の扱いに関しても，付録 A を一読しておいてください．

とにかくソースファイルがないと始まりませんから，まずはソースファイルを作ります．秀丸で作ってもいいのですが，どうせですからこれもコマンドプロンプトから Windows 付属のエディタであるメモ帳を起動することで行いましょう．

まずは作業するフォルダを定めておきます．とりあえずは C:¥works で作業することにしましょう．このフォルダがあることを確認し（ないなら作っておきます），次のようにします．

```
C:¥>cd C:¥works
C:¥works¥>notepad test.tex
```

C:¥works¥test.tex がない場合,「新しく作成しますか？」と聞かれるので,「はい (Y)」を選んでおきます．そして適当な文書を打っておきます．（思いつかなければ，先の文書で問題ありません．）打ち終わったら，保存してください．メニューから「ファイル (F)」→「上書き保存 (S)」を選んでもできますし，Ctrl を押しながら S を押しても可能です.

次にコンパイルです．コンパイルする前に，目的のファイルがあるか確認しておきましょう．「dir」と打ちます.

```
C:¥works¥>dir
 ドライブ C のボリューム ラベルがありません。
 ボリューム シリアル番号は 5868-5DC8 です

 C:¥works のディレクトリ

2006/08/29  01:13    <DIR>          .
2006/08/29  01:13    <DIR>          ..
2006/08/29  01:13                73 test.tex
               1 個のファイル                73 バイト
               2 個のディレクトリ  58,746,335,232 バイトの空き領域
```

test.tex が表示されていますから，無事作られていることがわかります．それではコンパイルを行いましょう．コンパイルには，platex というプログラムを使います．「platex test.tex」とします.

```
C:¥works¥>platex test.tex
This is pTeX, Version 3.141592-p3.1.10 (sjis) (Web2C 7.5.5)
(./test.tex
pLaTeX2e <2006/06/27>+0 (based on LaTeX2e <2005/12/01> patch
level 0)
Babel <v3.8h> and hyphenation patterns for english,
usenglishmax, ukenglish, basque,
bulgarian, coptic, welsh, czech, slovak, german, ngerman,
danish, spanish
, catalan, estonian, finnish, french, irish, polygreek,
monogreek, ancientgreek
, croatian, hungarian, interlingua, ibycus, bahasa, icelandic,
italian, latin,
mongolian, dutch, norsk, polish, portuguese, pinyin, romanian,
russian, samin,
slovene, usorbian, serbian, swedish, turkish, ukrainian,
```

2.5 祝鳥を使わないコンパイル

```
dumylang, nohyphenation, loaded.
(c:/tex/share/texmf-local/ptex/platex/jsclasses/jsarticle.cls
Document Class: jsarticle 2006/07/25 okumura
)
No file test.aux.
[1] (./test.aux) )
Output written on test.dvi (1 page, 272 bytes).
Transcript written on test.log.
```

色々とメッセージが表示されましたが，特にエラーがない限り無視します．Output written on test.dviというメッセージの通り，test.dviなるファイルが生成されています．確認しておきましょう．

```
C:¥works>dir
 ドライブ C のボリューム ラベルがありません。
 ボリューム シリアル番号は 5868-5DC8 です

 C:¥works のディレクトリ

2006/08/29  01:31    <DIR>          .
2006/08/29  01:31    <DIR>          ..
2006/08/29  01:28                 8 test.aux
2006/08/29  01:28               272 test.dvi
2006/08/29  01:28             3,481 test.log
2006/08/29  01:13                73 test.tex
               4 個のファイル           3,834 バイト
               2 個のディレクトリ  58,746,372,096 バイトの空き領域
```

無事生成されています．実際に見てみましょう．dvioutで開くのですが，ここでは「start test.dvi」と打ってみます．ちなみにstartはファイルを関連づけられているプログラムで開く命令です[9]．

```
C:¥works¥>start test.dvi
```

dvioutでtest.dviが開いたことと思います．

更にpdfファイルを生成してみましょう．pdfファイルを生成するには，

---

[9] dvioutにはPATHが通っていないため，dviout test.dviでは起動しません．もし頻繁にdvioutを起動するならばPATHを通しておけばいいでしょう．しかし，祝鳥からは設定なしで呼べますし，関連づけのおかげでエクスプローラからはダブルクリックで起動できますから，殆ど必要ないと思いますが．

第 2 章 準備

dvipdfm を使います.

```
C:¥works¥>dvipdfm test.dvi
test.dvi -> test.pdf
[1]
7764 bytes written
```

そして開いてみます[10].

```
C:¥works¥>start test.pdf
```

今度は Adobe Reader で見られました.

調子に乗って ps ファイルも生成してみましょう. dvi から pdf を作るには dvipsk を使います.

```
C:¥works¥>dvipsk test.dvi
This is dvips(k) p1.7a Copyright 2005 ASCII Corp.
(www-ptex@ascii.co.jp)
based on dvips(k) 5.95b Copyright 2005 Radical Eye Software
(www.radicaleye.com)

' TeX output 2006.08.29:0133' -> test.ps
<texc.pro><texps.pro>. [1]
```

そして開きます.

```
C:¥works¥>start test.ps
```

今度は GSView で開きました.

更に, ps ファイルから pdf ファイルを作ることもしておきましょう. まずは test.pdf を消しておきます. 消すには「del test.pdf」とします.

```
C:¥works¥>del test.pdf
```

コンパイル.「ps2pdf.bat」を使います.

```
C:¥works¥>ps2pdf.bat test.ps
```

黙ったまま終了します. 適当に test.pdf ができたことを確認しておきましょう.

---

[10] そろそろ確認するが面倒なので省略します.

2.6 コンパイルしてできるファイル

LaTeX のソースファイルをコンパイルすると，様々なファイルが現れます．何のファイルか簡単に説明を加えていきましょう[11]．

.dvi

LaTeX が処理した結果が入っているファイルです．これを dviout に読ませることで結果を見ることができます．全てのファイルはこのファイルを作るために存在します．

.log

LaTeX がコンパイルをした時に行ったことなどが出力されます．コンパイル時に画面にも表示されますが，それよりも詳細な情報が入ります．何か問題があるときには非常に重要な情報源となります．

.aux

LaTeX はコンパイル中に文書内の様々な情報を集め，このファイルに書き込みます．例えば，コンパイル時に章や節の始まるページ数を書き込み，次にコンパイルした時にその情報をもとに参照の解決などを行います．

.toc

¥section などの情報をもとに，目次に関する情報をこのファイルに書き込みます．次の実行時にファイルの中身を参考にして目次を組みます．

lot

.toc ファイルの表目次版です．

lof

.toc ファイルの図目次版です．

---

[11] 使う上で知ってる必要はあまりありませんが．

.idx

索引 (節 7.3) を作る際, 索引一覧が書き込まれるファイルです. これを MakeIndex で処理し, 索引を作ります.

.ind

idx ファイルを MakeIndex により処理したファイルです. 中身は LaTeX のソースファイルで, 最後にこのファイルを交えて処理することで索引を完成させます.

.ilg

MakeIndex プログラムのログファイルです.

.bbl

BibTeX が文献一覧を処理した結果です. 中身は LaTeX のソースファイルです.

.blg

BibTeX プログラムのログファイルです.

第3章
LaTeX 2εの基礎

LaTeX 2εの基礎をおさらいするとともに，祝鳥による文書作成の基本を見てみます．

3.1 最初のLaTeX 2ε

非常にシンプルな文書の例を挙げましょう．より複雑な文書に関しては次節から扱います．

```
¥documentclass{jsarticle}
¥begin{document}
この文書は¥LaTeXe 文書のサンプルである．
最初であるから複雑なことはしないでみよう．

単純な文書を¥LaTeXe で書くことは難しいことではないことがわかると思う．
¥end{document}
```

> この文書はLaTeX 2ε文書のサンプルである．最初であるから複雑なことはしないでみよう．
>
> 単純な文書をLaTeX 2εで書くことは難しいことではないことがわかると思う．

実際に処理する方法は前章節2.4などを参考にしてください．簡単な注意点を挙げておきます．以下に気をつければ，単なる文書の作成はもうできるはずです．

- まず

```
¥documentclass{jsarticle}
¥begin{document}

¥end{document}
```

はおまじないと思っておきます．（ある程度の解説は後から行います．）文書

作成の際には，まず最初にこれを書き，文書の本体は ¥begin{document}
と ¥end{document}の間に囲まれた部分に書いていきます．

- 普通の文書はそのまま書き連ねていきます．いくつかの特殊な文字はそのままでは書けませんが，それは後から扱います．和文（全角文字）の中にはそのようなものはありません．

- 段落を改める場合は，空行を一行あけます．段落の頭には，それを示す空白が入ります．

- ¥から始まる文字列は TeX に特殊な命令をするものです．LaTeX 2_ε の習得とは，この命令を覚えることに他なりません．また，このように ¥が特殊な意味を持つので，¥を出力したいと思っても単に打ち込んだだけでは出力されません．

3.2 LaTeX 2_ε 文書の例

もう少し複雑な文書を書いてみます．

```
¥documentclass[b5j]{jarticle}
¥usepackage{amsmath,amssymb}
¥pagestyle{empty}
¥begin{document}
サンプルです．
¥section{とりあえず}
通常の文章は，そのまま書きます．このようにずらずらずらずらと．
途中に改行を入れても無視されます．文章中での改行は，¥TeX が適切な場所で改
行します．

段落を新しくする場合は，このように空行をあけます．¥TeX は空行に出会うと，
それまでの段落を中断し，新しく段落を開始します．段落頭には，少し空白が挿入
されます．%パーセントの後はコメントになります．¥TeXはこれを無視します．


¥begin{center}
環境内です．文字列を中央に配置します．
¥end{center}
¥section{数式}
¥[
¥zeta(s) = ¥sum_{n = 1}^¥infty n^{-s}.
¥]
文章内での数式も，$f(x) = x(x - 1)$というようにかけます．
¥end{document}
```

適当なファイル名で保存し，LaTeX に処理させると，以下のような出力が得られます．

サンプルです．

1 とりあえず

通常の文章は，そのまま書きます．このようにずらずらずらずらと，途中に改行を入れても無視されます．文章中での改行は，TeX が適切な場所で改行します．

段落を新しくする場合は，このように空行をあけます．TeX は空行に出会うと，それまでの段落を中断し，新しく段落を開始します．段落頭には，少し空白が挿入されます．

環境内です．文字列を中央に配置します．

2 数式

$$\zeta(s) = \sum_{n=1}^{\infty} n^{-s}.$$

文章内での数式も，$f(x) = x(x-1)$ というようにかけます．

簡単に言葉の注意をしておきます．

コントロールシークエンス ¥TeX や ¥section といった¥で始まる文字列をコントロールシークエンスといいます．コントロールシークエンスは TeX に特別な働きをさせる文字列です．例えばソース中の ¥TeX はコンパイルすることにより TeX という出力になります．

コントロールシークエンスの中には，{と}で囲った文字列を続けなければならないものがあります．この続く文字列（の中括弧の内部）を引数といいます．例で示した ¥section は見出しを作る命令ですが，引数として「見出しに使う文字列」を受け取ります．

更に，[と] により囲まれた文字列が続く場合もあります．これも引数の一つですが，こちらの引数は省略可能なので，オプション引数と呼ばれます．例では，¥documentclass で使われています．

プリアンブル ¥begin{document} より上をプリアンブルといいます．ここは本文ではなく本文のための設定を書きます．¥pagestyle{empty} は，「empty というスタイルを用いなさい」という指令（更に具体的にはページ数などを表示しないようにしなさい）を LaTeX に出す役割をします．

コメント % を使うと，その後はコメントとなります．つまり，作成される文書には何の影響も及ぼしません．

環境 ¥begin{****} と ¥end{****} で囲まれた範囲を環境といいます．環境は，外部とは世界が違っていてその中のみのルールが適用される場です．例えば ¥begin{center} と ¥end{center} で囲まれた center 環境内では，全ての文書は中央寄せになってしまいます．

数式 数式は，TeX/LaTeX の最も得意とする分野です．事実，数式出力に関しTeX/LaTeX は事実上の標準となっています．

　　数式を出力するには数式モードに入る必要があります．数式モードに入るには，$ と $ で囲むか，¥(と ¥) で囲みます．好きな方を使ってください．例えば，$x = 1$ や ¥(f(x) = x^2¥) で $x = 1$ や $f(x) = x^2$ のような出力が得られます．¥begin{math}x = 1¥end{math} というものもありますが，長いので使う機会は少ないでしょう．

　　これは通常の数式ですが，それとは別にディスプレイ数式と呼ばれるものがあります．これは
$$g(x) = \int_0^x f(t)dt$$
というように新しく一行使って書くものです．このような出力は ¥[と ¥] で囲むことで得られます．例えば ¥[g(x) = ¥int^x_0f(t)dt¥] とすることで先ほどの出力が得られます．displaymath 環境を用いて

```
¥begin{displaymath}
g(x) = ¥int^x_0f(t)dt
¥end{displaymath}
```

としても得られますが，やはり長いので使う機会は少ないと思います．

　　数式に関しては，詳しくは 5 章で触れることにします．

3.2 LaTeX 2ε 文書の例

クラスファイル ファイルの一番頭には ¥documentclass 命令が入ることになっています．先の例では ¥documentclass[b5j]{jarticle} でした．ここで jarticle を クラスファイル といいます．これは，その文書自体の見栄えを統制します．ここでは，日本語 (j) の article（記事）であることを明示しています．クラスファイルには以下のものがあります．

表 3.1 クラスファイル

	欧文	和文横（旧）	和文横（新）	和文縦（旧）
記事・論文	article	jarticle	jsarticle	tarticle
報告書	report	jreport	（無し）	treport
本	book	jbook	jsbook	tbook

新と書いたのが，2.1 節で紹介した奥村氏による 新ドキュメントクラス です．従来の jarticle などに比べ，色々と改良されていますが，未だ pLaTeX の標準ではないので，他の人とソースを共有する時には注意が必要です．残念ながら縦書きはないようです．jreport に対応するものもありませんが，

　　¥documentclass[report]{jsbook}

とすると使えるようです．

¥documentclass の [と] で挟まれた間は，クラスファイルへのオプションを指定します．例えば先の例の ¥documentclass[b5j]{jarticle} では，b5j というオプションを指定してますが，これによりページサイズが b5 になります．

よく使われるオプションは紙のサイズと文字サイズでしょうか．紙サイズはデフォルトの a4paper の他，a5paper, b4paper, b5paper などがあります．また a4j, a5j といった指定も可能です．（ちょっと変わります．）欧文では，letterpaper がデフォルトです．

文字サイズは 10pt, 11pt, 12pt が指定できます．デフォルトは 10pt です．また，jsarticle/jsbook では 8pt, 9pt, 14pt, 17pt, 21pt, 25pt, 30pt, 36pt, 43pt も使うことができます．なお，TeX の pt は Microsoft 社製 Word のそれより少し小さく，11pt を指定すると大体 Word の 10.5pt 相当になります．

これらは，¥documentclass[b5paper,11pt]{jsarticle} というよう

に使います．

その他いくつかオプションを紹介しておきます．

- titlepage：¥maketitle で出力するタイトルや，abstract 環境で出力する概要（節 4.1）を単独のページとして出力します．(j(s))book と (j)report ではこちらがデフォルトです．
- notitlepage：titlepage とは逆に，タイトルと概要を 1 ページ目の上に出力します．(j(s))article のデフォルト．
- draft：校正時に指定します．これを指定すると，Overfull（中身が入り切らなくて脇にはみ出た時に出る警告）発生箇所に黒い四角が現れたり，また挿入した画像（6 章参照）が実際には読み込まれなかったりします．最終出力では消すのを忘れないでください．
- twocolumn：二段組みにします．
- twoside：偶数ページと奇数ページでスタイルを変更します．(j(s))book ではデフォルトです．内部でどう違うかは節 12.3.2 を参照してください．
- oneside：twoside の逆で，ページの偶奇にかかわらずスタイルを同じにします．

パッケージ　LaTeX 単体でも様々な出力が可能ですが，更に機能を追加することができます．追加される機能をパッケージといいます．パッケージはプリアンブルにおいて ¥usepackage{（組み込みたいパッケージ）} とすることで得られます．先の例では，数式を拡張する amsmath パッケージと amssymb パッケージを組み込んでいます．パッケージについては，9 章において詳しく解説します．

3.2.1　祝鳥による文書作成

先ほどのサンプル文書を，祝鳥を用いて作成してみます．まずはデスクトップにある秀丸のアイコンをダブルクリックし，秀丸を起動します．test.tex というファイル名で作成しましょう．メニューから，ファイル→上書き保存を選ぶか，または Ctrl キーを押しながら S を押すことでファイルの保存ダイアログを開きます（図 3.1）．とりあえずはデスクトップに test.tex で保存しましょう．

3.2 LaTeX 2ε 文書の例

図 3.1 「開く」ダイアログ

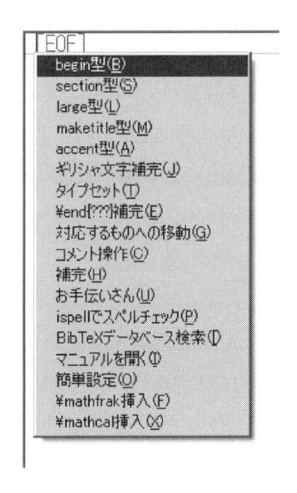

図 3.2 祝鳥のメインメニュー

ファイルを保存したら早速文書を作ります．まず，Ctrlキーを押しながらTを押します．これにより，祝鳥が起動し，メニューが表示されます（図3.2）．

祝鳥の使用は，基本的にはこのメニューからたどっていくことになります．今は，お手伝いさんを選びます．すると，またメニューが表示されるので，「テンプレートファイル」を選び，更にでてきたファイルから「default.tex」を選びま

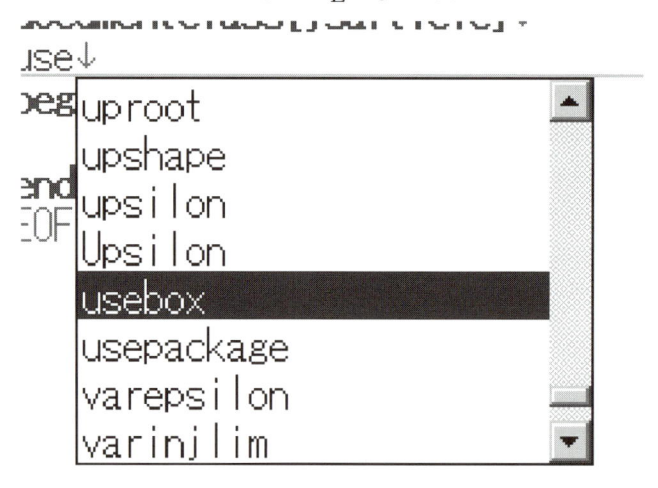

図 3.3 祝鳥のリストボックス補完

しょう．すると，¥documentclassと¥begin{document}, ¥end{document}が挿入されます．これが祝鳥のテンプレートファイル機能です．自分がよく使うプリアンブルなどをあらかじめ登録しておけば，文書作成の第一歩が楽になります．

　テンプレートの挿入が完了したら，先のサンプルのように入力していきましょう．その際，主にコントロールシークエンスの入力中などに，Ctrlを押しながらHを押すことで，リストボックスが現れ補完機能が動きます（図3.3）．ある程度賢く補完してくれますので，使うといいでしょう．使い方は，矢印キーで上下に移動させて目的の単語を選び，Enterキーを押すことでその単語が挿入されます．または，リストボックスを無視して打ち続けると，今現在打った単語に近い単語が自動的に選ばれます．目的単語に達するまで待ってからEnterという手もあります．なお，入力途中にTabキーを押すと，補完できるところまで補完します．

　環境の挿入にも祝鳥が使えます．center環境を入力する際には，まずCtrl + Tにより祝鳥を起動します．そして，begin型 (B) を選びましょう．選ぶには，マウスやキーボードでの選択もいいですが，メニューを表示してBを押す

ことでも選択できます．このように，(B) のようにメニューに下線付きのアルファベットが書いてある場合は，そのキーを押すだけで選択されたことになります．圧倒的にスピーディーな入力が可能になりますので，是非とも活用しましょう．（以下，このことについては触れません．）

さて，begin 型を押したら，次にキーボードの C を押します．すると，¥begin{center} と ¥end{center} が挿入されます．

無事文書の入力が終わったら，コンパイルしましょう．また Ctrl + T で祝鳥を起動し，タイプセット (T) を選びます．そして DVI に変換して表示 (P) を選びましょう．すると，ファイルがコンパイルされ，コンパイルが終わった後 dviout が起動し，編集中のファイルがプレビューされます．

文書にミスがあった場合は，コンパイルが止まり，キーボードからの入力を受け付けるようになります．ここで，プログラム自体を終わらしたい場合は x を押し，Enter を押します．x ではなく，e にすると，プログラムを終了し，エラーの発生した場所にカーソルを移動させます．

後は，この作業を繰り返して文書を作成することになります．

3.2.2 命令がわからない時は

LaTeX の命令は非常に多いので，しばしば忘れてしまいます．そのような場合に便利なのが，dviout に搭載されている TeX のヘルプ機能です．dviout を実行し，メニューから Help → Help TeX と進むと，図 3.4 のようなヘルプが表示されます．ヘルプはカテゴリー毎にわかれていて，一番上に黄緑で囲まれた部分が各カテゴリーへのリンクになっています．色々と見てみるといいでしょう．

使う際は，まず一覧から目的のものを探します．見つかったらそれをクリックし，秀丸に貼り付け（右クリックから「貼り付け」を選ぶか，Ctrl を押しながら V を押す）ます．すると，目的の命令が貼り付けられるはずです．

または，クリックする際に Ctrl を押しながらクリックするという手もあります．この場合，クリックした後に秀丸をアクティブに（一番前に持ってくる）しましょう．すると，自動的に選んだ命令の入力が行われます．またこの手順を踏んだ後は，秀丸を閉じない限り後半の秀丸をアクティブにする作業を省略することができます．

第 3 章　LaTeX 2ε の基礎

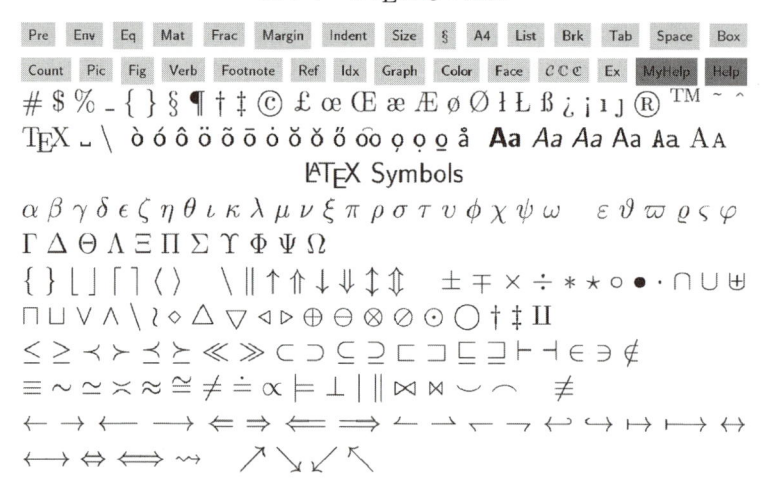

図 **3.4**　dviout の Help TeX（一部）

このヘルプ機能は祝鳥から開くこともできます．メインメニューを開き，マニュアルを開く → dviout の Help TeX と進んでください．先ほど開いた画面と同じ画面が開かれます．その後の使用方法は dviout のメニューから開いた時と同じです．

3.3　祝鳥の基礎

前節で祝鳥の簡単な使い方について述べました．ここで，祝鳥の基本的な使い方をまとめておきます．

祝鳥を使うには，全てメインメニューから始まります．メインメニューを表示するには，Ctrl を押しながら T を押すか，秀丸のメニューからマクロ → 祝鳥と選びます．いちいちマウスを持つのもわずらわしいですから，キーボードから操作する方がお勧めです．

メニューから様々な項目を選ぶことで祝鳥の機能を実行できます．マウスでも選べますし，キーボードで上下して選ぶこともできます．また，既に述べましたが，「タイプセット (T)」のように T の文字列がある場合は，キーボードで対応するキー（この場合は T）を押せば選ぶこともできます．最も早い一番最後がお勧めです．（どのキーに何が対応してるかは覚える必要がありますが．）

3.3.1 コンパイル

まずはコンパイル機能を取り扱いましょう．既に節 3.2.1 でも簡単に述べましたが，ここではもう少し深く掘り下げてみます．

LaTeX の文書作成は，ソースの編集→コンパイル→出力結果の確認→再度編集という繰り返しにより行われます．本来このコンパイルはコマンドプロンプト（節 A.5 参照）などから行われるものですが，殆どの支援環境ではエディタからコンパイルが可能です．もちろん祝鳥も例外ではありません．

コンパイルの手順をもう一度繰り返しておきましょう．メインメニューから「タイプセット (T)」を選びます．そして，「DVI に変換して表示 (P)」を選ぶことで，dviout に現在編集中のファイルが表示されます．キーボードからだと，[Ctrl] + [T] → [T] → [P] で選ぶことができます．また，デフォルトではタイプセット画面は [Ctrl] + []]（ひらがなの「む」が書いてあるキー）でも呼び出すことが可能です．

エラーが発生した時は，? の一文字を表示してとまります．ここで，

- [X] を押して [Enter] を押せば，コンパイルを終了しソースに戻ります．
- [E] を押して [Emter] を押せば，コンパイルを終了しエラーのある場所に移動します．

また，* が表示された時は，TeX のソースの入力待ちの状態であることを示しています．多くの場合は ¥end{document} がないことが原因です．あまり起こらない現象ではありますが，大体次のようにすればコンパイルを中断することができるでしょう．

(1) ¥end{verbatim} と入力して [Enter] を押す．
(2) ? と表示されれば [X] または [E] により終了する．そうでなければ
¥end{verbatim*} と入力し [Enter] を押す．

殆どの場合は，? と表示されると思いますのでここで [X] または [E] で対処してください．どうしても終わらない場合は，コンパイル画面の右上の「×」を押してウィンドウを閉じましょう．ただし，内部で実行しているプログラムを強制終了しますので，あまりお勧めできません．

その他，デフォルトではタイプセットは次が選べます．

DVI に変換 「DVI に変換して表示」から dviout を開く機能を削ったものです．また，「DVI に変換して表示」が既存のファイルが新しい場合にコ

32　　　　　　　　　第 3 章　LATEX 2ε の基礎

ンパイルしないのに比べ，「DVI に変換」は強制的に少なくとも一回はコンパイルします．もし何かの影響で，コンパイルしたいのに祝鳥がいうことを聞いてくれない場合は，こちらを選んでください．

PS に変換して表示　dvipsk を用いて，DVI から POSTSCRIPT ファイルに変換して表示します．あまり使う機会はないかもしれません．

PDF に変換して表示　dvipdfm を用いて，DVI から PDF ファイルに変換して表示します．人に渡す時などは PDF が便利です．

MakeIndex，BibTeX　MakeIndex 及び BibTeX（7 章参照）を実行します．祝鳥の自動推定があるので使う機会は少ないでしょう．

設定　コンパイルに関連する各種設定を行います．

3.3.2　各 種 挿 入

「入力支援」と聞いた時に想像する機能を提供するのが，この各種挿入機能です．色々なコマンドを挿入してくれます．

メニューの中で，次は各種挿入に分類されるといえます[†1]．

- begin 型 (B)．環境の挿入です．
- section 型 (S)．¥section のような一つ引数をとるコントロールシークエンスを挿入します．
- large 型 (L)．{¥Large ***}という使われ方をするコントロールシークエンスを挿入します．
- maketitle 型 (M)．引数をとらないコントロールシークエンスを挿入します．
- accent 型 (A)．¥~のようなアクセントを挿入します．

これらは，似たようなインターフェースを持ちます．まずは（最も複雑な）begin 型と section 型に触れましょう．

begin 型は環境名を，section 型は挿入する命令を必要とします．このために，これらは選ばれると同時にキー入力待ちとなります．この時，決められたキーを入力するとあらかじめ定められた入力が使われます．デフォルトでは，次のようになります．

[†1] ちなみに私は殆ど begin 型しか使ってません……．

3.3 祝鳥の基礎

表 **3.2** begin 型挿入と section 型挿入のショートカットキー

begin 型		section 型	
C	center	D	documentclass
D	document	G	includegraphics
E	enumerate	I	input
I	itemize	S	section
L	flushleft	U	usepackage
M	minipage	V	vspace*
T	tabbing		
P	picture		
Q	quote		
R	flushright		
V	verbatim		
Shift + D	description		
Shift + E	equation		
Shift + T	tabular		
Shift + Q	quotation		
Shift + V	verse		
Ctrl + T	table		

よって，例えば $\boxed{\texttt{Ctrl}}$ + $\boxed{\texttt{T}}$ → $\boxed{\texttt{B}}$ → $\boxed{\texttt{C}}$ とすると center 環境が挿入されます．

これら以外の入力がされると，図 3.5 のような，入力用のダイアログが表示されます．入力を行うたびにあらかじめ用意された辞書から単語の絞り込みが行われ，下段のリストボックスに表示されます．下の候補のどれかにあるという仮定のもとで，補完が可能な場合は $\boxed{\texttt{Tab}}$ を押すことで補完がなされます[†2]．また，下段で選択されている候補は矢印キーの $\boxed{\uparrow}\boxed{\downarrow}$ で選ぶことができます．$\boxed{\texttt{Enter}}$ を押せば，現在選択されているものが選択・入力されます．入力をやめたくなった時は $\boxed{\texttt{Esc}}$ を押せば中断可能です．

[†2] 例えば，デフォルトでは ta と入力すると「tabbing」「table」「tabular」「tabular*」が候補として表示されます．全て三文字目が b なので，$\boxed{\texttt{Tab}}$ を押すと tab と補完されます．

図 **3.5** begin 型補完ダイアログ

large 型補完と maketitle 型は，最初の「キー入力待ち」がなく，即座に図 3.5 のダイアログを表示します．使い方は begin 型及び section 型と同じです．

accent 型はこれらとは違い，メニューから選びます．お好きなのを選んでください．

3.3.3 リストボックスによる補完

図 3.6 のようなリストボックスを用いた補完を行います．祝鳥内で，作者が

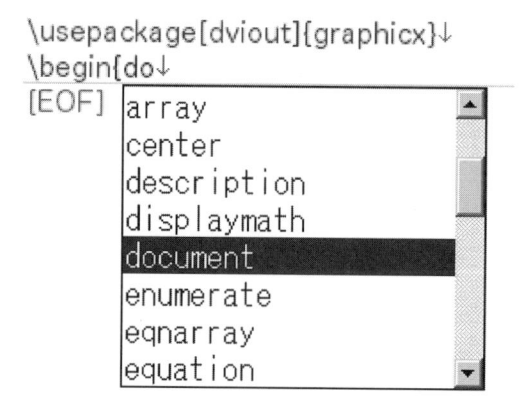

図 **3.6** 補完用のリストボックス

3.3 祝鳥の基礎

一番力を入れて作った機能です[†3]．どこで起動するかにより，その場に合わせた補完候補を表示します．具体的には，デフォルトで次のようになります．

- コントロールシークエンスの入力中に起動すると，現在入力中のコントロールシークエンスを補完します．
- ¥begin の引数入力中に起動すると，現在入力中の環境名が補完されます．
- ¥documentclass の引数入力中に起動すると，現在入力中のドキュメントクラスが補完されます．
- ¥usepackage の引数入力中に起動すると，現在入力中のパッケージが補完されます．
- ¥input, ¥include の引数入力中に起動すると，現在入力中の TeX ファイル名が補完されます．
- ¥includegraphics の引数入力中に起動すると，現在入力中の画像ファイル名が補完されます．
- ¥ref, ¥pageref, ¥eqref の引数入力中に起動すると，文書内の ¥label からの補完を行います．
- ¥pagestyle の引数入力中に起動すると，plain と empty を表示します．

利用は直感的にできると思います．起動はメインメニューから「補完(H)」を選びます．またデフォルトでは Ctrl + H だけでも動きます．

起動すると，一意に定まる部分が補完され，また補完候補が表示されます．（一意に定まる部分のみで補完が完了してしまった場合は，候補は表示されません．）そのまま打ち続ければ近い項目に近づいていきます．選択されている補完候補は，↓や↑で変更可能です．Enter を押せば，現在選択中の項目が入力されます．また，Tab を押すと，一意に定まる部分が補完されます．

3.3.4 ギリシャ文字補完

α や ζ のようなギリシャ文字を入力するモードです．選ぶと，入力待ちモー

[†3] 最も初期の祝鳥に実装されていた機能がこのリストボックス補完とコンパイル機能でした．もともと，祝鳥（当時は TeX 用秀丸マクロでしたが）開発の動機は，「秀丸でリストボックスによる補完をしたい」というものでした．補完するものとして，当時フリーでの配布がなかった秀丸用 TeX マクロが手頃だったので選んだのでした．その後，様々な方と話をし，今のような形となっていきました．その頃お世話になった方には本当に感謝しています．

ドになります。ここで、例えば A と押すと ¥alpha と表示されます。これでよければ Enter を押します。やめたい時は Esc です。

何を入力すると何が挿入されるかは、? を見ると表示されます。デフォルトでは次のようになります。

表 3.3 ギリシャ文字補完

a	alpha (α)	b	beta (β)	g	gamma (γ)
G	Gamma (Γ)	d	delta (δ)	D	Delta (Δ)
e	epsilon (ϵ)	e-	varepsilon (ε)	z	zeta (ζ)
et	eta (η)	th	theta (θ)	Th	Theta (Θ)
T	Theta (Θ)	th-	vartheta (ϑ)	i	iota (ι)
k	kappa (κ)	l	lambda (λ)	L	Lambda (Λ)
m	mu (μ)	n	nu (ν)	x	xi (ξ)
X	Xi (Ξ)	p	pi (π)	P	Pi (Π)
p-	varpi (ϖ)	r	rho (ρ)	r-	varrho (ϱ)
s	sigma (σ)	S	Sigma (Σ)	s-	varsigma (ς)
t	tau (τ)	u	upsilon (υ)	y	upsilon (υ)
U	Upsilon (Υ)	Y	Upsilon (Υ)	ph	phi (ϕ)
Ph	Phi (Φ)	ph-	varphi (φ)	c	chi (χ)
ps	psi (ψ)	Ps	Psi (Ψ)	o	omega (ω)
w	omega (ω)	O	Omega (Ω)	W	Omega (Ω)

基本的には、a に ¥alpha のように大体アルファベットに対応するギリシャ文字になっています。

3.3.5 ¥end 補完

¥begin のみ入力されていて、¥end がない場合、¥end を補完します。begin 型の補完を用いていればそのようなことにはならないはずなので、あまり必要ないのですが一応入れてあります。その場で起動すれば、適切な ¥end を補完します。補完対象がない場合は、挿入しません。

3.3.6 対応するものへの移動

対応する項目へジャンプします．具体的には次のジャンプを行います．

- ¥ref で用いた場合はそのラベルを定義している ¥label．¥pageref, ¥eqref でも使えます．逆も同じ．複数ファイルには対応してません．
- ¥begin で起動した場合には，対応する ¥end．逆も同じ．やはり複数ファイルには対応してません[†4]．
- ¥cite で起動した場合には，対応する ¥bibitem．逆も同じ．複数ファイルには対応してません．
- ¥input, ¥include で用いた場合は，そこで読み込まれているファイルを開きます．
- ¥documentclass の引数で用いた場合は，そこで用いられているクラスファイルを開きます．
- ¥usepackage の引数で用いた場合は，そこで読み込まれているスタイルファイルを開きます．
- ¥bibliography の引数で用いた場合は，そこで読み込まれている文献リストファイルを開きます．
- ¥bibliographystyle の引数で用いた場合は，そこで使われている BIBTEX のスタイルファイルを開きます．

3.3.7 マニュアルを開く

マニュアルを開きます．以下の三つのマニュアルが使えます．

祝鳥ヘルプ　祝鳥自体のマニュアルを表示します．

dvout ヘルプ　dviout 付属のヘルプを表示します．あまり使う機会はないかもしれません．

dviout の Help TeX　節 3.2.2 で述べた，dviout の Help TeX を開きます．

3.3.8 不要ファイルの削除

LaTeX をコンパイルした際にできるファイルは，dvi ファイルを除き不要です．これを自動的に消す機能が祝鳥には備わっています．

[†4] が，複数ファイルにわたって環境を広げることもないでしょう．

次の二つがあります．

- メインメニュー→「お手伝いさん (U)」→「中間ファイル削除 (D)」．その名の通り，中間ファイルを削除します．デフォルトでは今のファイルと同じ名前で，拡張子が.aux, .toc, .log, .lot, .lof, .idx, .ind, .ilg. bbl, .blg 及び親ファイルと同じ名前で拡張子が.aux なものを削除します．
- メインメニュー→「お手伝いさん (U)」→「ソースファイル以外を削除 (A)」．名前を聞くと何でもかんでも消してしまいそうですが，そうではなく今現在のファイルと同じファイル名で，拡張子が違うものを消します．生成した dvi ファイルや pdf ファイルなども消します．

これらで消されたファイルはゴミ箱を経由することなく削除されます．

3.3.9 ログファイルを開く

メインメニュー→「お手伝いさん (U)」→「ログファイルを開く (L)」で選ぶことができます．前回実行したプログラムの実行した際の記録を表示します．

エラーなどは止まるので問題ないですが，Overfull（文書が表示範囲内に収まりきらず，はみ出てしまうこと）や参照のエラーのような警告は流れが速すぎて見ることができないでしょうから，これでログを開いてゆっくり見てください．

なお，前回の実行が（コンパイルしてから変更がなかったように）表示のみだったりした場合，ログが残っていませんので表示することはできません．

3.3.10 dvi ファイルへのジャンプ

Source Specials という機能を用いて，ソースから DVI へ，DVI からソースへ飛ぶことができます．Source Specials とは，ファイル内にソースの情報（対応する行等）を埋め込む機能です．これにより，ジャンプが可能となるわけです．文書作成中はそこまでではありませんが，推敲中などはかなり便利です．

使用する際には，Source Specials を有効にしなければなりません．デフォルトでは無効にしているので，有効にしましょう．メインメニューから，「タイプセット (T)」→「設定 (S)」として開き，「TeX に関する全般的な設定」→「Source Specials」とたどった先で「使う」を選べば有効になります．または，メインメニューから「プログラム設定 (O)」を選んでも可能です．その後，コ

ンパイルを行えば，ソース情報の埋め込まれた dvi ファイルが作られます．

　なお，最終的に作られた dvi ファイルに対しては，Source Specials を無効にしてコンパイルを行ってください．余計なものの入った dvi ファイルは好まれないからです．

　現在あるソース行に対応する場所に移動するには，メインメニューから「お手伝いさん (U)」→「今の行に対応する場所に移動 (N)」を選びます．dvi ファイルの対応する場所に移動し，また，カーソルのあった前後の文字が赤くなるはずです．ただし，たまに対応する場所が見つけられなくて失敗することがあります．この場合は，dviout 下部に見つけられなかった旨が表示されます．

　逆に，dvi ファイルから開く場合は，飛びたい場所をダブルクリックします[5]．対応する場所へジャンプしてくれます．ただし，こちらはそこまで精度がよくありません[6]．

---

[5] dviout の設定も必要ですが，祝鳥のインストーラが設定をしているはずです．
[6] Source Specials は段落毎くらいにしか入っておらず，正確に位置を特定することができないためです．

第4章
基本的な命令

前章で LaTeX 2_ε の基本的な使い方をみました．さて，実際に文書を作成する際には，様々な命令を知ることが欠かせません．LaTeX 2_ε の命令は非常に数多いのですが，ここではその中でもよく使われる命令を（私が独断と偏見により選んで）紹介したいと思います．

なお，dviout の Help TeX（節 3.2.2 参照）に敬意を表し，こちらを見ればすぐにわかるような命令に関してはここでは紹介しません．

4.1　タイトル作成，概要

タイトルを作るには ¥maketitle を使います．¥maketitle で表示する情報は，¥author, ¥title, ¥date で指定します．

```
¥title{夏休みの宿題}
¥author{あべ　のりゆき}
¥date{2006年 8月31日}
¥maketitle
```

¥author, ¥title, ¥date は ¥maketitle の前ならどこにおいても問題ありません．個人的にはプリアンブルにおくのが好みです．

¥date を省略するとコンパイルした時の日付が勝手に入ります．表示させないためには ¥date{} としてください．

著者が複数いるときは，¥and で区切ります．また，タイトル，著者，日付何れも長い時は ¥¥ で区切ることで改行されます．注釈は（¥footnote でなく）¥thanks で入れます．以下，色々といれてみた例です．

```
¥title{夏休みの宿題¥¥　あれこれの自由研究¥thanks{やっぱり夏休みの宿題は自由研究}}
¥author{子供　¥and　母親}
¥date{2006年8月31日¥¥　でも提出は2006年9月2日}
```

ドキュメントクラスのオプションに titlepage を入れると，タイトルを独立したページとして表示させることができます．

概要を示すには abstract 環境を用います．

```
¥begin{abstract}
この文書では，あーいうことやこーいうことをやっている．
¥end{abstract}
```

abstract 環境を用いたところに概要は表示されますが，大概は ¥maketitle の直後でしょう．なお，(j(s))book では使えません．

pagestyle に empty を指定している場合でも，¥maketitle を使うとページ数が表示されてしまいます．これは ¥maketitle が一時的にページスタイルを plain にしてしまうためです．その場合でもページ数を表示させないためには，¥maketitle の後に ¥thispagestyle で empty を指定します．¥thispagestyle はそのページのみ有効な ¥pagestyle です．

4.2　文書構造，目次

本からレポートまで，およそそれなりのサイズを持つ文書は章や節にわかれています．それらを指定するのが ¥chapter や ¥section 等です．使い方は，前章でも述べたように，次のようになります．

```
¥section{はじめの一歩}
この節は漫画とは関係なく，とにかく第一歩を記す記念碑的な節である．
```

1　はじめの一歩

この節は漫画とは関係なく，とにかく第一歩を記す記念碑的な節である．

これらの関係の命令は次のようなものがあります．

　　　　¥part,　　¥chapter,　　¥section,　　¥subsection,
　　¥subsubsection,　¥paragraph,　¥subparagraph

後ろにいくにつれより深い階層になります．¥part は「第何部」，¥chapter は「第何章」，という見出しです．

これらは全て使えるとは限りません．article, jarticle, jsarticle では ¥chapter が使えません．report, book などでは使えます．

¥part は全てのドキュメントクラスで使えます．構造としては常に一番上になりますが，必ずしも使う必要はありません．

これらは全てそのときの番号が表示される命令です．もし番号が必要なく見出しのみあれば十分な場合は，最後に*をつけます．例えば，¥section*{番号のない見出し}といったように．

¥section などで文書構造を指定しておけば，¥tableofcontents を使うことで目次を簡単に作ることができます．

```
¥documentclass{jsarticle}
¥begin{document}
¥tableofcontents            % ここで目次を作る．
¥section{起}
話はここから始まる……
¥section{承}
そのまま話を続ける……
¥section{転}
予想外の話に続ける……
¥section{結}
いわゆるオチ……
¥end{document}
```

目次

1	起	1
2	承	2
3	転	6
4	結	10

（以下本文が続く）

同様に，¥listoffigures で図の目次（figure 環境を集める）を出力，

¥listoftablesで表目次（table環境を集める）を出力します．

4.3 脚　　注

脚注[†1]を入れるには¥footnoteを使います．

脚注¥footnote{これのこと．}を入れるには……

4.4 引用符

引用符とは "←これら→" のことです．次のようにします．

''引用部分''，'一つの場合'

"引用部分"，'一つの場合'

少しわかりにくいですね．一つの場合の左右の文字が違うのがわかるでしょうか？左がバッククォートで，右がシングルクォートです．日本語キーボードの場合，バッククォートは P の隣を Shift を押しながら押すことで出ます．また，シングルクォートは Shift を押しながら 7 を押せば出ます．

「引用部分」を囲ってる方を出力する際にも，"（日本語キーボードなら Shift + 2 ）は使いません．左がバッククォート二つ，右がシングルクォート二つです．

日本語の場合は，全角文字に「"」と「"」があるので，こちらを使ってもいいかもしれません．（こっちの方が綺麗な気もします．）また，通常の括弧「，」，『，』なども使えるでしょう．

4.5 ハイフネーション

日本語ならば，単語中でも改行し放題ですが，英語ではそういうわけに行きません．単語中で切る場合は，切っていい場所でハイフン (-) をつけて切ることができます．im- (改行) possible というような感じです．どこで切ることができるかは辞書を引くとわかります．impossible ならば，im-pos-si-ble となり

[†1] これのこと．

ます．といっても，辞書によって変わったりもしますけど．

　TeX を使う分には，どこで切れるかはあまり気にせずともいいでしょう．というのも，TeX は自動でハイフン処理をしてくれます．これは単語辞書を持っているわけではなく，ハイフン処理する一般的な処理方法を知っていてそれに従っているだけです．従って，単語によっては不適切な場所で改行されてしまうこともあります．

　実際どのように切られるかを調べるには，¥showhyphens を使います．

```
¥showhyphens{impossible pseudodifferential}
```

すると，ログファイル（dvi ファイルではない）に次のように表示されます．

```
im-pos-si-ble pseu-dod-if-fer-en-tial
```

pseudodifferential のハイフンは pseu-do-dif-fer-en-tial が正解です．このように，たまに TeX はハイフン処理を失敗します．この間違いを訂正するには，¥hyphenation を使います．

```
% pseudodifferentialのハイフネーションを正しく指定
¥hyphenation{pseu-do-dif-fer-en-tial}
¥showhyphens{impossible pseudodifferential}
```

とすれば，正しく表示されます．

　実際には，まず何も考えずに書いてみて，おかしな場所で改行されたならば ¥hyphenation を使って指定してやればいいでしょう．

4.6　改行・改ページ

　TeX は自動で改行や改ページをしてくれますが，これを強制的に行うこともできます．

　あまり強制的ではない方から行きましょう．まず，空行を一つあけると改段落されるのでした．同じ効果を ¥par により得ることができます．より無理矢理改行するには ¥¥ とすればできます．これは改段落ではなく強制的に改行します．従って，段落頭の空白も入りません．実際の文書中でこれを使う機会は殆どないでしょう．

　改行には，¥linebreak という命令もあります．¥¥ とどう違うのかは例を見

```
ここで改行¥linebreak
してみます．
```

```
こ      こ       で       改       行
してみます．
```

このように，改行が行われた行はその幅を埋めるように文字間に空白が入ります．逆が `¥nolinebreak` です．この命令が入った場所では改行が行われなくなります．同じように改行が行われない命令として，~（チルダ）があります．これは半角空白一つを出力し，かつそこでの改行を禁止する命令です．例えば，Chapter 4 という時には Chapter と 4 の間で改行されてしまうと格好が悪いので，`Chapter~4` と入力します．うまく使うと，文書が引き締まります．`¥nolinebreak` よりも使用頻度は高いでしょう．

以上改行でしたが，改ページは `¥newpage`，`¥clearpage` で行えます．どちらもその場でページを改める命令ですが，`¥clearpage` はフロート（節 6.6）でまだ出力してないものを全て出力してから改ページする点が違います．

また，`¥linebreak` と `¥nolinebreak` の改ページバージョンとして，`¥pagebreak` と `¥nopagebreak` も存在します．

4.7 書体，文字サイズ

書体変更に使う命令を表 4.1 に示します．

日本語だとあまり変化がありませんね．スラント体は単に斜めにしたものです．あまり使う機会はないでしょう．

サンセリフとは，飾りのない文字です．例えば I という文字は上下に少し横幅があり，飾りがついています．しかし，サンセリフにした I は単なる縦棒になります．サンセリフはよく見出しに使われます．

`¥text` から始まる命令の方は，`¥textbf{あべのり}` というように使います．一方で，`¥bfseries` の方は `{¥bfseries あべのり}` というように使います．後者は，「現在のフォントをボールドに変更する」という命令で，その変更する範囲を {} でくくって指定しているわけです．指定がなくてもエラーはおきません

第 4 章 基本的な命令

表 4.1 書体変更用の命令

命令	出力結果
¥textrm, ¥rmfamily	Roman，ローマン体
¥textbf, ¥bfseries	**Bold**，ボールド体
¥textit, ¥itshape	*Italic*，イタリック体
¥textsl, ¥slshape	*Slanted*，スラント体
¥textsf, ¥sffamily	Sans-Serif，サンセリフ
¥texttt, ¥ttfamily	Typewriter，タイプライタ
¥textsc, ¥scshape	SMALLCAPS，スモールキャプス

が，その後の文字全てがボールドになります．

和文の場合は，¥gtfamily や ¥texttt もあります．これらは，ゴシック体にする命令です．¥textbf 等でも和文はゴシック体になってしまうことが多いのですが，これは本来太文字明朝体になるべきものです．実際は，太文字明朝体がなく仕方なくゴシックになっていることが多いです．「太文字」を意図しているならば ¥textbf，ゴシックにしたいのならば ¥textgt を使いましょう．

文字サイズの指定は，小さい順に ¥tiny，¥scriptsize，¥footnotesize，¥small，¥normalsize，¥large，¥Large，¥huge，¥Huge となります．使い方は，{¥Large あべのり}というように使います．

4.8 中央寄せ，右寄せ

中央に寄せるには center 環境を使います．右寄せは flushright 環境，左寄せは flushleft 環境です．

```
¥begin{flushleft}
左
¥end{flushleft}
¥begin{center}
真ん中
¥end{center}
¥begin{flushright}
右
¥end{flushright}
```

> 左
>
> 　　　　　　　　真ん中
>
> 　　　　　　　　　　　　　　　　　　　　右

左寄せはあまり使う機会はないでしょう．環境でない命令も用意されています．`\centering`で中央へ，`\raggedright`で左，`\raggedleft`で右に寄ります．

```
\centering 中央
```

> 　　　　　　　　中央

文書中で`\centering`を使ってしまうとその後全て中央寄せになります．

4.9 箇条書き

箇条書きには，itemize環境，enumerate環境，description環境などが用意されています．

```
\begin{itemize}
\item itemize環境
\item 本当に列挙します．
\end{itemize}
\begin{enumerate}
\item enumerate環境
\item 番号付けされます．
\end{enumerate}
\begin{description}
\item[使ってる環境] description環境
\item[説明] 見出しを指定できます．
\end{description}
```

- itemize環境
- 本当に列挙します．

(1) enumerate環境

(2) 番号付けされます．

> **使ってる環境** description 環境
> **説明** 見出しを指定できます．

各項目の見出しには ¥item をおくのがポイントです．description 環境は ¥item[****] で出力する見出しを指定します．

　description 環境において，見出しと本文との間に改行を入れたい場合は，

```
¥item[説明]¥mbox{}

見出しを指定できます．
```

とします．¥mbox{}はダミーの空文書を入れる処理です．¥item の後に改行を入れても機能しませんが，文書を入れてから改行すると機能するため，このようなトリックでうまくいきます．

4.10　文字の上げ下げ

　文字を少し上げたりすることができます．¥raisebox がそのための命令です．

```
あ¥raisebox{0.5cm}{い}う
```

>   い
>   あ　う

第一引数が上げる長さです．ここでは 0.5cm（5mm）上げています．その他使える単位に関しては，節 11.4 を見てください．

　正の値でなく，負の値を与えると下げることもできます．

```
あ¥raisebox{0.5cm}{い}¥raisebox{-0.3cm}{う}え
```

>   い
>   あ　　え
>   う

¥raisebox は二つのオプション引数をとります．これは「高さ」と「深さ」

です．¥raiseboxで上げ下げした場合，その上下の文字は上げ下げされた文字に重ならないように動きます．（特に，行間が開きます．）オプションを使うことで，行間を開かずに配置することができます．

もう少し丁寧に述べましょう．文字は基準点をもとに配置されますが，基準点から文字の一番上までが「高さ」で，一番下までが「深さ」になります．従って，¥raiseboxで上げれば上げるほど高さが大きくなり，下げれば下げるほど深さが大きくなります．よって，例えば高さを0ptにしてしまえば，上の文章との位置関係は¥raiseboxがない時と同様になります．

具体的にどうなるかを見てみましょう．

```
上の文¥¥
ここを¥raisebox{0.4cm}{あげたり}¥raisebox{-0.4cm}{さげたり}します．¥¥
中の文¥¥
ここを¥raisebox{0.4cm}[0pt][0pt]{あげたり}
¥raisebox{-0.4cm}[0pt][0pt]{さげたり}します．¥¥
下の文
```

上の文
　　　あげたり
ここを　　　　　　します．
　　　　　さげたり
中の文あげたり
ここを　　　　　　します．
　　　　さげたり
下の文

1行目と2行目の行間が，3行目と4行目のそれに比べて大きくなっていることがわかると思います．

4.11　表

表を作るにはtabular環境を使います．

```
¥begin{tabular}{lcr}
猫 & 犬 & 猿 ¥¥
10匹 & 10匹 & 20匹
¥end{tabular}
```

```
    猫    犬    猿
    10 匹  10 匹  20 匹
```

項目の区切りは&を，行の区切りには¥¥を用います．引数は配置の指定です．lが左寄せ（left），cが中央（center），rが右寄せ（right）になります．例では{lcr}なので，一番左の「猫」は左寄せに，次の「犬」は中央に配置され，最後の「猿」が右寄せになっています．

　表は一つの文字のように扱われるので，この前後に文章があると表はその中に入ってしまいます．別行立てにしたい場合は，flushleft 環境や，更に中央によせたければ center 環境で tabular 環境自体を括りましょう．

　縦線を引くには，配置の指定の部分に|（縦棒）を入れます．また，横線を引くには ¥hline を使います．

```
¥begin{tabular}{|lc|r|}
¥hline
猫 & 犬 & 猿 ¥¥ ¥hline
10匹 & 10匹 & 20匹¥¥
南西の檻 & 北東 & 放置 ¥¥ ¥hline
¥end{tabular}
```

猫	犬	猿
10匹	10匹	20匹
南西の檻	北東	放置

いい加減に線を引いてみました．指定を{|lc|r|}にしたので，左と真ん中の間を除き縦に線が入っています．また，¥hline が指定された行の間は全て線が入っていることが確認できます．2本，3本と引きたい場合は，{|lc||r|}としたり，¥hline を二つ書いたりします．

　また，列の一部に引きたい場合は ¥cline を使います．

```
¥begin{tabular}{|c|c|c|}
¥hline
猫 & 犬 & 猿 ¥¥ ¥cline{2-3}
```

```
10匹 & 10匹 & 20匹¥¥¥hline
¥end{tabular}
```

猫	犬	猿
10匹	10匹	20匹

複数の列をつけたい場合は，¥multicolumn を使います．

```
¥begin{tabular}{|l|c|r|}
¥hline
猫 & 犬 & 猿 ¥¥ ¥hline
¥multicolumn{2}{|c|}{10匹} & 20匹¥¥ ¥hline
¥end{tabular}
```

猫	犬	猿
10匹		20匹

わかりやすいように線も引いてみました．¥multicolumn は引数を三つとります．一つ目がくっつけたい列の数，二つ目が配置の指定（tabular 環境の引数と同じ），そして最後が中身です．ちなみに，¥multicolumn の配置指定を{c}にすると「10匹」の両脇の線が消えます．

それでは，行をくっつけたい場合はどうすればいいでしょうか？方法は二つあります．一つ目は，¥multirow を使う方法です．ただし，これは **multirow パッケージ**で定義されているので，¥usepackage{multirow}を忘れないようにします．

```
¥renewcommand{¥multirowsetup}{¥centering}
¥begin{tabular}{|c|c|c|}
¥multirow{2}{15mm}{あああ}   & ¥multicolumn{2}{c|}{あいう}¥¥
& 1 & 2
¥end{tabular}
```

あああ	あいう	
	1	2

勢い余って¥hlineで線を引くと「あああ」の真ん中を突き抜けてしまうのでご注意を．¥multirowは引数を三つとります．一つ目がつけたい行の数，二つ目が幅の長さ，そして三つ目が中身です．

¥renewcommand{¥multirowsetup}{¥centering}は¥multirowで指定された中身を中寄せにするためのおまじないです．実は¥multirowはtabular環境の位置指定を無視します．その代わり，先の一行により中寄せにすることができます．この¥centeringは節4.8のそれと同様です．従って，左寄せにしたい場合は¥raggedrightに（デフォルト），右寄せにする場合は¥raggedleftとします．¥renewcommandについては節11.1をご覧ください．

二つ目は，節4.10で紹介した¥raiseboxを使う方法です．具体的にやってみましょう．

```
¥begin{tabular}{|c|c|c|}
¥hline
 & ¥multicolumn{2}{c}{あいう}¥¥¥cline{2-3}
¥raisebox{0.25cm}[0pt][0pt]{あああ} & 1 & 2¥¥hline
¥end{tabular}
```

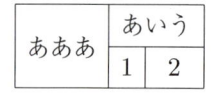

「あああ」の文字列は実際には2行目にあるのですが，それを¥raiseboxで上げて表示しています．¥raiseboxのおかげで表の大きさが変わってしまってはいけないので，オプションで高さを深さを指定しているところに注意してください．

4.11.1 table 環 境

表の配置にはtable環境を使います．これは表を作成する環境ではなく，表を配置する命令です．使い方はfigure環境と殆ど同じなので，節6.6を見てください．例のみ上げておきます．

```
¥begin{table}
¥caption{犬，猫，猿の数}¥label{table:kazu}
¥begin{center}
```

```
¥begin{tabular}{ccc}
猫 & 犬 & 猿 ¥¥
10匹 & 10匹 & 20匹
¥end{tabular}
¥end{center}
¥end{table}
```

4.12 書いたものをそのまま出力する

ご存じのように，TeX は書いたものが処理されて出力されます．しかし，そのまま出力したい場合もあります．その場合は，¥verb 命令または verbatim 環境を使います．

```
¥TeX と出力するには，¥verb|¥TeX| とします．
¥begin{verbatim}
$¥frac{1}{2}$
¥end{verbatim}
```

> TeX と出力するには，¥TeX とします．
>
> $¥frac{1}{2}$

verbatim 環境の方は簡単です．単純に verbatim 環境の中に書いたものがそのまま出力されるだけです．

¥verb の引数の指定には{}を使うわけにいきませんので[†2]，ちょっとしたトリックを使います．¥verb は，そのすぐ後にくる文字列を記憶し，その文字がくるまでを引数とします．先の例だと，|がすぐ後にきてますので，次に|がくるまでの¥TeX が引数になります．もちろんこれだと引数の中に|があると使えませんので，その場合は他の文字（+等）を使います．

なお，¥verb や verbatim 環境の中はタイプライター体になります．

¥verb は ¥section や ¥footnote などの引数の中では使えません．

[†2] {} も出力したいですからね．

4.13 空白の出力

空白は文書の見た目を大きく左右します．TeX は非常に優秀にこの空白を挿入します．どのくらい優秀かというと，書いてる人が気づかないうちに綺麗になってるほどです[3]．

いくつかの空白は自動で入ります．例えば，和文文字間には ¥kanjiskip という空白が少し入っています．また，和文と英文の間には ¥xkanjiskip という空白が入ります．（こちらは見やすいかもしれません．）文字によっては，特別な空白が入る場合があります．例えば，・の前後には少し空白が入ります．これは，どの文字とどの文字が隣り合ってるかによって決められているものです．最後の空白を入れないには ¥inhibtglue を使います．（もちろん pTeX 限定の命令です．）

```
（通行者）「あれ？」¥par          % 通常の空白
（通行者）¥inhibitglue「あれ？」   % 空白を禁止
```

　　（通行者）「あれ？」
　　（通行者）「あれ？」

この空白は TeX システム内に存在する JFM ファイルというもので定義されています．どの JFM ファイルを用いるかはクラスファイルに依り，jsarticle 等は jis.tfm[4]，jartile 等は min10.tfm というファイルを用います．min10 は pTeX が作られた当初から使われていましたが，現在では様々な問題があることが知られています．特にこだわる理由がない限りは，jis を使うといいでしょう．jarticle 等で jis を使うには次のようにします．

```
¥DeclareFontShape{JY1}{mc}{m}{n}{<-> s*jis}{}
¥DeclareFontShape{JY1}{gt}{m}{n}{<-> s*jisg}{}
¥documentclass{jarticle}
```

¥documentclass の前に書いてください．

---

[3] ってそれは私だけ！？

[4] 欧文の場合は TFM ファイルと呼び，和文の場合は JFM と呼ぶのですが．拡張子はどちらも tfm になっっているようです．

4.13 空白の出力

ソース中に空白があると，その分の空白が入ります．ただし，二つ以上空白が続いても一つの空白として扱われます．なお，改行でも同様に空白があくことがあります．この場合，二つ続けて入れると改段落を意味します．(既にやりましたね．) なお，この空白はコントロールシークエンスの後では「食われて」しまいます．例えば，`¥LaTeX is` は LaTeXis と出力されます．これを避けるには，`{¥LaTeX} is` とするか，`¥LaTeX¥ is` とします．

特に欧文においては，この空白が重要です．「This is a pen.」と何も考えずに打つだけで，単語間に空白が入るのはこのためです．ピリオド (.) やカンマ (,) の後も空白を入れなければなりません．

この空白ですが，文末のピリオドの後では少し大きくあきます．ただし，「文末の」ピリオドでないとあきませんので，たとえば A. Borel などといった場合には入りません．文末であるかどうかは単純にピリオドの前が小文字であるかどうかで判断します．よって，Mr. Abe という時のピリオドは文末であると判断され，やや大きめにあいてしまいます．このような時は `Mr.¥ Abe` とします．すると Mr. Abe となり，通常の幅になります．必ずこの処理を入れるようにしましょう．

特に文献を入れる時にひっかかるので気をつけてください．文献は省略されることが多いのですが，その時に省略のピリオドが入ります．`Ann. of Math` ではなくて，`Ann.¥ of Math` になります．なお，説 7.2 で述べる thebibliography 環境内ではピリオド後の空白の広さが通常通り設定されてますので，気にしなくて大丈夫です．

段落頭には，日本語の文章なら全角一文字程度の，英文ならもう少し大きな空白が入ります．空白挿入を押さえるのは，`¥noindent` を使います．

さて，この空白を意図的に入れる命令を紹介しましょう．まずは既に使った `¥` です．これは，`¥`の次に空白が続いて一つの命令です．これは通常の空白一つ分の命令です．同じ空白量をあけるのが~です．ただし，これはその部分での行分割を許さないという機能を持ちます．また，ピリオド後の空白分にするには `¥@` を使います．`¥quad` は全角空白分の，`¥qquad` はその 2 倍の空白を入れます．また，`¥,` は `¥quad` の 1/6 の空白を挿入します．

`¥/` はイタリック補正を挿入する命令です．イタリック補正とは，

if and only if

というように，傾いたイタリック体（この場合は f）の脇に通常の文字がきた時にややつまってしまうのを補正することです．この場合は，

```
{¥itshape if¥/} and only if
```

とすれば

> *if* and only if

というように綺麗に見えます．ただし，¥textit にはこれを自動で補正してくれる処理が入っているので，¥textit{if} and only if とすれば綺麗に出力されます．従って，使う機会はあまりありません．

　以上は定められた空白を挿入する（またはより特別な意味を持った）命令達でしたが，次に指定された空白を挿入する命令を紹介しましょう．まず横方向の空白を挿入するには ¥hspace を使います．

```
あ¥hspace{2cm}い
```

> あ　　　　　い

¥hspace は行頭・行末では空白を出力しません．常に出力させるためには ¥hspace* を用います．

　縦方向（段落間）の空白には ¥vspace を使います．

```
あれこれ．

¥vspace{1cm}
ちょっとあけてみた．
```

> あれこれ．
>
>
> ちょっとあけてみた．

今度はページ頭・末では出力されませんので，常に出力させるためには ¥vspace* を用います．

第5章
数　　　式

TeX の最大の魅力は何といっても美しい数式出力です．その力はすばらしく，事実上数式表示の標準となっています．メールなどで数式を表現する際には，TeX で表現することも多いくらいです．

5.1 数式出力の基本

既に3章でも述べましたが，数式を出力するには数式モードに入る必要があります．通常の数式モードには，$で入り$で出るか，¥(で入り¥)で出ます．別行立てになるディスプレイ数式モードには，¥[で入り¥]で出ます．

ディスプレイ数式モードでは，普通の数式と違い別行立てになるだけでなく，いくつかの数式がそのスタイルを変更します．例えば，分数は普通の数式モードでは $\frac{1}{2}$ ですが，ディスプレイ数式モードでは，

$$\frac{1}{2}$$

と大きくなります．普通の数式モードでこのような出力を得たい場合は，`¥displaystyle` を頭につけます．`¥displaystyle¥frac{1}{2}` は $\frac{1}{2}$ と出力されます．逆に，ディスプレイ数式モードで普通の数式モードのような出力を得たい場合は `¥textstyle` を使います．`¥[¥textstyle¥frac{1}{2}¥]` では

$$\tfrac{1}{2}$$

のような出力が得られます．

数式に用いる様々な記号は，LaTeX 内で既に定義されてますから，命令を打つだけで出力できます．例えば，直和の記号 ⊕ は `¥oplus` により実現されます．♡（`¥heartsuit`）のような数式なのかわからないのもあります．ここにはその全てを列挙することはしません．dviout の Help TeX（節 3.2.2 参照）でその一覧が得られますので参照してください．

5.2 基本的な命令

いくつかの基本的な命令を並べておきましょう．例によって，多くは載せませんので，不満な分は dvout の Help TeX（節 3.2.2）をご覧ください．

5.2.1 添え字，冪乗

添え字や冪乗には，_ や ^ を使います．数式モードでしか使えません．

```
$a_n^2$, $x_{f(k)}^{c_n}$
```

$$a_n^2,\ x_{f(k)}^{c_n}$$

あまりごてごてつけると少し汚いですね．最初の例で n と 2 が縦にそろっているのが気に入らない場合は，次のようにします．

```
${a_n}^2$
```

$${a_n}^2$$

5.2.2 分　数

分数は ¥frac を使います．

```
$¥frac{1}{2}$
```

$$\frac{1}{2}$$

「2 分の 1」と読みながらやってると ¥frac{2}{1} と書いてしまいますのでご注意を[†1]．

連分数は ¥cfrac を使います．

```
¥[
    ¥frac{1 + ¥sqrt{5}}{2} =
```

[†1] 逆に ¥frac{1}{2} を 1 分の 2 と読み出すかもしれません．どうでもいい話でした．

```
        1 + ¥cfrac{1}{
        1 + ¥cfrac{1}{
        1 + ¥cfrac{1}{
        1 + ¥displaystyle¥frac{1}{¥ddots}}}}
¥]
```

$$\frac{1+\sqrt{5}}{2} = 1 + \cfrac{1}{1 + \cfrac{1}{1 + \cfrac{1}{1 + \cfrac{1}{\ddots}}}}$$

5.2.3 和 と 積 分

和と積分を一つにまとめたのは，積分が和の極限だからではなく，これらが大型演算子と呼ばれるものだからです．とにかく使ってみます．和の方をやってみましょう．

```
$¥sum_{n = 1}^¥infty n^{-s}$
¥[¥sum_{n = 1}^¥infty ¥tau(n)q^n¥]
```

$\sum_{n=1}^{\infty} n^{-s}$

$$\sum_{n=1}^{\infty} \tau(n) q^n$$

和の記号はこのように下に和の始めと，上に和の最後を入れますが，これらは添え字や冪乗と同様に^や_を使います．出力はディスプレイ数式であるかないかに依存し，ディスプレイ数式の方が「見慣れた」出力になります．もし文中でも真上と真下にしたい場合は¥displaystyleを使います．ただし，これは同時に式自体も大きくなってしまうので，上下の付け方だけ変更したい場合は，¥limitsや¥nolimitsを使います．

```
$¥sum¥limits_{n = 1}^¥infty$
¥[ ¥sum¥nolimits_{n = 1}^¥infty ¥]
```

$$\sum_{n=1}^{\infty} \qquad \sum_{n=1}^{\infty}$$

積分記号 ¥int や極限を表す ¥lim も同様です．

```
$¥int_0^¥infty f(x)dx$は次のように定義される．
¥[ ¥int_0^¥infty f(x)dx = ¥lim_{R¥to ¥infty}¥int_0^R f(x)dx ¥]
```

$\int_0^\infty f(x)dx$ は次のように定義される．
$$\int_0^\infty f(x)dx = \lim_{R\to\infty}\int_0^R f(x)dx$$

5.2.4 括弧などを大きくする

括弧は中の数式の大きさに合わせて大きくしたくなります．¥left と ¥right を使えば，中身にあわせて自動で括弧の大きさを変更することができます．

```
¥[
(¥frac{1}{2}), ¥{¥frac{1}{2}¥},
¥left(¥frac{1}{2}¥right), ¥left¥{¥frac{1}{2}¥right¥}
¥]
```

$$(\frac{1}{2}), \{\frac{1}{2}\}, \left(\frac{1}{2}\right), \left\{\frac{1}{2}\right\}$$

このように，¥left,¥right の後に出力したい括弧を書きます．¥left と ¥right は必ず対で使わなければなりません．もし出力したくない場合（例えば左の括弧だけ表示させたい場合等）は，括弧のかわりに．（ピリオド）を書いてください．

記号を大きくする命令には ¥big を使います．ただし，括弧などに用いるには ¥bigl，¥bigr を使います．また，関係演算子を大きくする場合は ¥bigm を使います（節 5.4 も参照のこと）．

```
$(1), ¥bigl( 1 ¥bigr)$
```

$$(1), \bigl(1 \bigr)$$

更に大きくしたい場合は，¥Big，¥bigg，¥Bigg とします．

```
¥[
¥bigl( ¥Bigl( ¥biggl( ¥Biggl(
¥]
¥[
A = ¥biggl¥{x ¥in X¥Bigm| x ¥in ¥frac{1}{2}Y¥biggr¥}
¥]
```

$$\bigl(\Bigl(\biggl(\Biggl($$

$$A = \biggl\{ x \in X \,\Bigm|\, x \in \frac{1}{2}Y \biggr\}$$

集合を表す記法の区切り文字は関係演算子ではないですが，空白の空き具合的には関係演算子と見てもいいのではないかと思います．蛇足ですが，大きくしない場合は ¥{x ¥in X ¥mid x = f(x)¥} とでもすればいいでしょう．

5.3 否定する

¥not を使うと，その次に続く命令を否定できます．

```
$x ¥not¥in X$, $a¥not= b$
```

$$x \notin X,\ a \neq b$$

¥not= は ¥ne でも同じように出力されます．

5.4 数式の種類

TeX では，数式の文字に種類を定めています．例えば，＋は二項演算子ですし，(は開き括弧です．TeX はこれらの情報を用いて数式を組みます．例えば

＋と (の両端の空白量が違うのはそのような理由によります．

以下に TeX の数式の種類を並べてみます．

表 5.1 数式の種類

数式の種類	強制的に変更する命令	例
大型演算子	¥mathop	¥sum
二項演算子	¥mathbin	＋
関係演算子	¥mathrel	＝
開き括弧	¥mathopen	(
閉じ括弧	¥mathclose	)
句読点	¥mathpunct	,

開区間 $\{x \mid a<x<b\}$ を表すのに] と [で囲むことがあります．これを普通に$x¥in]a,b[$としてしまうと，$x\in]a,b[$ と出力され，少々不格好です．これを避けるには，$x¥in ¥mathopen]a,b¥mathclose[$ として $x \in]a,b[$ と出力させるといいでしょう．

5.5 空白制御

文書作成の上で，空白は文書の見た目を大きく左右します．特に数式ではそれは顕著です．節 5.4 で述べた通り，TeX は主に数式に種類を割り当てることで空白の調整を行います．しかし，それでは万全ではないので，TeX では数式の空白を制御するいくつかの命令が用意されています．（一部は節 4.13 でも述べました．）

表 5.2 空白を挿入する命令

命令	¥quad	¥qquad	¥,	¥>	¥;	¥!
スペース量	1	2	3/18	4/18	5/19	-3/18

スペース量の単位は ¥quad を基本としました．これは 10 ポイントで組んでいるなら 10 ポイントのスペースを挿入する命令です．この六つのうち，左の三つは数式外でも使うことができます．

いくつかの例を示します．

- $¥sqrt{2}x$とすると $\sqrt{2}x$ と出力されますが，ぱっと見 $\sqrt{2x}$ と紛らわ

しいです．$\¥sqrt{2}\¥,x$とすると$\sqrt{2}\,x$と出力され，見栄えがよくなります．

- 重積分を$\¥int\¥int$とすると，$\int\int$と出力され，間が開きすぎです．$\¥int\¥!\¥!\¥int$とすると$\iint$となり，まともになります．ただしこれは節 5.8 で触れる amsmath パッケージを用いて，$\¥iint$とした方がよいでしょう．
- 転地行列を表すのに左上に t をつける記法があります．TeX では左上に式を乗せることはサポートしていないので，前の文字の右上につけてごまかすことになるでしょう．$Y{}^tX$とするとY^tXと出力されますが，これでは Y の t 乗に X をかけてるようにしか見えません．$Y\¥,{}^t\¥!X$として，Y^tXと出力させるとよいでしょうか[†2]．

5.6　書　体

数式には基本的にはアルファベットを用いるわけですが，どうも大文字小文字あわせて 26×2 文字では足りないらしく，実に様々な文字を使います[†3]．次の書体が用意されています．

- ¥mathcal：
$$\mathcal{ABCDEFGHIJKLMNOPQRSTUVWXYZ}$$
- ¥mathbb：
$$\mathbb{ABCDEFGHIJKLMNOPQRSTUVWXYZ}$$
- ¥mathfrak：
$$\mathfrak{ABCDEFGHIJKLMNOPQRSTUVWXYZ}$$
- ¥mathfrak：
$$\mathfrak{abcdefghijklmnopqrstuvwxyz}$$
- ¥mathscr：
$$\mathscr{ABCDEFGHIJKLMNOPQRSTUVWXYZ}$$

¥mathfrak は上が大文字，下が小文字です．¥mathcal は通常で使えますが，

[†2] 転地はこれといった対策方法がないのが現状のようです．悩ましいですね．

[†3] 実際たりないというのもあるのですが，ある種の「こだわり」があるケースも多いようです．例えば，未知数には x を使うなどというのはそのようなこだわりの例ですね．

¥mathbb, ¥mathfrak は ¥usepackage{amssymb}する必要があります．また，¥mathscr は ¥usepackage{mathrsfs}が必要です．

　これとは別に，ローマン体などで出力することも可能です．節 4.7 における ¥text から始まる命令の text の部分を math に変更すると使えます．といっても全部あるわけではなく，あるのは次の通り．

```
$Diff$, $¥mathrm{Diff}$, $¥mathbf{Diff}$, $¥mathit{Diff}$,
$¥mathsf{Diff}$, $¥mathtt{Diff}$.
```

$Diff$, Diff, **Diff**, Diff, Diff, Diff.

¥math**はあくまで数式を出力します．数式という意味は，例えば空白などが無視されるということです．($a b$とabとの出力が同じであるのと同じ原理です．）節 4.7 で述べた ¥text**な命令も使えます．この場合は通常文書用の出力がされます．

```
$¥mathrm{for all}$, $¥textrm{for all}$
```

forall, for all

しかし，個人的には ¥textrm より節 5.8.1 で述べる ¥text の方が好みです．（amsmath パッケージがいりますが．）

　さきほどの例で，$Diff$と$¥mathit{Diff}$の組まれ方が違うことに注意してください．前者は $D \times i \times f \times f$ と見なされているからです．微分同相のなす群のつもりで$Diff(M)$と書くと $Diff(M)$ と見苦しくなります．ここは $¥mathit{Diff}(M)$とするとまともになります．しかし，更にいえばこの場合はイタリックにすべきではなく，$¥mathrm{Diff}(M)$により $\mathrm{Diff}(M)$ と出力すべきでしょう[†4]．

　このような出力をするには ¥DeclareMathOperator が便利でしょう．使うには amsmath パッケージが必要です．

[†4] これは非常に重要なことだと思います．というのも，綺麗汚いだけでなく，$Diff(M)$ と出力されていると一瞬解釈ができないおそれすらあるからです．

```
¥documentclass{jsarticle}
¥usepackage{amsmath}
¥DeclareMathOperator{¥Diff}{Diff}
¥begin{document}
$¥Diff(M)$
¥end{document}
```

$$\mathrm{Diff}(M)$$

`¥DeclareMathOperator` は新しい命令を作る命令です．プリアンブルでしか使えません．一つ目の引数には命令の名前を，次の引数には出力する文字列を与えます．

5.7 数式の改ページ

原則として，ディスプレイ数式内では改ページを行いません．通常の一行数式では改ページする必要はありませんが[†5]，5.8.2 で紹介するような環境中では式が長くなると改ページしたくなることもあるでしょう．

改ページしたい場合は，`¥¥` の前に `¥displaybreak` をおきます．すると，その行で必ず改ページされます．オプションとして 0, 1, 2, 3, 4 を指定することができ，0 は改ページを起こすとは限りませんが，やや起こしやすくする．数字が増えるにつれ，改ページしやすくなります．4 は省略と同じです．

全ての `¥¥` を一斉に改ページしやすくするには，`¥allowdisplaybreaks` を使います．これも 0 から 4 までのオプションをつけることができます．0 は改ページを行いません．今回の 4 は必ずしも改ページするわけではありません．`¥allowdisplaybreaks` が設定されている時でも，`¥¥` の代わりに `¥¥*` とすることで改ページを抑制できます．

[†5] そもそも改行すらしませんし．

5.8 AMSのパッケージを使う

LaTeXの数式は強力なのですが，更にそれを強力にするためのパッケージがアメリカ数学会（American Mathematical Society，以下 **AMS**）から LaTeX 用のパッケージが出ています．いくつかありますが，よく使われるのは次の三つです．

amsmath パッケージ　　最も基本的なパッケージです．数式環境における様々な拡張機能を提供します．

amssymb パッケージ　　AMS が開発した数式用フォントである AMSFonts を使うためのパッケージです．

amsthm パッケージ　　定理環境用パッケージです．拡張された定理環境系命令（¥newtheorem 等）の他，証明用の proof 環境なども用意されています．

数式を使う文書を書く場合，少なくとも amsmath と amssymb は読み込んでしまって損しないと思います．

5.8.1 手軽に使えそうな機能

手軽に使えそうな機能を列挙してみます．

色々な記号

ただでさえ豊富だった数式記号が大幅にパワーアップします．一覧は dviout の Help TeX（節 3.2.2 参照）から見るといいでしょう．1 ページ目の下の方に「AMS Symbols」とありますが，その下に並んでるのが amssymb で提供される記号です．節 5.5 で述べた ¥iint などもあります．

¥text

¥text という命令が追加されています．これは，数式環境中に通常文書を挿入するための命令です．

```
¥[
P_{¥text{地上}} = 1¥,¥mathrm{atm}¥qquad ¥text{（地上の圧力は1気圧）}
¥]
```

5.8 AMS のパッケージを使う

$$P_{\text{地上}} = 1\,\text{atm} \qquad (\text{地上の圧力は}\,1\,\text{気圧})$$

¥dots

省略を表すのに $\cdots$ や $\ldots$ を用いることがあります．LaTeX では ¥cdots や ¥ldots などを場合に応じて使い分けていきますが，AMS パッケージにはもう少し賢い ¥dots が存在します．これは，自分の前後に応じて適切な記号を選んでくれます．

```
¥[
x_1 + x_2 + ¥dots + x_n,¥qquad x_1,x_2,¥dots,x_n.
¥]
```

$$x_1 + x_2 + \cdots + x_n, \qquad x_1, x_2, \ldots, x_n.$$

とはいえ，万能ではありませんから，そのときは適切に自分で選ぶことになります．¥cdots や ¥ldots を使ってもいいのですが，AMS では更にこれらの改良バージョンを用意しています．

```
¥[
x_1 + x_2 + ¥dotsb ¥qquad x_1x_2¥dotsm ¥qquad
x_1,x_2,¥dotsc ¥qquad ¥int_{X_1}¥int_{X_2}¥dotsi
¥]
```

$$x_1 + x_2 + \cdots \qquad x_1 x_2 \cdots \qquad x_1, x_2, \ldots \qquad \int_{X_1}\int_{X_2}\cdots$$

それぞれ後ろに並ぶのは，binary operator の b, multiplication の m, comma の c, integration の i です．

太文字イタリック

¥boldsymbol という命令が追加され，太文字かつイタリックが出力できます．

```
$¥boldsymbol{abcABC¥alpha¥beta¥gamma}$,
$¥mathbf{abcABC}$
```

$$\boldsymbol{abcABC\alpha\beta\gamma}, \ \mathbf{abcABC}$$

`$¥mbox{¥boldmath $abcABC¥alpha¥beta¥gamma$}$`とすれば amsmath パッケージなしでも出力できます．

¥dfrac, ¥tfrac

分数は `¥frac` でしたが，amsmath では `¥dfrac` と `¥tfrac` という命令が定義されています．これらは，`¥displaystyle¥frac` と `¥textstyle¥frac` の略記です．

```
$¥dfrac{1}{2}$
¥[
¥tfrac{1}{2}
¥]
```

$$\dfrac{1}{2}$$

$$\tfrac{1}{2}$$

5.8.2 環 境

AMS パッケージでは，色々な環境が用意されています．その殆どが数式に関わるものです．主に別行立て数式に対して用いられます．

align 環境

複数行の数式を，場所でそろえて出力する環境です．

```
¥begin{align}
% &のある部分でそろう
f(x) & = a_0 + a_1x + a_2x^2 + ¥dotsb¥¥
 & = f(0) + f^{(1)}(0)x + ¥frac{f^{(2)}(0)}{2}x^2 + ¥dotsb
¥end{align}
```

5.8　AMS のパッケージを使う

$$f(x) = a_0 + a_1 x + a_2 x^2 + \cdots \tag{1}$$
$$= f(0) + f^{(1)}(0)x + \frac{f^{(2)}(0)}{2}x^2 + \cdots \tag{2}$$

使い方は非常に簡単です．そろえたい部分に&を挟むだけです．行を改めたい場合は，¥¥を挟みます．殆ど tabular 環境などと同じですね．

見ての通り，align 環境は数式番号を挿入します．数式番号をつけたくない場合は，¥notag を使います．

```
¥begin{align}
f(x) & = a_0 + a_1x + a_2x^2 + ¥dotsb¥¥ ¥notag
& = f(0) + f^{(1)}(0)x + ¥frac{f^{(2)}(0)}{2}x^2 + ¥dotsb
¥end{align}
```

$$f(x) = a_0 + a_1 x + a_2 x^2 + \cdots$$
$$= f(0) + f^{(1)}(0)x + \frac{f^{(2)}(0)}{2}x^2 + \cdots \tag{1}$$

また，全て消すならば **align*環境** を用います．align*環境で，独自の数式番号をつけたい場合は，¥tag が使えます．

```
¥begin{align*}
f(x) & = a_0 + a_1x + a_2x^2 + ¥dotsb¥¥
& = f(0) + f^{(1)}(0)x + ¥frac{f^{(2)}(0)}{2}x^2 + ¥dotsb
          ¥tag{Tayler展開}
¥end{align*}
```

$$f(x) = a_0 + a_1 x + a_2 x^2 + \cdots$$
$$= f(0) + f^{(1)}(0)x + \frac{f^{(2)}(0)}{2}x^2 + \cdots \tag{Tayler 展開}$$

alignat 環境

align より沢山並べたい時は alignat 環境を使います．

```
¥begin{alignat}{2}
X & = G/K, &¥qquad
    ¥Xi & = G¥exp(i¥Omega)K_{¥mathbb{C}}/K_{¥mathbb{C}}¥¥
¥mathcal{D} & = S/U, &¥qquad
    ¥Xi_0 & = G¥exp(i¥Omega_0)K_{¥mathbb{C}}/K_{¥mathbb{C}}
¥end{alignat}
```

$$X = G/K, \qquad \Xi = G\exp(i\Omega)K_{\mathbb{C}}/K_{\mathbb{C}}$$
$$\mathcal{D} = S/U, \qquad \Xi_0 = G\exp(i\Omega_0)K_{\mathbb{C}}/K_{\mathbb{C}}$$

alignat*環境で数式番号は消えます．¥tag, ¥notag も使えます．

gather 環境

複数の数式を集める環境です．align と違い，縦にそろえたりはしません．

```
¥begin{gather}
¥zeta(s) = ¥sum_{n = 1}^¥infty n^{-s}¥¥
¥xi(s) = ¥pi^{-s/2}¥Gamma¥left(¥frac{s}{2}¥right)¥zeta(s)
¥end{gather}
```

$$\zeta(s) = \sum_{n=1}^{\infty} n^{-s} \tag{1}$$
$$\xi(s) = \pi^{-s/2}\Gamma\left(\frac{s}{2}\right)\zeta(s) \tag{2}$$

gather*環境もあります．¥tag や ¥notag も使えます．

multline 環境

一行に収まらない数式を数行に分割するための環境です．自動的に分割してくれるわけではなく，分割箇所は自分で指定します．

5.8 AMS のパッケージを使う

```
¥begin{multline}
¥int_X E(x,¥varphi_i,z_1)(¥Lambda^¥varepsilon E)
    (x,¥varphi_j,¥overline{z_2})dx¥¥      % 分割場所を¥¥で指定
= ¥frac{1}{z_1 + z_2}
    ¥left((¥varphi_i,¥varphi_j)¥varepsilon^{(z_1 + z_2)}
    - (M(z_1)¥varphi_i,M(¥overline{z_2})¥varphi_j)
    ¥varepsilon^{-(z_1 + z_2)}¥right)¥¥
+ ¥frac{1}{z_1 - z_2}¥left((¥varphi_i,M(¥overline{z_2})¥varphi_j)
    - (M(z_1)¥varphi_i,¥varpi_j)¥varepsilon^{-(z_1 - z_2)}¥right)
¥end{multline}
```

$$\int_X E(x,\varphi_i,z_1)(\Lambda^\varepsilon E)(x,\varphi_j,\overline{z_2})dx \\ = \frac{1}{z_1+z_2}\left((\varphi_i,\varphi_j)\varepsilon^{(z_1+z_2)} - (M(z_1)\varphi_i,M(\overline{z_2})\varphi_j)\varepsilon^{-(z_1+z_2)}\right) \\ + \frac{1}{z_1-z_2}\left((\varphi_i,M(\overline{z_2})\varphi_j) - (M(z_1)\varphi_i,\varpi_j)\varepsilon^{-(z_1-z_2)}\right) \quad (1)$$

数式番号が不要な場合は multline*環境を使います．¥tag, ¥notag も使えます．

cases 環 境

場合分けには cases 環境を使います．

```
¥[
f(x) =
¥begin{cases}
% 結果 & 条件の形．何行でもかける．
1 & (x > 0)¥¥
0 & (x = 0)¥¥
-1 & (x < 0)
¥end{cases}
¥]
```

$$f(x) = \begin{cases} 1 & (x > 0) \\ 0 & (x = 0) \\ -1 & (x < 0) \end{cases}$$

5.8.3 定理環境

定理環境と呼ばれるものを使うことができます．定理いくついくつ．これがなりたつ，といったようなやつです．使うために，amsthm を usepackage しておいてください．

定理環境は，あらかじめ作成して使います．作成するには，`\newtheorem` を使います[6]．

```
\documentclass{jsarticle}
\usepackage{amsmath,amssymb,amsthm}   % usepackageを忘れないように．
\newtheorem{thm}{定理}                 % thm環境を新しく作る．
\begin{document}
\begin{thm}\label{thm:偉い定理}
あれこれが成り立つ．
\end{thm}
定理\ref{thm:偉い定理}によれば……
\end{document}
```

定理 1. あれこれが成り立つ．

　定理 1 によれば……

簡単ですね．見ての通り，定理にラベルをつけておけば後から参照することができます．（参照については節 7.1 を見ること．)

　定理番号は，全て通してになってしまいます．例えばセクション番号に追随させ，セクション 4 では「定理 4.1」と出力するには次のようにします．

---

[6] `\newtheorem` は amsthm を読み込まなくても使えます．しかし，ここでは amsthm パッケージの定理環境を紹介します．

5.8 AMS のパッケージを使う

```
¥documentclass{jsarticle}
¥usepackage{amsmath,amssymb,amsthm}
¥newtheorem{thm}{定理}[section]   % sectionとthm環境を関連づける．
¥begin{document}
¥begin{thm}
あれこれが成り立つ．
¥end{thm}
¥end{document}
```

定理 **5.1.** あれこれが成り立つ．

更にその他の「命題環境」や「補題環境」も作り放題です．ただし，これらは全て独立にカウントされてしまいます．定理，命題など全て通して同じ番号付けにするには次のようにします[†7]．

```
¥documentclass{jsarticle}
¥usepackage{amsmath,amssymb,amsthm}
¥newtheorem{thm}{定理}[section]    % sectionとthm環境を関連づける
¥newtheorem{prop}[thm]{命題}       % thm環境とprop環境を関連づける
¥begin{document}
¥begin{thm}
あれこれが成り立つ．
¥end{thm}
¥end{document}
```

定理 **5.1.** あれこれが成り立つ．

命題 **5.2.** これこれも成り立つ．

そもそもカウンタなんか要らないという場合には，¥newtheorem*です．

```
¥documentclass{jsarticle}
¥usepackage{amsmath,amssymb,amsthm}
¥newtheorem*{thm}{定理}                     % 番号のつかない定理環境
¥begin{document}
¥begin{thm}
あれこれが成り立つ．
```

[†7] 私も含め，こちらのシステムを好む人が多いような気がします．定理や命題が探しやすいからでしょうか．

```
¥end{thm}
¥end{document}
```

> 定理. あれこれが成り立つ.

定理の名前を書きたい場合は次のようにします.

```
¥begin{thm}[Schurの補題]          % オプション指定で名前挿入
$¥pi,¥pi'$を既約表現とした時……
¥end{thm}
```

> 定理 1 (**Schur の補題**). π, π' を既約表現とした時……

5.8.4 proof 環境

定理環境を紹介したついでに **proof 環境**を紹介しましょう．これも amsthm が usepackage されてないと動きません．

proof 環境とは，その名の通り証明を書くための環境です．頭に「Proof.」の文字が出現し，終わりには証明終わりの記号がつきます．

```
¥begin{thm}
あれこれが成り立つ.
¥end{thm}
¥begin{proof}
そもそもあれが成り立つんだから. これが成り立つ.
従って, 定理が成り立つ.
¥end{proof}
```

> 定理 1. あれこれが成り立つ.
>
> *Proof.* そもそもあれが成り立つんだから. これが成り立つ. 従って, 定理が成り立つ.　　　　　　　　　　　　　　　　□

頭と尾っぽの文字は変更することができます．

```
¥documentclass{jsarticle}
¥newtheorem{thm}{定理}
```

5.8 AMS のパッケージを使う

```
\renewcommand{\proofname}{\textbf{証明}}    % 開始マークは\proofname
\renewcommand{\qedsymbol}{（証終）}           % 終了マークは\qedsymbol
\begin{document}
\begin{thm}
あれこれが成り立つ．
\end{thm}
\begin{proof}
そもそもあれが成り立つんだから．これが成り立つ．
従って，定理が成り立つ．
\end{proof}
\end{document}
```

> **定理 1.** あれこれが成り立つ．
>
> **証明．** そもそもあれが成り立つんだから．これが成り立つ．従って，定理が成り立つ． （証終）

更に proof 環境にオプションを渡すことで，一時的に変更することも可能です．

```
\begin{thm}\label{thm:凄い定理}              % 後で引用のため，ラベルづけ
あれこれが成り立つ．
\end{thm}
こんな凄い定理が証明されるんだから，色々と証明の前に述べなきゃならない．
長い話が入る．
\begin{proof}[定理\ref{thm:凄い定理}の証明]    % 開始マークを一時的に変更
そもそもあれが成り立つんだから．これが成り立つ．
従って，定理が成り立つ．
\end{proof}
```

> **定理 1.** あれこれが成り立つ．
>
> 　こんな凄い定理が証明されるんだから，色々と証明の前に述べなきゃならない．長い話が入る．
>
> **定理 1 の証明．** そもそもあれが成り立つんだから．これが成り立つ．従って，定理が成り立つ． （証終）

5.8.5 定理環境のカスタマイズ

amsthmの定理環境は英語用に作られているために，あまり日本語の文章にはなじみません．例えば，デフォルトでは定理内部は全てイタリックになってしまいます．これは英語文章では普通ですが，日本語では通常行われません．以上の理由から，特に日本語用に使う場合は定理環境のカスタマイズが必須です．

5.8.5.1 用意されたスタイルを使う

定理環境のスタイル変更のために，\theoremstyle命令が用意されています．\newtheoremをする前にこの命令を使うと，その後定義された定理環境がそこで設定されたスタイルになります．

```
\documentclass{jsarticle}
\usepackage{amsmath,amssymb,amsthm}
% 何もしなければ，デフォルトのplainスタイルになる．
\newtheorem{thm_plain}{定理}
\theoremstyle{definition}
% theoremstyleでdefinitionスタイルに変更されているので，
% thm_definition環境はdefinitionスタイルで作られる．
\newtheorem{thm_definition}{定理}
\begin{document}
\begin{thm_plain}
plainスタイルです．
\end{thm_plain}
\begin{thm_definition}
definitionスタイルです．
\end{thm_definition}
\end{document}
```

定理 1. *plain* スタイルです．

定理 1. definition スタイルです．

definitionスタイルがローマン体になったのが確認できます．デフォルトで用意されているスタイルは次の三種類です．

plain デフォルトのスタイルです．本文がイタリックに，見出しの部分が太字になります．

definition 定義用のスタイルです．本文が通常のローマン体に，見出しの

部分が太字になります．

remark 注意用のスタイルです．本文は通常のローマン体です．見出しの部分がイタリックになります．

definition スタイルを使えば日本語の文章でも逃れられるでしょう．更に細かく指定したければ，次の節にあるようにスタイルを自作します．

5.8.5.2 スタイルを自作する

¥theoremstyle で指定したスタイルは自作することができます．そのための命令が ¥newtheoremstyle です．

¥newtheoremstyle は引数が多く，全部で九つもとります．

```
¥documentclass{jsarticle}
¥usepackage{amsmath,amssymb,amsthm}

¥newtheoremstyle
{myjthm} % スタイルの名前
{.5¥baselineskip} % 環境の上に入る空白（空白は「通常」を意味する）
{.5¥baselineskip} % 環境の下に入る空白（空白は「通常」を意味する）
{¥normalfont} % 本体のフォント
{¥parindent} % 定理環境自体のインデント量（空白にすると0）
{¥bfseries} % 見出しのフォント
{.} % 見出しの後に入る句読点
% ↓見出しの後に入るスペース．改行させたければ¥newline．
{5.555pt plus 1.666pt minus 1.666pt}
% ↓見出しの書式
{¥thmname{#1}¥thmnumber{#2}¥thmnote{（#3）¥inhibitglue}}
¥theoremstyle{myjthm}
¥newtheorem{thm}{定理}
¥begin{document}
¥begin{thm}[myjthmスタイルの例]
これはmyjthmスタイルです．
¥end{thm}
¥end{document}
```

> [myjthm スタイルの例] これは myjthm スタイルです．

一応書式はコメントとして書いておきました．最後の引数以外はわかると思います．

最後の引数に関しては説明が必要でしょう．まず#1, #2, #3 があります．これらは，それぞれ定理の名前，定理番号（¥newtheorem*で定義されていれば空文字列），定理環境でオプション指定された文字列（オプション指定がない場合は空文字列）になります．先の例ならば，#1 = "定理"，#2 = "1"，#3 = "myjthm スタイルの例"，です．¥thmname は，#1 が空でなければ受け取った変数をそのまま返し，空ならば中身を消してしまう命令です．¥thmnumber，¥thmnote も同様で，それぞれ#2, #3 に対応しています．これらの命令は，特に ¥thmnote でありがたみを感じます．もしこの機能がなければ，オプション指定がなかった時に無駄な「．()」という文字列だけが生じてしまいます．（先の例で，「myjthm スタイルの例」が空っぽの文字列になったとこを想像してください．）¥thmnote のおかげで，オプションがない時は括弧もろとも消し去ってくれます．なお，用いた ¥inhibitglue に関しては節 4.13 を参照してください．

第6章
画　　　像

　文書を書いても，文字ばかりでは退屈ですし，また効果的に使われた図は本文の大きな助けになります．ここでは，図の扱い方を学びましょう．

6.1　図を入れてみる

　まず，最初に注意をしておきますが，図の扱いは TeX がサポートしているわけではありません．各々の図の表示は個々の dviware に依存します．従って，dviout では表示できるが，dvipdfm ではうまく出力されないといった事態も起こります．

　その一方で，LaTeX 2_ε の画像取り込みには標準的な方法があります[†1]．それが，**graphicx** パッケージです．このパッケージを使うと，次のように簡単に画像を取り込むことができます．

```
¥documentclass{jsarticle}
% graphicxパッケージをオプションdvioutで取り込む
¥usepackage[dviout]{graphicx}
¥begin{document}
¥includegraphics{gazou.bmp}         % gazou.bmpを挿入
¥end{document}
```

　ソースファイルと同じディレクトリに gazou.bmp ファイルが存在し（かつそのファイルが壊れていなければ）このファイルをコンパイルし，できた dvi ファイルを dviout で表示させることで，画像を表示させることができるでしょう．

　何度も述べた通り，画像は dviware 依存です．従って，どの dviware を用いるかの指定をしなければなりません．これは graphicx パッケージのオプションで指定できます．今は dviout を使うので dviout オプションを指定しました．

[†1] 何度もいいますが，これは LaTeX 2_ε が標準的に対応していることを意味しません．画像の表示自体は dviware に依存しますが，ユーザの見えない部分でこの差を吸収してくれているだけです．

dvips(k) を用いる時は dvips オプションを，dvipdfm(x) を用いる時は dvipdfm オプションを使います．

先ほど用いた `\includegraphics` が画像を取り込む命令です．この命令はいくつかのオプションを解釈します．まず，width=5cm とすれば横幅が 5cm になるように拡大または縮小して表示されます．同様に，height=5cm とすれば高さが 5cm になります．scale=0.5 とすれば，元の半分の大きさで表示されます．

6.2 画像の種類

画像には様々な種類があります．先ほど読み込んだ BMP（拡張子.bmp）は Windows の標準的なフォーマットです．また，Web などでよく使われるのは JPEG や PNG などでしょう．これらは，画像の格納方式に差があります．BMP は画像の色データをそのまま保持しますが，JPEG や PNG は圧縮して保持します．

主な画像フォーマットをまとめておきます．

BMP 「びっとまっぷ」と読まれ．Windows でよく使われます．その名の通りビットマップ（全体をいくつかの区画にわけ，各々に色を配置する）でデータを保持します．画像データをそのまま圧縮せずに保持するため，サイズが非常に大きくなってしまいます．そのため，他人に渡す時などはあまりお勧めできません．

JPEG 「じぇーぺぐ」と読まれ，Web やデジタルカメラなどでよく使われています．画像を圧縮して保持するため，サイズは小さくなります．しかし，一般的に使われているのは非可逆圧縮[†2] なので，圧縮率をあげると段々と汚くなります．

GIF 「ぎふ」や「じふ」と読まれ，やはり Web でよく使われていましたが，そこで使われているアルゴリズムに対し Unisys 社がライセンス料を要求したため，使われなくなりました．（現在は特許は期限切れとなっています．）アニメーションを表示できたり，透明を指定して背景イメージと重ね合わせることができたりする拡張が存在します．256 色までしか使えま

[†2] 完全にもとに戻せない圧縮方法．画像の場合，汚くなるが一方圧縮率も上がる．

せん．

PNG 「ぴんぐ」と読まれ，やはり Web などでよく使われています．ライセンス問題があった GIF の代替として作られ，よく使われるようになりました．「代替」といいつつも，GIF に存在した 256 色制限などはありません．WWW の標準化を行う団体 W3C により推奨されています．

EPS Encapsulated PostScript の略．そのまま「いーぴーえす」と読みます．PostScript を基本に作られています．Windows を用いてると普段はあまり見ませんが，恐らく LaTeX で使うには最も適した画像方式です．（後で詳しく説明します．）ベクトルデータ（点や線，面のパラメータや，塗りつぶしの情報などにより画像を表現する）を保持できるのが特徴で，これにより拡大・縮小しても図が汚くなることはありません．一方，写真のような複雑なデータを扱うのには不向きです．

PDF ついつい文書用と思ってしまう PDF（Portable Document Format）ですが，画像データとしても使えます．ベクトルデータが扱えるので，（BMP や JPEG よりは）EPS に近いといえます．

6.3　画像を変換する

前節でも述べましたが，LaTeX で用いる場合最も苦労がないのが EPS 形式です．特に，dvips を用いる場合は EPS 以外は読み込んでくれません．しかし，手に入れた形式が EPS 形式であるのは，比較的まれでしょう[3]．

BMP や JPEG を EPS に変換するソフトは，検索することで沢山見つけることができるでしょう．ここでは，その中で ImageMagick を取り上げてみます．

ImageMagick は，非常に多くの画像形式に対応した，画像処理ツール及びライブラリの集合体です．当然，画像変換の機能も備えています．

ImageMagick は，公式サイト（http://www.imagemagick.net/）からダウンロードすることができます．Windows の Binary を選んでダウンロードしてください．インストーラーがダウンロードできますので，ダブルクリックして起動しましょう．

---

[3] LaTeX に組み込むような画像はそうではないかもしれませんが……．

基本的には [Next >] でいいです．各種設定はデフォルトで問題ないでしょう．インストールにはそこまで時間もかからず終わると思います．

インストールが終わったら使ってみましょう．ここでは，gazou.bmp というビットマップ形式の画像を EPS に変換してみることにします．

Windows 版の ImageMagick には，GUI 環境が用意されていないようです．従って，ここではコマンドプロンプト（節 A.5 参照）から作業することになります．なお，PATH は既にインストーラが通してくれているはずです[†4]．

コマンドプロンプトを開き，変換するファイルのあるディレクトリに移動しておきます．使うコマンドは convert です．しかし，ここで注意が必要です．ここで用いる convert は，（Windows のバージョンによっては）Windows のシステムコマンドとしても登録されています[†5]．しかも，このコマンドは Windows のファイルシステムを変換する，非常に「恐ろしい」プログラムです．間違ってこのコマンドを使ってしまったら大変です．執筆時点では，ImageMagick は PATH の先頭に自らのディレクトリを追加しますので，ImageMagick の convert の方が優先して実行されるはずです．が，しかし念のため確認しておきましょう．

確認するには，convert /? と実行します．ImageMagick の方が動いていれば，次のように表示されるはずです．（バージョンによりやや変わるはずですが．）

```
C:¥works>convert /?
Version: ImageMagick 6.2.8 08/02/06 Q16 http://www.imagemagick.org
Copyright: Copyright (C) 1999-2006 ImageMagick Studio LLC

(以下略)
```

一方，Windows 付属の convert が動いてしまった場合，次のようになります．

```
C:¥works>convert /?
FAT ボリュームを NTFS に変換します．

(以下略)
```

このようになってしまった場合は，次のようにして対処してください．

- PATH の順序を変更する．PATH 内に ImageMagick のディレクトリが最

[†4] インストール時に全てデフォルトにしていれば．

[†5] Windows XP ならば C:¥WINDOWS¥System32 以下に存在します．FAT ファイルシステムを NTFS に変換するプログラムです．

初にきていれば，そちらが優先されます．節 A.6 も参照のこと．

- 絶対パスで指定する．インストール時に特に何もしなかった場合，ImageMagick は C:¥Program Files 以下の ImageMagick（バージョン番号）というフォルダにインストールされます．その中にある convert.exe を直接指定して実行しましょう．

さて，以下 convert.exe はそのまま実行するだけで ImageMagick の方が動いていると仮定します．この時，gazou.bmp を EPS に変換するには次のようにします．

```
C:¥works>convert gazou.bmp gazou.eps
```

ImageMagick は寡黙なプログラムなので，何も返さずに変換を終えます．プログラムが終了すれば，eps ファイルができています．できあがった eps ファイルは，GSView で見ることができますので，きちんとできたか確認しておきましょう．

今回は（LaTeX 用ということも考えて）EPS に変換しましたが，その他の形式に変換する時も同様です．convert gazou.bmp gazou.jpg とすれば JPEG ファイルに変換されます．また，ImageMagick は単純な画像形式の変換以外にも様々な機能を持っています．色々と調べてみてください．

6.4　dviout と Susie plug-in

dviout はデフォルトで POSTSCRIPT/EMF/WMF/BMP/BMC 形式の読み込みに対応しています．（EPS も POSTSCRIPT ですから，問題なしです．）そのほかの形式については，Susie plug-in というものを導入することで使うことができます．

Susie とは，たけちん氏により開発された Windows 用の画像 Viewer です．http://www.digitalpad.co.jp/~takechin/ にて公開されています．Susie は読み込めるファイルを plug-in 外部ファイルにて拡張することが可能です．dviout は，この Susie plug-in を使うことができます．従って，例えば JPEG ファイル用の Susie plug-in を用意し，それを dviout が使えるようにしておけば JPEG ファイルの表示も可能になります．JPEG などのような基本的な plug-in は作者自身により公開されてますし，そのほか様々な人により色々な plug-in が公

開されてますので，色々探してみてください．

　Susie plug-in は，Susie 自体がインストールされていて，更に Susie 用に plug-in がインストールされていれば dviout からも自動で読み込むことができます．Susie のインストールは，実行ファイルを解凍し，適当なフォルダにコピーした後，一回起動するだけです．また plug-in は，ファイル自体を Susie のあるフォルダにコピーすればインストールが完了します．

　一方，Susie を入れずに plug-in のみを使うこともできます．適当なフォルダ[†6] に plug-in をコピーし，そのフォルダを dviout に指定します．フォルダの設定は，dviout のメニューから，「Option」→「Setup Parameters」と選び，Graphic タブを押して出てくるダイアログの「spi」に入れます．設定したら，[Save] を押すのを忘れないようにしてください．

6.5　バウンディングボックス

　ここで，バウンディングボックスというものについて述べましょう．バウンディングボックスには外枠を指定するもので，特に画像の大きさなどがこれから読み取れます．

　LaTeX はこの情報を用いて画像の大きさを見ます．EPS ならば，バウンディングボックスはファイル内に組み込まれているので，自動的に呼んでくれます．しかし，例えば BMP ファイルには存在しません．そのために，例えば gazou.bb というファイルを用意し，その中にバンディングボックスに関する情報を入れておきます．

　この bb ファイルを作るのはいくつかの方法がありますが，dviout 付属の **CreateBB.exe** を用いるのが簡単でしょう．dviout のインストールされたフォルダ[†7] に CreateBB なるプログラムがありますので，それをダブルクリックしましょう．すると，図 6.1 のようなダイアログが開きます．Select Files を押せばファイルを選ぶダイアログが出ますので，ここで bb ファイルを作りたい画像ファイルを選んでください．選べば自動的に bb ファイルが作成されます．bb ファイルさえ用意しておけば，LaTeX は自動的にこれを見に行きます．

[†6] dviout のあるフォルダ（デフォルトでは `c:¥tex¥dviout`）の下に spi とでも作って，その下に入れておけばよいでしょうか．

[†7] デフォルトでは `c:¥tex¥dviout`．

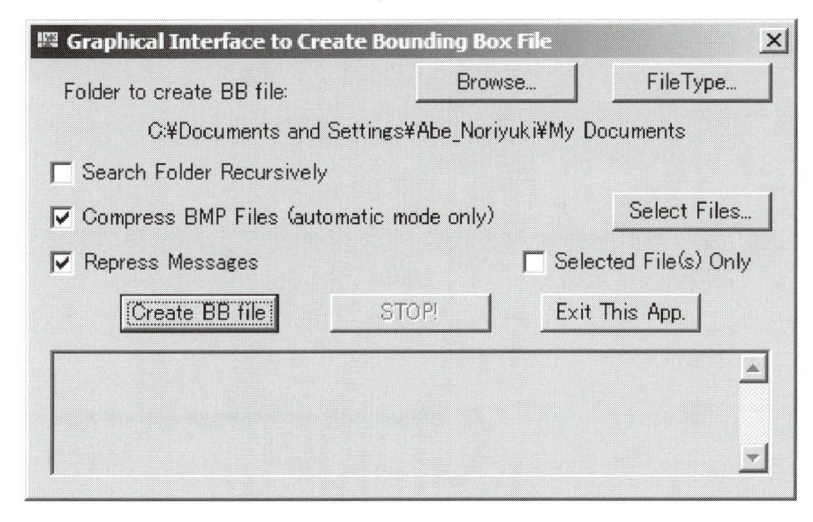

図 **6.1** CreateBB

6.6 figure 環境

¥includegraphics は画像を取り込む機能しかありません．画像の配置には，figure 環境を使います．

```
¥begin{figure}
¥centering
¥includegraphics{gazou.eps}
¥caption{ただの画像}
¥label{fig:gazou}
¥end{figure}
図¥ref{fig:gazou}を参照のこと．
```

このように，figure 環境で囲って図を取り込みます．¥caption により，画像の下に「図 1 単なる図」と表示されます．また，¥label, ¥ref による引用（7 章も参照）も可能です．図を真ん中によせるために，¥centering 命令を用いています．

使ってみるとわかりますが，この figure 環境で囲まれた中身は，その場に表示されるわけではなく，そのページの上や下，または次のページなどに表示さ

れます．このような環境はフロート環境と呼ばれます．

　この配置を完全にコントロールすることはできませんが[†8]，ある程度の動きを figure 環境のオプションとして指定することはできます．

　使い方は，¥begin{figure}[htbp] のように使います．このオプションは，一文字一文字が意味を持ちます．h はその場 (here)，t はページ上部 (top)，b はページ下部 (bottom)，p は単独のページ (page) です．[htb] と指定した場合，その場，ページ上部，ページ下部のいずれかに配置されます．デフォルトは [tbp] です．更に，オプションの頭に ([!htbp] のように) ! をつけることで，更に図が入りやすくなります．

6.7　回　り　込　み

　右のように文章を避けて図を配置するには，wrapfig パッケージを読み込み，wrapfigure 環境を用います．

　wrapfigure 環境はいくつかのオプションと必須の引数を指定できます．必須の引数は配置場所と画像のサイズです．また，一つのオプションで，縦の行数を指定することができます．

サンプル図

　例えば，上の図は次のようにして出力しました．

```
% 縦に5行分，画像は本文の右，その幅は2cmで回り込ませる．
¥begin{wrapfigure}[5]{r}{2cm}
¥includegraphics[width=2cm]{img/wrap_sample.eps}
¥end{wrapfigure}
右のように文章を避けて図を配置するには，
```

　行数は 5 行で指定しましたが，なくても問題ないでしょう．（勝手に計算してくれます．）参考のためにつけてみました．なお，wrapfigure 環境は list 系環境（enumerate 環境や itemize 環境等）内では使えません．

[†8] 完全にコントロールしたいならば，float パッケージを取り込んで，¥begin{figure}[H] とします．しかし，大体 LaTeX の方が組み版には詳しいので，素直に従っておいた方が身のためです．

第7章
参照，文献，索引

文書を書いていると，同じ文書の他の部分からの引用をしたくなります．最後に参考文献を入れればそれを参照したりもしたくなります．また，本などなら最後に索引が必要でしょう．これらは手作業で入れてもいいのですが，せっかくコンピュータを使うなら是非とも自動化したいところです．LaTeX にはこれらを支援する仕組みが用意されています．

7.1 参照

式 (1) において，や，第5章で述べた通り，などというように，同じ文書の中の違う部分を参照することはよくあります．このような参照は自分で書いてもいいのですが，後から文書を追加して番号がずれたりすると大変なことになります．やはりコンピュータ任せにした方がいいでしょう．

7.1.1 参照の方法

参照には，¥label と ¥ref という命令を用います．

```
¥section{Introduction}¥label{sec:Introduction}
あれこれがこのように導入され，色々と調べられた．しかし，このような問題が残っている．

¥section{本論}¥label{sec:honron}
¥ref{sec:Introduction}で述べた通り，これこれはまだ調べられてないといえる．
```

1 Introduction

あれこれがこのように導入され，色々と調べられた．しかし，このような問題が残っている．

2 本論

1 で述べた通り，これこれはまだ調べられてないといえる．

というようになります．このように，参照したい部分にラベルをしておいて，¥ref で参照するだけです．参照したいものによって適切に出力されます．今は ¥section の場合でしたが，数式の場合は，

```
¥begin{equation}
f(x) = ¥int_0^¥infty g(x,t)dt¥label{eq:f}
¥end{equation}
式 (¥ref{eq:f}) により$f$を定義する．
```

$$f(x) = \int_0^\infty g(x,t)dt \qquad (1)$$

式 (1) により f を定義する．

というようになります．

¥label は色々なものに使えます．例を見てみましょう．

```
¥section{もちろんchapterなどにも使えます}¥label{sec:ラベルは後ろに置きます．}
¥begin{align}
f(x) & = x^2 ¥label{eq:さっきも触れたけど，数式の場合はラベルの後}¥¥
g(y) & = ¥sin y¥label{eq:複数あっても問題なし}
¥end{align}
¥begin{thm}¥label{thm:偉い定理}
¥newtheorem で定義した定理環境も参照できます．
¥end{thm}
¥begin{figure}
¥includegraphics{test.eps}
```

```
¥caption{図の名前}¥label{fig:図の場合は¥captionの後}
¥end{figure}
¥begin{table}
¥caption{表の名前}¥label{table環境もfigure環境も似たようなものですしね}
¥begin{tabular}{ccc}
a & b & c¥¥
d & e & f
¥end{tabular}
¥end{table}
¥begin{enumerate}
¥item enumerate環境でもつけられます．
¥item 文章の後につければいいでしょう．¥label{item:こんな風に}
¥end{enumerate}
```

align 環境に関しては節 5.8.2, 定理環境は節 5.8.3, figure 環境は節 6.6 を参照してください．

実際に参照する時は ¥ref を使います．そうすると，適当な番号として出力されます．¥pageref を使うと，この番号をページ番号にすることができます．

ラベルには殆どの文字が使えます．pLaTeX を用いる分には日本語ですら通ります．わかりやすい名前をつけましょう．上の例のように，section につけたラベルは頭を sec: にし，数式につけたラベルは頭を eq: にする，といったルールをもうけておくといいと思います．（特に後で説明する入力支援環境を用いる時は，そうすると更に有効活用できます．）

参照を用いた場合は，(p)latex を一回かけただけでは完全な文章ができません．一回目のコンパイルでは，LaTeX はどのようなラベルが使われてるかを調べ，それを .aux ファイルに書き出します．そして二回目のコンパイルで，その情報をもとに参照を解決し，組版を行います．このように，参照を用いた場合は最低でも二回のコンパイルが必要になります．祝鳥を用いてる場合は，自動的に必要回数コンパイルします．

7.1.2 カウンタの関連づけ

前節で参照の仕方について述べました．しかし，この方法で数式に番号をつけていくと，頭から 1,2,... となってしまいます．例えばセクション 3 では (3.1) という番号付けをしたくなります．

そのためには，¥numberwithin{equation}{section} としておきます．式

ラベルは equation というカウンタ（節 11.3 参照）により作られていますが，この命令は equation カウンタと section カウンタを関連づける命令です．殆ど数式番号専用の作りになっているように思います．

```
¥numberwithin{equation}{section}    % equationとsectionを関連づける
¥begin{equation}
f(x) = ¥int_0^¥infty g(x,t)dt¥label{eq:f}
¥end{equation}
式 (¥ref{eq:f}) により$f$を定義する．
```

$$f(x) = \int_0^\infty g(x,t)dt \tag{3.1}$$

式 (3.1) により f を定義する．

なお，この命令の使用には amsmath を usepackage する必要があります．

7.1.3 支援環境の活用

ラベルにはわかりやすい名前をつけ，参照したい時はすぐにラベルを思い出せるようにしておきましょう．……とそんなに簡単にできたら苦労しません．特に細かい部分まであてなければならないのはなかなか大変です．しかしいちいちラベルの箇所まで見に行くのもバカらしい……．

そんな時は入力支援環境のお世話になりましょう．ラベルの一覧を表示しれくれる機能がついています．

秀丸＋祝鳥の場合は次のようにします．¥ref{まで打ったところで，メニューから補完を選ぶか，Ctrl ＋ H を押しましょう．すると，図 7.1 のようなリストボックスが表示されます．

リストボックスには現在編集中のファイル内のラベル一覧が表示されています．また，リストボックスの下には，現在選択中のラベルの前後の文章が表示されます．

ラベル名は自由なのですが，例えば ¥section につけるラベルは sec:から始める，などというようにしておくと，¥ref{sec:まで打って補完を選ぶことで，頭が sec:のものから選べるようになり，便利です．

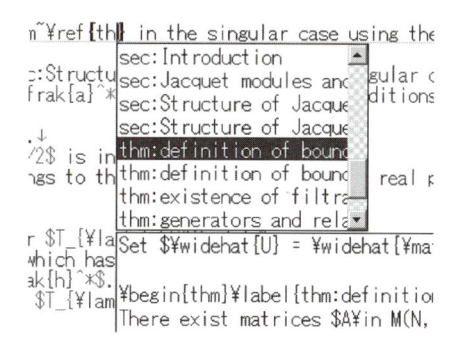

図 **7.1** label からの補完

7.2 参 考 文 献

参考文献において，よくとられる形態は次のようになります．

> この事実は，Howe [1] において示された．
>
> ## 参考文献
>
> [1] Roger Howe, *Remarks on classical invariant theory*, Trans. Amer. Math. Soc. **313** (1989), no. 2, 539–570.

1, 2, 3 ではなく，著者の頭文字で引用したりもするかもしれません．いずれにせよ，文章の最後に文献はまとめておいて，引用は数字などで行うのが普通でしょう．

これら参考文献をまとめるには，
- 文献一覧を作る
- 文章中で，その番号を正確に引用する

という手順が必要になります．これらは手でやることもできますが，自動化させることもできます．後者は簡単に自動化できるので，すべきであると思います．

文献一覧を自動化する為には，その文献のデータをファイルに用意しておかなくてはなりません．何度も何度も使う時はこれで便利なのですが，一度っき

りの場合は逆にめんどうになってしまうかもしれません．その場合は，直接参考文献を打つことも可能です．

7.2.1 文献一覧を自分で書く場合

参考文献を書くには，**thebibliography** 環境を用います．

```
¥begin{thebibliography}{1}
¥bibitem{remarks_on}
Roger Howe, ¥emph{Remarks on classical invariant theory}, Trans.
Amer. Math. Soc. ¥textbf{313} (1989), no.~2, 539--570.
¥end{thebibliography}
```

これをコンパイルすると，

参考文献

[1] Roger Howe, *Remarks on classical invariant theory*, Trans. Amer. Math. Soc. **313** (1989), no. 2, 539–570.

と表示されます．

使い方は簡単です．`¥bibitem` とともに表示したい事項（タイトル，著者，ジャーナル等々……）を続けて書くだけです．実際にどのように書くかは，適当なサンプルをもとに真似してみればいいでしょう．

thebibliography 環境は引数をとります．ここには，引用番号の中で最も長いものを入れてください．先の例では，一つしかないので，その一つである 1 を入れています．

`¥bibitem` も引数をとっていることに注意します．これは，後から文章内で引用するために使います．わかりやすい名前をつけておくといいでしょう．

引用は何もしなければ番号でされますが，ここを変更することもできます．例えば `¥bibitem[H]{remarks_on}` とすると，

[H] Roger Howe.⋯

というようになります．

7.2 参考文献

引用する時は，`¥cite` を用います．先の thebibliography 環境が書いてある状態で，

```
Howe~¥cite{remarks_on} により……
```

などとすれば，

> Howe [1] により……

となります．（引用のされ方はドキュメントクラスなどに左右されます．）勿論，`¥bibitem[H]{remarks_on}`などとしてる場合は，引用のされ方もそれにあわせて変化します．

なお，この場合も参照と同様に複数回のコンパイルが必要です．

7.2.2 cite パッケージの利用

例えば，三つ目，四つ目，五つ目の文献を引用すると，[3,4,5] という出力になってしまいます．これを [3-5] としたい場合は，cite パッケージを使います．使い方は簡単で，プリアンブルに `¥usepackage{cite}`とするだけです．

7.2.3 文献データを別ファイルにおいておく場合

文献データを別に用意しておくことで，文献一覧の作成をコンピュータに任せることができます．この仕組みを BIBTEX といいます．この方法は，最初にデータファイルを用意する必要があるものの，一回作成すればその後は何度も使えることと，多くの場で BIBTEX 形式の文献データが公開されていることから，結果的に節 7.2.1 よりも楽になる場合が多いのではないかと思います．

まずは，文献データを用意しましょう．文献データは拡張子が.bib のファイルに格納されます．このファイルはテキストファイルで，次のような中身になってます．

```
@ARTICLE{remarks_on,
  author = {Howe, Roger},
  title = {Remarks on classical invariant theory},
  journal = {Trans. Amer. Math. Soc.},
  year = {1989},
```

```
  volume = {313},
  number = {2},
  pages = {539--570},
}
@BOOK{Oshima-Kobayashi,
  title = {Lie群とLie環 1},
  publisher = {岩波書店},
  year = {1999},
  author = {大島俊雄・小林俊行},
  volume = {12},
  series = {岩波講座 現代数学の基礎},
  pages = {xvi+293},
  yomi = {おおしまとしお,こばやしとしゆき},
}
```

各々の文献情報は，大体以下のようになります．

@（文献の種類）{（ラベル），（文献内容）}

文献の種類は，本や記事などです．大体表 7.1 に表したようなものがあります．（他にもあります．）

ラベルは引用する時に使います．thebibliography 環境で用いた，¥bibitem の引数と同様です．わかりやすい名前をつけておいてもいいのですが，後で説明するように支援環境として祝鳥を用いてる場合，適当につけても大丈夫です．

その後に文献の内容が続きます．先の例でわかると思いますが，

（項目）= {（内容）}

が「,」を区切りとして並びます．指定できる項目は，author, title, journal, year, volume, number, pages などです．

日本語に関しては，yomi が指定できます．参考文献は例えば著者名でアルファベット順に並べたりもしますが，それのために用意されています．英語の場合はアルファベットで並べればよいのですが，日本語の場合，漢字で並べるわけにはいきませんので，そのために読み方を指定します．

長々と解説しましたが，自分で入力しなくても様々な場所で文献データが BibTeX 形式で提供されています．ので，コピー&ペーストですませられることも少なくありません．例えば，数学の論文検索で有名な MathSciNet では，

7.2 参考文献

表 7.1 文献種類一覧

名前	種類
article	記事・論文など
book	本
unpublished	未出版
incollection	タイトルのついた書籍の一部
booklet	出版社名の明記されてないもの
inbook	本の一部
inproceedings	学術会雑誌の一部
manual	マニュアル
astersthesis	修士論文
phdthesis	博士論文
techreport	研究機関等の報告書
proceedings	学術会雑誌
misc	その他

検索結果を BIBTEX 形式で手に入れることができます[†1]．

さて，文献データを用意したら，文書に取り込むことにします．ソースファイルと同じディレクトリに bunken.bib ファイルがある場合，次のようにします．

```
Howe~¥cite{remarks_on} で注意したように……

大島・小林~¥cite{Oshima-Kobayashi} では……
¥bibliographystyle{jplain}
¥bibliography{bunken}
```

参考文献一覧を表示したい場所に

```
¥bibliographystyle{jplain}
¥bibliography{bunken}
```

と入れてください．**¥bibliographystyle** は文献出力のスタイル指定をします．スタイルはデフォルトでは

[†1] が，しかし，これらはたまにいい加減なことがありますので，必ず自分でチェックを入れる必要はあります．

表 **7.2** BibTeX 用スタイル

スタイル名	スタイル
unsrt	参照順に文献が並ぶ
plain	著者のアルファベット順に文献を並べ，[1] などというように参照
jplain	plain の日本語版
amsplain	plain の AMS（アメリカ数学会）版
alpha	著者のアルファベット順に文献を並べ，[（著者の頭文字）（出版年の下二桁）] と参照
jalpha	alpha の日本語版
amsalpha	alpha の AMS（アメリカ数学会）版

が用意されています．自分でも作ることができます（7.2.6 参照）．

文献データベースは ¥bibliography で指定します．上では同じフォルダ内の bunken.bib ファイルを指定しています．（拡張子は勝手に補完されます．）もし，data フォルダ内の bunken.bib ファイルを指定する場合は，

```
¥bibliography{data/bunken}
```

とします．フォルダの区切り文字が¥ではなく/であることに注意してください．カンマで区切ることによって，複数のファイルを指定することもできます．

引用するのは節 7.2.1 と同様に ¥cite を用います．使うラベルは文献データで指定されているものです．

以上でソースはできましたが，これをこのまま (p)latex で処理しても文献は入りません．BIBTEX にかける必要があります．BIBTEX の実行ファイルは bibtex ですが，日本語を使う場合はその日本語版 jbibtex を使います．先のファイルを C:¥myworks¥bib.tex として保存してあるとします．まずは，通常のファイルをコンパイルするように，十分な回数 (p)latex をかけます．その後，コマンドプロンプトから jbibtex bib を実行します．

```
C:¥myworks>jbibtex bib
This is JBibTeX, Version 0.99c-j0.33 (Web2C 7.5.5)
The top-level auxiliary file: bib.aux
```

```
The style file: jplain.bst
Database file #1: bunken.bib
```

日本語がなければ，bibtex でも大丈夫です．すると，現在のフォルダ内に

- bib.bbl
- bib.blg

の二つが生成されます．bib.blg はログファイルですので，文書処理には不要です．bib.bbl が処理の結果できたものです．テキストファイルですので，中身を見てみましょう．中を見ると，節 7.2.1 と同様な単なる thebibliography 環境であることが確認できると思います．BIBTEX とは，文書内で使われている ¥cite と[†2] 文献データファイルから thebibliography 環境を生成する仕組みなのです．

最後に，処理の結果出た bib.bbl を DVI ファイルに組み合わせます．単純に (p)latex をかければいいのですが，やはり文献の参照を解決するために二回かける必要があります．

```
C:¥myworks>platex bib.tex
C:¥myworks>platex bib.tex
```

以上で，文書作成が完了します．尚，以上の作業は祝鳥を用いてる場合，自動的に推定し，必要回数実行してくれます．

実際に DVI ファイルを開いてみるとわかりますが，参照した分の文献一覧が自動的に作られていることがわかると思います．なお，この方法では参照していない文献が入りませんが，それを入れたい場合は ¥cite の代わりに ¥nocite を使います．¥nocite を入れることで，文献一覧にのみ文献が追加されます．

7.2.4 人にソースを渡す場合

thebibliography 環境を自分で作成してる場合はともかく，文献データベースを用いる場合は，TEX のソースファイル以外に文献データベースファイルが必要になります．

ただし，BIBTEX は既に述べた通り，thebibliography 環境を作成するだけのものなので，作成した thebibliography 環境をソースファイルに挿入すればそ

[†2] より正確には，¥cite を LATEX が処理してできたファイルと．

第 7 章　参照，文献，索引

れだけでコンパイルできるソースファイルが必要になります．例えば，親ファイルが bib.tex な場合，bib.bbl にその thebibliography 環境が入ってるので，文章の作成が終わった段階で，¥bibliography の部分をその中身に取り替えればいいでしょう．

　この作業は祝鳥を使うと楽にできます．bibliography 環境の部分にカーソルを置き，メニューから「BibTeX データベース検索（[）」を選んでください．メニューから「.bbl ファイルを挿入する」を選ぶと，.bbl ファイルから挿入され，更に ¥bibliography と ¥bibliographystyle がコメントアウトされます．

7.2.5　支援環境を活用する

　やっぱりラベルは覚えられないのが人間です．特に文献リストを別のところから持ってきた場合，なおさらです．やっぱり支援環境に頼りましょう．

　秀丸＋祝鳥においては，タイトルや著者名から正規表現での検索が可能です．既に ¥bibliography は入力されてるとします．

　メニューから「BibTeX データベース検索（[）」を選びます．検索用のダイアログが表示されるので（図 7.2），検索したいタイトルや著者名を入力します．

　検索すると，検索結果が表示されるので（図 7.3），そこから選んでください．ここで，検索文字列を空にすると全ての候補が表示されます．

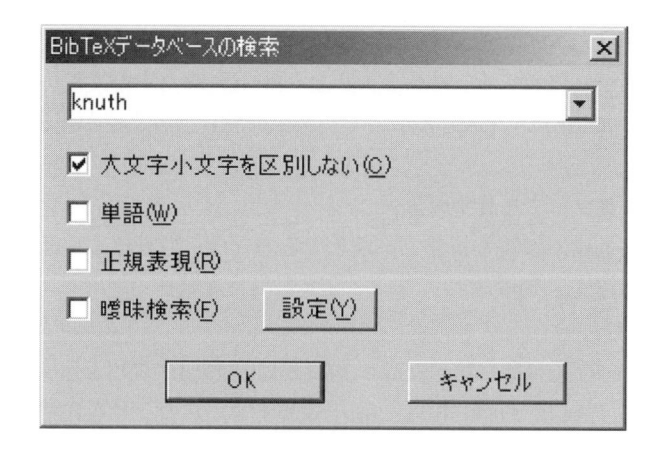

図 **7.2**　BibTeX 検索用ダイアログ

7.2 参考文献

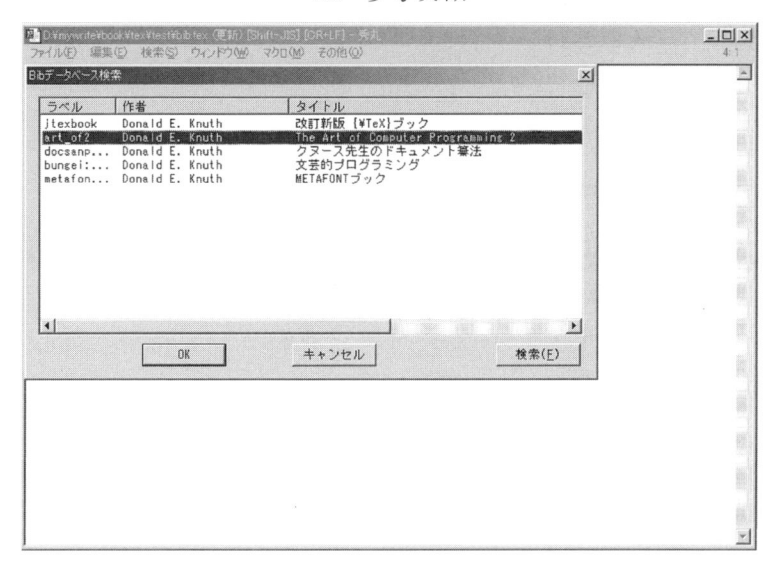

図 7.3 検索結果

選ぶと，¥citeが入力されます．絞り込み検索や，検索のし直しをしたい場合は，右下の「検索 (F)」を押せばできます．¥cite以外，例えば¥nociteを入力したい場合には，あらかじめ¥nociteを入力してからマクロを動かしてください．

thebibliography環境からの補完はこれではできません．そうではなく，¥cite{まで打った段階で Ctrl + H かメニューから「補完 (H)」を打てば一覧がリストボックスで表示されます（図 7.4）．必要なラベルを選んでください．

7.2.6 スタイルを変更する

BIBTEX を用いた時に生成される thebibliography 環境のスタイルは，¥bibliographystyle で指定しました．これらのスタイルは，全て別ファイルで定義されています．例えば，jplain スタイルは jplain.bst ファイル[3] で定

---

[3] share¥texmf¥jbibtex¥bst¥jplain.bst

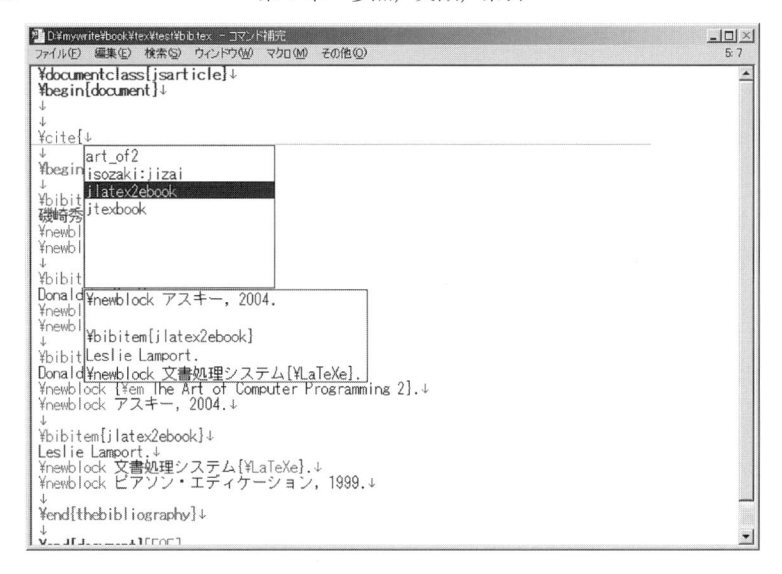

図 **7.4** 祝鳥による一覧表示

義されています．

　これらのファイルは，もちろん自分で作成することが可能です．その方法を解説します．

7.2.6.1 簡単なカスタマイズ

　bst ファイルを記述するための言語は，簡単なプログラミング言語になっていて，やや難解です[4]．しかし，特にこの言語をマスターせずとも，勘である程度は書き換えられます．ここでは，そのようなカスタマイズをしてみましょう[5]．例として，amsalpha においてタイトルを雑誌に関する情報の後に載せてみたいと思います[6]．

　まずは，amsalpha を開いてみましょう．

```
share¥texmf¥bibtex¥bst¥ams¥amsalpha.bst
```

---

[4] ちなみに，このファイルを記述する言語に名前はないようです．
[5] 文法をわかってからいじりたい！という人は節 7.2.6.2 へ．
[6] 人工的な課題ですがご勘弁を．

7.2 参考文献

に存在します．直接開いてもいいですが，¥bibliographystyle{amsalpha}
と書いてあるところで，対応するものへの移動を実行すれば開けます．オリジナルをカスタマイズするのはまずいので，このファイルを適当な場所にコピーします．名前も書き換えましょう．ここでは，my_amsalpha.bst とでもしておきます．

コピーしたら開いてみましょう．頭の方に％から始まる文字列が続きますが，これはコメントです．TeX と同様に，bst ファイルを記述する言語も％から始まる一行がコメントになります．各々のパーツは，(大文字で構成される単語){***} という形で構成されています．例えば，

```
INTEGERS { output.state before.all mid.sentence }
```

となっています．特に重要なのが FUNCTION から始まるパーツです．これは関数定義であり，BibTeX はこの関数を順番に動かしていくことで thebibliography 環境を作成します．

関数が呼ばれる順番を述べましょう．まずは最長のラベルを探す処理が行われます．これは initialize.longest.label という関数を呼び出すことで実現されます．次に，各文献の項目に対し，順々に forward.pass という関数が，そして終わるとそれとは逆順に reverse.pass という関数が呼ばれます．その後，begin.bib という関数が呼ばれ，¥begin{thebibliography}などが出力されます．続けて init.state.content という関数が呼ばれた後，参考文献一つ一つに対し，その文献の種類に応じた関数が呼ばれます．つまり，article なら article という関数，incollection なら incollection という関数が呼ばれます．ここで各々の文献情報を出力します．最後に end.bib という関数が呼び出され，¥end{thebibliography}などの出力がされて終了します．

今回の目的からすると，いじるべきは各文献ごとに処理してる場所，つまり forward.pass か reverse.pass か，または文献の種類に応じた処理をしている部分でしょう．更に，出力をいじればいいのですから，最後の文献の種類に応じた処理をしている場所であると当たりがつきます．ここまで当たりをつけて，まずは article に関する処理を見るために article という関数を探してみます．FUNCTION {article} が目印です．具体的には次のようになります．

```
 1  FUNCTION {article}
 2  { output.bibitem
 3    format.authors "author" output.check
 4    format.title "title" output.check
 5    crossref missing$
 6      { format.journal.vol.year "journal, volume, and year"
 7                                                  output.check
 8        format.number output
 9        format.pages "pages" output.check
10      }
11      { format.article.crossref output.nonnull
12        format.pages "pages" output.check
13      }
14    if$
15    format.language *
16    note output
17    fin.entry
18  }
```

詳しくは文法がわからないとわかりませんが，それでも何となくわかるでしょうか？例えば上から四行目 format.title "title" output.check はかなりタイトルを出力する場所らしいと思います．また，journal や pages などといったそれっぽい単語が並んでいます．このことから，どうも 6–12 行目が雑誌関連の出力のようです．ここで，注意してほしいのが，6,10,11,13 行目にある中括弧です．TeX と同様に，bst ファイル内でも中括弧はまとめる働きをします．従って，13 行目にある中括弧までまとめて考えるべきです．以上をふまえて，4 行目を 13 行目と 14 行目の間に挿入してみましょう．

```
    { format.journal.vol.year "journal, volume, and year"
                                                output.check
      format.number output
      format.pages "pages" output.check
    }
    { format.article.crossref output.nonnull
      format.pages "pages" output.check
    }
  format.title "title" output.check
  if$
  format.language *
```

ところが，これをコンパイルしてもエラーが発生します．ここは試行錯誤す

7.2 参考文献

ることにしましょう．format.title "title" output.check をずらせばいいという手段は正しいでしょうから，一つずつ下におろしていきます．この場合は，このようにもう一つおろせば解決します．

```
FUNCTION {article}
{ output.bibitem
  format.authors "author" output.check
  crossref missing$
    { format.journal.vol.year "journal, volume, and year"
                                                output.check
      format.number output
      format.pages "pages" output.check
    }
    { format.article.crossref output.nonnull
      format.pages "pages" output.check
    }
  if$
  format.title "title" output.check
  format.language *
  note output
  fin.entry
}
```

これで，無事目的が達せました．何もわからずに開いても，何とか試行錯誤を繰り返せばこのようにカスタマイズすることができます．しかし，もっと複雑なカスタマイズや，また試行錯誤したくないという時は，この bst 記述用の言語に関する知識が必要です．次節以降，より詳しい内容に入りたいと思います．

7.2.6.2 文　　法

さて，bst ファイルを記述するための言語の文法解説に移りましょう．なお，この言語のマニュアル（英語）は share¥texmf¥doc¥bibtex¥base 以下にあります．btxhak.tex がそれです．より詳しい解説が欲しい方はご覧ください[†7]．

前節でも説明した通り，bst ファイル内は（大文字で構成される単語）{***} というパーツが並んでいます．BIBTEX はまずこのパーツを上から眺めていきます．そして，各パーツに対し，定められた機能を実行していきます．

まず最初に見るべきは，ENTRY です．ここでは，各文献データごとに定義

[†7] 一応，このマニュアルには全て書いてあることになっているはずです．

される変数[†8] を指定します．ENTRY は三つの引数をとります．まず一番最初がデータベースから引いてくるデータ用です．author, title のようなものが該当します．ここに書いてあるものが，その BIBTEX スタイルの必須項目というわけです．第二，第三引数がその他の変数になります．第二引数に指定しているのが整数型，第三引数が文字列型です．なお，第一引数で指定されたデータは，READ を実行することで読み込まれます．

次に見るのが，EXECUTE, ITERATE, REVERSE です．BIBTEX の実行はここから始まります．そのどれもが，定められた関数を実行するものです．実際，これらは関数名を引数にとります．ここで呼び出される関数が，FUNCTION により定義されたものになります．

EXECUTE は単に関数を一度実行するだけです．ITERATE 及び REVERSE は，各文献毎に関数を実行します．両者の違いは，実行する順番にあり，REVERSE の方は逆順になります．これらは，よく次のような形で呼び出されます．

```
ITERATE {forward.pass}
REVERSE {reverse.pass}
EXECUTE {begin.bib}
ITERATE {call.type$}
```

例えば amsalpha.bst の最後の方にもこのような部分があるはずです．

この部分は，まず項目毎に forward.pass が順番に，reverse.pass が逆順にが呼び出されます．そして begin.bib が単発で呼び出された後，また項目毎に順番に呼び出される関数があることを示しています．（前節の説明と照らし合わせてください．）

ここで，最後の call.type$ には説明が必要です．amsalpha.bst 内を探してみても，このような関数は見つかりません．実は，このように最後に$がついた関数は，BIBTEX 用言語内部で定義された関数になります．この call.type$

[†8] プログラミング言語において，変数の概念は基本的です．プログラムとは，データを決められた方式にのっとり加工していく処理に他なりません．「変数」とは，このデータを格納する「箱」のようなものです．例えば，今の場合文献データから読み取った著者名は，author という名前のつけられた「箱」に格納されます．そして処理されていくわけです．ENTRY では，どのような名前の「箱」を用いるかを宣言しています．

は「文献に対応する種類に応じて関数を呼び出す」ということをします．従って，article 型の文献に対しては article が呼び出されることになります．

さて，それでは問題の FUNCTION 内部はどうなってるでしょうか．ここを記述する言語は，「スタック型言語」と呼ばれるものになっています．スタックとは，図 7.5 のような箱を想像してください．プログラムは，この箱に様々なものを詰めていきます．（詰めることを push するといいます．）また，この箱から詰めたものを取り出し（この操作を pop といいます．），それに様々な操作を加え，操作した結果をまた push します．このような形でプログラムが進んでいくのがスタック型言語です．

例として，1+3 を計算してみることとしましょう．まず，足す数である 1 と 3 を push します．すると，スタックは図で示したような状態になります．次に，足し算を実行します．スタック型言語における足し算とは，スタックの頭二つの文字を pop し，それを足した結果を push することです．今の場合，スタックの頭二つを pop すると，1 と 3 になります．そして，その和 4 を push します．結果，スタックには 4 が一つ残ります．これがスタック型言語における足し算です．bst ファイルでは，

```
#1 #3 +
```

とすると今のような足し算が実行されます．`#1` と`#3` がそれぞれ 1,3 の push で，次の+が二つ pop して足し算して push するという動作です．

さて，以上の知識をもとに，実際に見てみましょう．ここでは，format.authors の中身を見てみます．この関数は，著者名を出力用に整形する関数です．

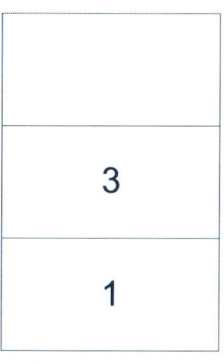

図 7.5　スタック

```
1  FUNCTION {format.authors}
2  { author empty$
3      { "" }
4      { bysame "¥bysame" =
5          { bysame }
6          { author format.names }
7        if$
8      }
```

```
 9    if$
10  }
```

　まずは，authorで今現在処理している文献の著者をpushします．そして，empty$をpushしています．最後が$で終わってるのは，BIBTEX言語で定義されたものでした．今回の場合，empty$は空文字列かどうかを判定する命令です．つまり，前のpushされたauthorが空文字列ならばtrueを，そうでなければfalseをpushします[†9]．3行目及び4行目から8行目にかけてが，{と}で囲まれています．前節で，{と}で囲まれた部分はまとめて考えるべきと述べました．実は，{と}で囲まれた部分は，その中のプログラムをまとめてpushします．何故そのようなことをするかに対する答えが，9行目のif$です．

　今現在，スタックの中身は（authorが空文字列か否かに応じてtureまたはfalse）（3行目の命令）（4–8行目の命令）となっています．if$（これもBIBTEX内部で定義された関数ですね）は，スタックから三つpopし，一番最後がtrueかfalseか調べます．そして，trueならば二番目に入っているプログラムを，falseならば一番目を呼び出します．

　多くの場合，authorが空であることはないでしょうから，その場合は従って4–8行目の中身が実行されます．その中身を見てみましょう．またif$がありますから，条件の判定が行われ，trueならbysameが，そうでないならauthor format.namesが実行されることがわかります．条件の部分を見てみることにします．条件の部分は，bysame "¥bysame" =です．まずはbysameの中身がpushされ，次に"¥bysame"という文字列がpushされます．次の=は，今pushされた二つの中身が等しいか否かの判定をします．つまり，スタックから二つpopし，等しいならtrueを，そうでないならfalseをpushします．

　以上から，この関数は，次のような動作が行われます．

- authorが空ならば，""（空文字列）をpush．
- authorが空でなく，bysameの中身が¥bysameならば，bysameの中身（="¥bysame"）をpush．

[†9] 正確には，trueは1，falseは0になります．プログラミング言語では，このようにtrueを1（0以外）で，falseを0で表すことがよくあります．しかし，ややこしくなるので，以下ではtrue, falseで統一します．

7.2 参考文献

- author が空でなく，bysame の中身が ¥bysame でもないなら，author format.names が実行される．

この関数を完全に理解するためには，format.names（これは FUNCTION で定義された関数）の中身を理解する必要がありますが，このあたりでやめておきます．（興味のある方は見てみてください．著者名を整形しています．）

以上，bst ファイルの中身を外観してみました．二点ほど補足をしておきます．まずは，既に説明した ENTRY, READ, ITERATE, REVERSE, EXECUTE, FUNCTION の他に bst ファイル内には STRINGS と INTEGERS があります．これは，bst ファイル内で使用する変数の宣言です．各文献毎に割り当てられた変数は ENTRY（の第二，第三引数）で宣言されますが，そうでない変数はこの二つで宣言しないと使えません．

二つ目の補足は，BibTeX 内部で定義されたコマンドに関するものです．既に見た通り，bst ファイル内では様々な内部コマンドが使われており，カスタマイズする上ではそれに関する知識がかかせません．既に empty$ と if$ に関しては説明しましたので，その他に関して代表的なものを説明します．（全てのリストはマニュアルをご覧ください．)

+,-,* 演算をします．+については既に解説しましたが，それがそれぞれ引き算，かけ算になるだけで-,* も全く同じです

<,>,= 条件分岐を行います．=については既に解説しました．<,>では大小の判定を行います．

'var 状況に応じて二つの意味になります．一つは，var という変数の「名前」を push します．これは次の:=と併せて変数への値の代入に使われます．もう一つは{var}の略記です．これは if$ などのような「{ と }で囲まれた部分を引数にとるコマンド」に対し使います．

:= "test" 'var := で var に文字列 test を代入します．

while$ スタックから二つ取り出し，二つ目が true ならば一つ目を実行します．例えば{num #0 =}{（何か文）}while$ とすると，num が 0 の間，後半の文を繰り返します．

write$ 文字列を一つ pop し，アウトプットバッファに書き出します．アウトプットバッファが満杯になると bbl ファイルに出力されます．

newline$ アウトプットバッファの内容を bbl ファイルに書き出します．

第 7 章 参照，文献，索引

text.length$ 　文字列を一つ pop し，その長さを push します．

duplicate$ 　一つ pop し，その値と同じ値を二つ push します．

swap$ 　二つ値を pop し，反対の順番に push します．

change.case$ 　文字列を二つ pop し，二つ目の値を変換し変換結果を push します．変換の仕方は一つ目の値によります．一つ目の値が "t" なら先頭文字以外を全て小文字にします．"l" なら全ての文字が小文字に，"u" なら全て大文字になります．例えば，`"ABE" "t" change.case$`の結果スタックのトップには "Abe" が残ります．

num.names$ 　文字列を一つ pop します．これは bib ファイルの author 項目のような名前のリストを与える必要があります．num.names$はその中の人数を pop します．

substring$ 　三つ値を pop し，前二つに応じて最後の文字列の部分文字列を push します．`str n m substring$`とすると，str の n 番目から始まる m 文字が push されます．例えば，`"abenori" 2 3 substring$`とすると，"ben" が push されます．

format.names$ 　三つ値を取り出し，最後の文字列を残り二つに応じて整形します．このコマンドはやや処理が複雑なので次の節で丁寧に解説します．

7.2.6.3 format.names$

さて，前節で説明を省略した`format.names$`について詳しく解説をしましょう．この命令は，名前の整形を行います．しかし，その整形ルールの指定はやや複雑です．

先にも述べた通り，`format.names$`は三つの値を pop します．最後に取り出した文字列が整形対象です．`format.names$`はまず整形対象を名前のリストと見なし，分割します．整形対象になるのは，その中で二番目に取り出された値で指定されたものです．例えば，

```
"Yamada, Taro and Umida, Ziro and Kawata, Saburo"  2
"{ff~}{vv~}{ll}{, jj}"  format.names$
```

ならば，Umida Ziro さんが整形対象になります．

整形のルールを指定するのが一番最初に pop された文字列です．先の場合だ

と，"{ff~}{vv~}{ll}{, jj}"です．format.names$は整形対象の名前を四つのパートに分割します．First name, Last name, von, Jr です．von と Jr は我々日本人にはあまり馴染みがありませんね．

先の例("{ff~}{vv~}{ll}{, jj}")で説明をします．最初の{ff~}が，First name にあたります．~があるので，First name を出力した後に~を出力します．その後は，von, Last name, Jr と続きます．{, jj}の部分は，，が前にあるので，Jr が出力される前にカンマと空白が出力されます．Jr がない場合は，ここは全く出力されません．これは First name の~と同じです．必ず出力させたい場合は，中括弧の外に出せば OK です．

{ff~}の部分を{f~}に変更すると，First name が簡略化された名前で出力されます．他の部分も同様です．

その他，もう少し細かい制御も可能ですが，詳細に関してはマニュアルを見てください．

7.2.6.4　カスタマイズしてみる

さて，今までに学んだ知識を生かして，またカスタマイズに挑戦してみましょう．今度も amsalpha.bst を相手にしてみます．課題は，「同じ名前が続いた時に出力される ¥bysame を出力しないようにする」です．

さて，まずは amsalpha.bst を開きましょう．最初に探すべきは EXECUTE, ITERATE, REVERSE です．この三つだけ抽出すると次のようになります．

```
EXECUTE {initialize.et.al.char.used}
ITERATE {presort}
EXECUTE {initialize.longest.label}
ITERATE {forward.pass}
REVERSE {reverse.pass}
EXECUTE {begin.bib}
EXECUTE {init.state.consts}
ITERATE {call.type$}
EXECUTE {end.bib}
```

結構多いですね．とはいえ，名前から何となくしていることの推測がつきます．まず最初は et.al が使われてるか見てるのでしょう．次は並び替えのための準備．initialize.longest.label は最長のラベル取得（恐らく thebibliography 環境の引数に使うのでしょう）のための準備であると推測できます．どれも今回

の目的には関係なさそうです．

それ以降はちょっと名前では判別できませんから，中身を見ていく必要がありそうです．とはいえ，今回の目的からすると，注目すべきは各々の参考文献を処理している場所，つまり ITERATE または REVERSE でしょうから，それだけ見ていきます．よって，`forward.pass`, `reverse.pass`, `call.type$` を見ていきます．ここで，`call.type$` はその文献の種類の名前の関数を呼び出すのでした．全部見るわけには行きませんので，article 関数を見ることにしましょう．

これらを見てみると，¥bysame が入っているのは `forward.pass` と article になります．（article は明示的にはわかりませんが，内部で呼び出されてる `format.authors` の中身に入っています．）

節 7.2.6.2 で見た通り，`format.authors` の中は変数 bysame に文字列 ¥bysame が入っていれば ¥bysame を出力するというものでした．よって，`forward.pass` 内で，¥bysame が要ると判断された場合には，変数 bysame に ¥bysame を代入する処理があるのだと推測されます．

では，`forward.pass` に注目しましょう．`forward.pass` の中身は次の通りです．

```
1  FUNCTION {forward.pass}
2  { last.sort.label sort.label =
3      { last.extra.num #1 + 'last.extra.num :=
4        last.extra.num int.to.chr$ 'extra.label :=
5      }
6      { "a" chr.to.int$ 'last.extra.num :=
7        "" 'extra.label :=
8        sort.label 'last.sort.label :=
9      }
10     if$
11     author empty$ { editor empty$ { "" } 'editor if$ } 'author if$
12     'this.author :=
13     this.author prev.author =
14       { "¥bysame" 'bysame := }
15       { "" 'bysame :=
16         this.author "" =
17           { "abcxyz" }
18           'this.author
19         if$
```

```
20        'prev.author :=
21      }
22    if$
23  }
```

全部見るとしんどいので，少しさぼります．三つの `if$` に注目すると，2–10 行目，11 行目，12–22 行目の三つにわかれてることがわかります．`¥bysame` の入っているのは 12–22 行目の方ですから，ここに注目して見ていきます．

`if$` の条件節は `this.author` と `prev.author` が等しいかどうかです．この二つは，名前からするに今現在処理してる文献の著者名と，その前に処理した文献の著者名でしょう．実際, `this.author` については 11,12 行目で代入がされていますが，それによれば基本的には `this.author` は `author` と一致します．`prev.author` に関してはわかりませんが，下を読んでいくと先の推測が正しかったことがはっきりします．今のところは気にせず進んでみます．

さて，今の著者と前回の著者が等しかった場合は，14 行目が実行され，変数 `bysame` に文字列`"¥bysame"`が代入されます．節 7.2.6.2 における `format.authors` の解析結果と一致しますね．そうでない時はどうでしょうか．`bysame` には空文字列を代入し，今の著者が空か否かに応じて `prev.author` には文字列`"abcxyz"`か今の著者が代入されます．著者が空は普通はないので，`prev.author` は今の著者名になります．そのまま `forward.pass` は終了し，ITERATE によりまた次の文献に対し `forward.pass` が呼ばれます．そのときは，`prev.author` は前回の文献の著者になっています．これで `prev.author` に関する仮説も立証されました．

そろそろ目的を達成することにします．要するに `bysame` に文字列`"¥bysame"`を代入しなければいいわけです．ので，該当場所を消してしまいましょう．厳密には `prev.author` に関する場所は残しておくべきですが，実はこの変数はこの処理以外使われていません．ので，まとめて消してしまえば問題なしです．

```
FUNCTION {forward.pass}
{ last.sort.label sort.label =
    { last.extra.num #1 + 'last.extra.num :=
      last.extra.num int.to.chr$ 'extra.label :=
    }
    { "a" chr.to.int$ 'last.extra.num :=
      "" 'extra.label :=
```

```
      sort.label 'last.sort.label :=
    }
  if$
  "" 'bysame :=
}
```

念のため最後に `bysame` に空文字列を代入する処理を入れてみました．なお，今回の場合は `format.authors` を `bysame` に関わらず処理させるようにしたりしても対処できます．

以上，`amsalpha.bst` を例に簡単なカスタマイズについて述べてみました．ここで説明し切れなかった部分に関しては，マニュアルを見てください．

7.3 索　引

本から目的のものを探す時は索引が便利です．**MakeIndex** は，その索引を作り出すためのアプリケーションです．MakeIndex と LaTeX を組み合わせることにより，簡単に索引を作ることができます．

なお，ここでは makeindex の日本語版 mendex ver 2.5 以降を用いることを仮定します[10]．makeindex とはやや違う動作をする部分もありますので，ご注意を．

7.3.1 索引の簡単な作り方

索引を作るには，`\index` という命令を使います．

```
\documentclass{jsarticle}
\usepackage{makeidx}      % makeidxパッケージが必要
\makeindex
\begin{document}
本から目的のものを探す時は索引\index{さくいん@索引}が便利です．
MakeIndex\index{MakeIndex}は，その索引を作り出すためのアプリケーション
\index{アプリケーション}です．
MakeIndexと\LaTeX を組み合わせることにより，簡単に索引を作ることができます．

\printindex
\end{document}
```

---

[10] 2.5 より前と 2.5 以降ではやや動作に違いがある部分があります．

7.3 索引

まずは準備として，makeidx パッケージを usepackage し，¥makeindex をプリアンブルに挿入します．これは索引を作成するという宣言です．また，索引を出力したい部分には ¥printindex と書いておきます．¥index の使い方は次節で説明することとして，ここではこのファイルの処理の仕方を学びましょう．

このファイルを次のように処理します．ファイルを C:¥works¥index.tex としましょう．まずは platex をかけます．

```
C:¥works>platex index.tex
```

すると，¥makeindex を入れたことにより，同じディレクトリに index.idx ができます．これが索引情報の入ったファイルです．これを mendex で処理します．

```
C:¥works>mendex index.idx
```

今度は，index.ind というファイルができます．最後にもう一度 platex をかけます．

```
C:¥works>platex index.tex
```

生成された index.ind が挿入され，索引の入った文書ができます．

index.ind を開いてみましょう．簡単な LaTeX ファイルになっています．

```
¥begin{theindex}

  ¥item MakeIndex, 1

  ¥indexspace

  ¥item アプリケーション, 1

  ¥indexspace

  ¥item 索引, 1

¥end{theindex}
```

MakeIndex (mendex) とは，LaTeX の生成した索引情報をまとめ，並び替えなどの処理をして LaTeX 用のソースをはき出すプログラムなのです．

なお，例によって祝鳥ならこのプロセスは自動推定して実行してくれます．

7.3.2 ¥index の使い方

¥index は，とった引数を索引に追加します．ただし，日本語の場合は読みが必要になる（読みがないと五十音順に並び替えることができない）ので，¥index{さくいん@索引}のように@を入れその前に読みを入れることにします．アルファベットのみやひらがな，カタカナのみの時は不要です．

!で区切ることにより，索引に階層構造を持たせることができます．また，|see を入れることにより，ページ番号ではなく他の索引へのリンクを示すことができます．

```
¥begin{document}
% 1ページ目
$X$を位相空間とする．$X$上の前層¥index{ぜんそう@前層}とは……．

% 3ページ目
$¥mathscr{F},¥mathscr{G}$を$X$上のAbel群の前層とする．
$f¥colon¥mathscr{F}¥to¥mathscr{G}$が前層の射¥index{ぜんそう@前層!のしゃ@---の射}であるとは……．

% 5ページ目
射¥index{しゃ@射|see{前層の射}}$f$が……
¥end{document}
```

生成される.ind ファイルは次のようになります．

```
¥begin{theindex}
  ¥item 射, ¥see{前層の射}{5}
  ¥indexspace
  ¥item 前層, 1
    ¥subitem ---の射, 3
¥end{theindex}
```

これをコンパイルした結果が次です．

7.3 索　　引

> X を位相空間とする．X 上の前層とは……．
>
> $\mathscr{F}, \mathscr{G}$ を X 上の Abel 群の前層とする．$f: \mathscr{F} \to \mathscr{G}$ が前層の射であるとは……．
>
> 射 f が……
>
> # 索　　引
>
> 射, → 前層の射
> 前層, 1
> 　　—の射, 3

|see の部分をもう少し丁寧に見ておきましょう．この中で重要なのは縦棒|です．¥index の中に|が現れた場合，それ以降に¥をつけ，最後に{n}（n はページ数）を付加します．今の場合，|以降には see{前層の射}がありましたから，前に¥をつけ，後ろに{5}をつけた ¥see{前層の射}{5}が索引に入ります．なお，¥see は makeidx パッケージで定義されています．

このことを利用すると，¥index{前層の射|textit}とすればそのページ数をイタリックにすることができます．複数のページに「前層の射」が出てくるが，特に大事なページはイタリックで強調，などという目的に使えます．

以上で見たように，¥index 内の@,|,!は特別な意味を持ちます．しかし，これら自身を索引に出力したい場合もあります．その場合は，出力したい文字の前に"をつけます．（従って"も特別な意味を持ちますから，"自身を出力したい場合は""とします．）なお，¥"が現れると，それは本来の意味（ウムラウト）として扱われます．

7.3.3　索引出力のカスタマイズ

索引出力をカスタマイズするには，拡張子 ist のファイルを作成します．仮に index.ist という名前で設定ファイルを作成したとしましょう．この時，この設定を有効にするためには，次のように mendex を実行します．

```
mendex -s index.ist index.idx
```

こうすることで，mendex は設定ファイルを読み込んでそれにあわせて .ind ファイルを作成します．

ist ファイルの書式は簡単です．例を見てみましょう．

```
% share¥texmf¥makeindex¥ginds.istからコメントを除いたもの
actual   '='
quote    '!'
level    '>'
preamble
    "¥n ¥¥begin{theindex} ¥n ¥¥makeatletter¥¥scan@allowedfalse¥n"
postamble    "¥n¥n ¥¥end{theindex}¥n"
item_x1      "¥¥efill ¥n ¥¥subitem "
item_x2      "¥¥efill ¥n ¥¥subsubitem "
delim_0      "¥¥pfill "
delim_1      "¥¥pfill "
delim_2      "¥¥pfill "
lethead_prefix     "{¥¥bfseries¥¥hfil "
lethead_suffix     "¥¥hfil}¥¥nopagebreak¥n"
lethead_flag       1
heading_prefix     "{¥¥bfseries¥¥hfil "
heading_suffix     "¥¥hfil}¥¥nopagebreak¥n"
headings_flag      1
```

このように，ist ファイルは

（設定項目）（スペース等での区切り）（設定内容）

という構造を持っています．設定されてない項目はデフォルト値が使われます．

- 設定内容の種類には，「数字」「文字」「文字列」があります．
- 数字はそのまま書きます．「文字」は ' でくくります．文字列は " でくくります．
- 改行は ¥n，タブは ¥t で出力されます．¥自体を出力したい場合は ¥¥ とします．
- コメントは例によって % です．

設定項目に関しては，詳しくはドキュメント（日本語）[11] を見ていただくこ

---

[11] share¥texmf¥doc¥mendexk¥base¥mendex.pdf

7.3 索引

とにして，ここではよく使われるものに限定して解説します．

- preamble　索引出力の一番頭に出力する文字列です．文字列を指定．デフォルトは"¥¥begin{theindex}¥n"．
- posamble　索引出力の一番最後に出力する文字列です．文字列を指定．デフォルトは"¥n¥n ¥¥end{theindex}¥n"．
- lethead_flag　例えば，「赤」「秋葉原」といった「あ」から始まる単語の前には「あ」と頭文字を表示させるようにするかどうかです．0でない数を指定すると表示されます．更に，正の数を指定すると英字を大文字で，負の数を指定すると小文字で出力します．デフォルトは0．（出力しない．）
- lethead_prefix, lethead_suffix　文字列指定です．頭文字の前に出力する文字列（lethead_prefix）と後に出力する文字列（lethead_suffix）を指定します．lethead_flag が 0 でない場合に有効です．例えば lethead_prefix に"¥¥textbf"を，lethead_flag に""を指定すると頭文字が太字になります．デフォルトは両方とも""．
- delim_0, delim_1, delim_2　エントリとページ番号の区切りを文字列で指定します．0, 1, 2 の違いはエントリが何番目の階層にあるかです．0, 1, 2の順に深くなっていきます．デフォルトは", ". (カンマの後に空白)
- delim_n　ページ番号の間の区切り文字を文字列で指定します．デフォルトは", ". (カンマの後に空白)
- character_order　文字の並び替えを行う場合の優先順位．S（記号），E（英字），J（日本語）を並べた文字列で指定する．デフォルトは"SEJ"．（記号，英字，日本語の順番．）

第8章
大規模文書の作成

　レポートなどのような小さな文書ではなく，例えば本一冊といった大きな文章を作成する際には，通常とは違った注意が必要になることもあります．

8.1　アウトラインの活用

　まずはそこまで大きくない文書でも活用できるアウトラインから行きましょう．秀丸は version 6 からアウトラインの機能が追加されました．これを使うには設定が必要ですが，祝鳥はインストール時にその設定を自動で行っているはずです．

　アウトラインが何かを理解するために，実際に使ってみましょう．それなりの量の ¥section や ¥subsection が入った文書を開き，メニューから「ウィンドウ (W)」→「アウトライン解析の枠 (O)」を選びます．すると，秀丸の右に更にウィンドウが加わり，そこに現在編集してるファイルの ¥section 等で設定された文書構造が表示されるはずです（図 8.1）．

　なお，この枠の表示はメニューから選ばずともスクロールバーの上のボタン

図 8.1　アウトライン解析の枠

図 **8.2** アウトラインの表示

から表示させることができます（図 8.2 の三角の上）．また，同じ場所の「<<」とかかれている場所を押すと，現在編集中の場所の見出しがエディタ上部に現れます．

アウトライン解析枠の見出しをクリックすると，文書中の該当箇所に飛ぶことができます．また，文書構造を変えたり（例えば，あるセクションを別の場所に移す，等）などを行うこともできます．色々使ってみてください．

8.2 ファイルの分割

大きな文書を作成する際は，例えば章ごとにファイルを分割するといいでしょう．ファイルの分割には ¥input や ¥include を使います．

```
¥input{intro}
```

このようにすると，intro.tex というファイルが読み込まれます．ここでは拡張子を省略しましたが，省略しなくても正常に読み込まれます．単なる読み込みなので，intro.tex 内には例えば ¥documentclass などを書く必要はありません．文章が続いてると思って書けばよいのです．

¥include も同様の機能を持ちますが，いくつか違いがあります．

- ¥include では拡張子を必ず省略しなくてはなりません．例えば，¥include{intro.tex}としたとしても intro.tex.tex を読み込もうとします．
- ¥include はファイルが見つからなくてもエラーになりません．ログファイルに「No file」と出力されるだけです．
- ¥include では，ファイル読み込み前に ¥clearpage による改ページが行

われます。

- \includeonly を用いることで，\include で読み込まれるファイル名を制限することができます。\includeinly{intro, jobun}といったようにプリアンブルにしておけば，intro.tex と jobun.tex 以外のファイルは \include されなくなります。ただし，\input は抑制されません。

祝鳥の「対応するものへの移動」を用いれば，\input や \include の引数となっているファイルへ移動することができます。

\input や \include されているファイルをいちいち LaTeX にかける必要はなく，\documentclass の入っているファイルをコンパイルすれば十分です。

祝鳥を用いていて，親ファイルを推定する用に設定されている場合（デフォルトではそうなっています），子ファイルを編集中にも通常通りのコンパイルで親ファイルがコンパイルされるはずです。なお，親ファイルの推定は次の手順で行われます。

(1) FILE に現在のファイルをセット．
(2) FILE に \documentclass か \documentstyle があるか調べる．あれば FILE を親ファイルと見なす．
(3) FILE と同じフォルダで拡張子が tex であるファイルを並べ，FILE を \input または \include してるかチェックする．してるファイルが見つかった場合は，FILE をその見つかったファイルにセットし，(2) を行う．
(4) 見つからなかった場合は，一つ上のフォルダに行き，(3) と同様のことを行う．
(5) 一番上のフォルダに行っても見つからなかった場合は推定失敗．

なお，\verb や verbatim 環境，コメントアウトなどは考慮して処理されます。

親ファイルを祝鳥に教えることも可能です。祝鳥自体の設定として残すことも可能ですが，手軽なのはファイル一行目にコメントで指定する方法です。例えば，main フォルダ内の main.tex が親ファイルの時は，編集中のファイルの一行目を

```
% main\main.tex
```

とします。今は相対パスで指定しましたが，絶対パスでも可能です。なお，これは「編集中の 1 行目を読む」が指定されている時に有効です。デフォルトで

は有効になっています[†1]．

親ファイルを開きたい場合は，祝鳥のメインメニューから「お手伝いさん」→「親ファイルを開く」とすることで開けます．この場合の親ファイルの特定ルーチンは今述べたコンパイル時のものと同じです．

8.3 実際のソース

実際に本を作成するとなると，次のようになるでしょう．

```
¥documentclass{mybook}
¥usepackage{makeidx}
¥makeindex
¥begin{document}
¥frontmatter
¥include{intro}
¥tableofcontents
¥mainmatter
¥include{first}
¥include{install}
¥include{kiso}
¥include{eq}
¥appendix
¥include{windows}
¥backmatter
¥include{atogaki}
¥printindex
¥include{okuzuke}
¥end{document}
```

ドキュメントクラスは，`mybook.cls` を用いてます．これは既製品をカスタマイズしてもいいですし，自分で1から作ってもよいでしょう．出版社から渡されるかもしれません．いずれにせよ，書き始めた頃のをとっておいて使い続けるべきです．既製品を用いてる場合は，バージョンアップによって組み版が変わってしまう可能性があります．

索引を出力するために，`makeidx` パッケージを `¥usepackage` し，また `¥makeindex` をプリアンブルにおいています．

[†1] 正確には，「編集中のファイルの1行目を読み，失敗したら親ファイルを推定する」となっているはずです．

前付（「はじめに」や目次のこと）の開始を宣言するのは ¥frontmatter です．はじめに（intro.tex）を挿入した後，¥tableofcontents で目次を出力します．その後，¥mainmatter で本文の開始を宣言します．

ファイルの読み込みは ¥include を用いてみました．¥input とどちらにするかは，前節を参考に決めてください．

付録開始の宣言が ¥appendix です．そして後付（後書き，索引など）の開始宣言が ¥backmatter．最後に ¥printindex で索引を出力します．

第9章
パッケージの使い方

LaTeX に対し，パッケージと呼ばれる拡張が公開されています．その種類は様々ですが，いずれも便利なものばかりです．LaTeX 自体では，やはり少し何かしようとすると機能に不足を感じることになりますが，多くの場合その不満はパッケージにより解決できます．

9.1 パッケージの使い方

パッケージと一言でいっても様々な種類があります．クラスファイルを提供しているものや，専用の実行ファイルを備えてるものすら存在します．そのような中で，最もシンプルかつよくある形式が，拡張子が sty のファイルが提供されている場合です．そのようなパッケージでは，プリアンブルに

```
¥usepackage{（パッケージ名）}
```

とすることで組み込むことができます．

その後どのように使うかはパッケージに依ります．多くの場合は新しい命令が使えるようになりますが，フォントを変更するパッケージのように，組み込むだけで十分なパッケージも存在します．

9.2 CTAN

W32TeX が標準で提供するパッケージの場合，上のように ¥usepackage すれば使えますが，そうでない場合，新たにインストールする必要があります．インストールするためにはまずそのパッケージを入手する必要があります．

CTAN (Comprehensive TeX Archive Network) は，そのようなパッケージを始め様々な TeX 関連ソフトウェアなどが集められたサイトです．TeX 関連で必要なファイルは，ここに行けば手に入れることができます．

本家は http://www.ctan.org/ ですが，アクセスが集中するとサーバに負荷

がかかるため，Ring Server を使うことをお勧めします．Ring Server とはいくつかのサーバの集合体で，CTAN の他様々なソフトウェアの公式サイトがミラー（本家と同様のものを保管しておくこと）されています．いくつもサーバが用意されているので，基本的には自分のネットワークから近いものを選べばいいのですが，よくわからない場合は，

- http://www.t.ring.gr.jp/（近さ優先）
- http://www.dnsbalance.ring.gr.jp/（空き具合優先）

のどちらかを選べばいいでしょう．http://www.t.ring.gr.jp/を選んだ場合，http://www.t.ring.gr.jp/pub/text/CTAN/が CTAN のトップになります．Xy-pic というパッケージは CTAN の/macros/generic/diagrams/xypic にある，といういい方をよくしますが，これは Xy-pic が

http://www.t.ring.gr.jp/pub/text/CTAN/macros/generic/diagrams/xypic

以下に存在することを示しています（本当は一行）．

　パッケージ名だけがわかってる，といった時は検索を使います．CTAN 本家にも検索が用意されていますが，Ring Server にもあるのでそちらを使いましょう．トップページから少し下に下がったところに「検索」とあります．ここから検索が可能です．

9.3　TeX システムの構成

　新しいパッケージのインストールは，基本的には付属する文書に従ってインストールすることになりますが，その際 TeX のシステムやフォルダ構造を知っておいた方がやりやすいことと思います．なお，以下 Windows の基本的な知識は仮定しますので，不足してると思われる方は，付録 A を参照してください．

9.3.1　フォルダ構成

　TeX システムの実体は，2 章に示した方法でインストールした場合，`c:¥tex¥`フォルダ以下に存在します．Web などの解説では，`c:¥usr¥local¥`フォルダ以下にインストールされることが多いようです．この下には，

- bin フォルダ

9.3 TeX システムの構成

- share フォルダ

の二つのフォルダが存在することと思います．(他のフォルダが存在する可能性もあります．)

bin フォルダ内には実行ファイルが存在します．拡張子が exe のファイルが多数あることと思います．コンパイルする際の実体がこのフォルダに入っています．

share フォルダの下には，
- mule2 フォルダ
- plain2 フォルダ
- texmf フォルダ
- texmf-local フォルダ

が存在することと思います．(古めの W32TeX の場合，texmf-local フォルダがないかもしれません．) この中で，TeX の動きに影響を与えるのは texmf フォルダ及び texmf-local フォルダです．これらのフォルダ内には，TeX が動くために必要なフォントや各種マクロ，パッケージやその他ドキュメントなどが入っています．

texmf フォルダと texmf-local フォルダは殆ど変わりませんが，W32TeX インストール時にインストールされるものは全て texmf フォルダに入るので，その他自分で作ったり別途インストールしたものは，texmf-local フォルダに入れておくと W32TeX を再インストールする時に texmf-local フォルダだけとっておけばいいので便利です．

texmf フォルダ以下には様々なファイルが存在しますが，各々は適切なフォルダごとにわかれています．例えば，

- `texmf¥tex` 以下には TeX/LaTeX が必要とするファイルが存在します．中は更に latex フォルダ (LaTeX 用)，plain フォルダ (plain TeX 用) 等々といったように分かれています．
- `texmf¥ptex` 以下には pTeX/pLaTeX が必要とするファイルが存在します．更にいくつか別れているのは `texmf¥tex` 以下と同様です．
- `texmf¥web2c` 以下には Web2C に由来する各種設定ファイルが入っています．特に texmf.cnf は後述する kpathsea のための設定ファイルで，TeX が texmf フォルダ以下を有効活用するための設定がされています．

- `texmf¥doc` 以下には，各種ドキュメントが入っています．もっとも触れる機会の多いフォルダかもしれません．

といったようになっています．

9.3.2 kpathsea について

例えば `¥documentclass{jarticle}` とした場合は，TeX をインストールしたフォルダ以下の，`share¥texmf¥ptex¥platex¥base¥jarticle.cls` ファイルが読み込まれます (platex でコンパイルする場合)．TeX ソースファイルにはこのファイルの場所はかかれていないため，TeX は `jarticle.cls` というファイルを発見する必要があります．このファイルを探すための仕組みが kpathsea です．

kpathsea は texmf フォルダや texmf-local フォルダ内のファイルを検索するための仕組みです．細かい動作はマニュアルに譲りますが，いずれにせよこのおかげで texmf フォルダや texmf-local フォルダ以下のファイルを使うことができます．

実際に検索されるファイルを調べるためには，**kpsewhich** というコマンドが使えます．コマンドプロンプトから，

```
C:¥>kpsewhich --progname=platex jarticle.cls
```

と打ってみると，

```
c:/tex/share/texmf/ptex/platex/base/jarticle.cls
```

というように `jarticle.cls` の場所が表示されると思います．(環境によって変化します．) もし存在しないファイルを入力した場合，何も応答がありません．

上における `--progname=platex` はプログラムとして platex を使うというオプションです．もし jlatex を使う時は，

```
C:¥>kpsewhich --progname=jlatex jarticle.cls
```

とすれば，

```
c:/tex/share/texmf/tex/jlatex/base/jarticle.cls
```

というように違うファイルを返します．

kpathsea は ls-R というファイルを用いて検索することができます．これは texmf フォルダ以下のファイル達を全て書き出したもので，このファイルが存在するとより高速な検索が可能になります．但し，ここに書いてないファイルは検索されなくなってしまうため，新しいファイルを配置したら更新しなければならなくなります．また，現在のコンピュータは十分速いため，なしでも問題のないスピードで検索ができます．以上のような理由から，最近はあまり使われてないようです．デメリットの方が多いように思われるので，使わないことをお勧めします．

もし ls-R ファイルを使う場合は，

```
C:\>mktexlsr
```

とすれば ls-R ファイルが更新されます．逆にいらない場合は，

```
C:\>deltexlsr
```

とすれば，ls-R ファイルが全て削除されます．

9.3.3 パッケージのインストール法

では，パッケージをインストールする時はどうすればいいのでしょうか．詳しくは各々のパッケージのマニュアルを見るべきですが，基本的には.sty ファイルや.cls ファイル，及び各種ドキュメントやフォントなどを texmf フォルダ以下の適当な場所に配置するだけです．おいておけば，kpathsea が勝手にファイルを見つけてくれます．（ls-R を用いてる場合は，mktexlsr で ls-R ファイルを更新する必要があります．）

但し，ものによっては.sty ファイルや.cls ファイルがなく，代わりに.ins ファイルや.dtx ファイルという見慣れない拡張子を持つファイルのみがあることがあります．これらは **DocStrip** ユーティリティと呼ばれる枠組みの中で配布されているパッケージであることを示します．

これらのファイルを処理することで，実際の.sty ファイルなどの必要ファイルを得るわけですが，その処理方法は簡単です．配布されているファイルが，mypack.ins 及び mypack.dtx だったとしましょう．まず，mypack.ins を (p)latex

で処理します。

```
C:¥>platex mypack.ins
```

すると，mypack.ins 内の情報に従い，mypack.dtx の中から mypack.sty ファイルが生成されます．これが実際に使用するファイルとなります．その後，mypack.dtx を (p)latex で処理します．

```
C:¥>platex mypack.dtx
```

こうすることで，このパッケージのマニュアルである mypack.dvi が生成されます．後はこれらを適切に配置すればインストールが完了します．

以上が典型的なパッケージの例です．但し，パッケージによって色々とありますので，必ずマニュアル（INSTALL または README といったファイル名のファイル）を読んで，それに従ってください．

9.4 パッケージの紹介

いくつかの有名なパッケージを紹介していきましょう[†1]．

9.4.1 より強力な数式 — AMS パッケージ

数式を強化する AMS パッケージ群です．詳細は節 5.8 を参照してください．

9.4.2 リンクをつける — hyperref

インターネットでは，「リンク」というものが重要な役割を果たします．散在する様々な文書が，これにより連携をとることができるのです．

TeX にこの仕組みを持ち込んだものを HyperTeX といいます．HyperTeX も TeX 自体が備えている仕組みではなく，画像の表示などと同様 dviware に依存します．ただし，現在の LaTeX 2_ε には hyperref というパッケージがありますので，それを使えばいいでしょう．これは W32TeX のインストールで入ってるはずです．

WWW へのリンクを張るには，次のようにします．

[†1] 何が有名かは私の独断と偏見によるわけですが．

9.4 パッケージの紹介

```
¥documentclass{jsarticle}
¥usepackage[hypertex]{hyperref}
¥begin{document}
¥href{http://www.ms.u-tokyo.ac.jp/~abenori/}{あべのりページ}
¥end{document}
```

これをコンパイルして dviout で表示させると,「あべのりページ」の文字が青くなり, 下線が引かれてると思います(デフォルト設定の場合). そしてそこをクリックすると,「Execute the above Hyper Jump」と出た後,「はい」を押すことで http://www.ms.u-tokyo.ac.jp/~abenori/ へジャンプします.

hyperref パッケージのオプションには使う dviware を指定します. dviout はないので, hypertex オプションを使います. そのほか, dvips や dvipdfm が指定できます. dvi から pdf にする時は, dvipdfm オプションを使うといいでしょう.

hyperref の提供する命令はこれだけではありません.

- ¥href は先ほど見たように, リンクを張ります.
- ¥hypertarget を使うと, 文書の位置に名前をつけることができます. ここへは, ¥hyperlink で飛ばすことができます.

例を見てみます.

```
¥documentclass{jsarticle}
¥usepackage[hypertex]{hyperref}
¥begin{document}
Web検索は¥href{http://www.google.co.jp/}{Google}で検索するとよい.
検索の仕方に関しては¥hyperlink{google_search}{こちら}を参考のこと.

………

¥hypertarget{google_search}{Googleで検索をする}には……
¥end{document}
```

コンパイルして dviout で見ることで,「こちら」が青く下線が引いてあり, またクリックすると「Google で検索をする」に飛ぶことが確認できると思います.

もう少し大きな文書で hyperref を読み込むと, 脚注や参照などで勝手にリンクが張られることに気づくと思います. hyperref パッケージは ¥ref/¥label

や ¥cite などを勝手に書き換え，リンクを張ってしまいます．その結果，できあがった文書はリンクがしっかり張られたものになります．

9.4.2.1 リンク色の変更

dviout では，青い色に下線といういかにもリンクっぽく表示されました．これは dviout の設定で変更することができます．メニューから「Option」→「Setup Parameters」と選び，HyperTeX タブを押します．出てきたダイアログが設定画面です．左の上の方に「Color」なる項目があり，デフォルトでは「line + char」及び「blue」が選ばれていると思います．ここを例えば「character」と「black」にすると黒で文字が描かれるだけになるため，見てもリンクがあるかわからない状態になります．

pdf の場合は，hyperref パッケージのオプションとして指定することができます．

```
¥usepackage[dvipdfm,urlbordercolor={1 0 0}]{hyperref}
```

とすれば，¥href を囲むボックスの色が赤くなります．

{1 0 0} の部分が色の指定です．RGB で指定します．つまり，これは赤（Red）が 1（100%），緑（Green）が 0，青（Blue）が 0 と指定されていて，結局赤色になります．

urlbordercolor の部分を変更すれば，他の色も変更することができます．

- **citebordercolor** で，文献引用（¥cite）の周りの色を変更できます．
- **linkbordercolor** で，¥hyperlink で張られたリンクや，参照（¥ref）の周りの色を変更できます．

そもそも囲むのでなく文字に色をつけたいという場合は，colorlinks=true とします．

```
¥usepackage[dvipdfm,colorlinks=true]{hyperref}
```

colorlinks=true とした場合は，urlbordercolor は使えません．代わりに次のようにします．

```
¥usepackage[dvipdfm,colorlinks=true,urlcolor=red]{hyperref}
```

9.4 パッケージの紹介

urlcolor が代わりです．色の指定も，red とわかりやすくなっています．citebordercolor の代わりに citecolor，linkbordercolor の代わりに linkcolor を使うことになります．自分で作った色を使う場合は，先に color パッケージを読み込んで

```
¥usepackage{color}
¥definecolor{mycolor}{rgb}{0.5,0,0.5}
¥usepackage[dvipdfm,colorlinks=true,urlcolor=mycolor]{hyperref}
```

とします（節 9.4.7 も参考のこと）．

ちなみに，オプション指定は ¥hypersetup でも可能です．つまり，

```
¥usepackage[dvipdfm,colorlinks=true,urlcolor=red]{hyperref}
```

は

```
¥usepackage[dvipdfm]{hyperref}
¥hypersetup{colorlinks=true,urlcolor=red}
```

と等価です．

9.4.2.2 しおりをつくる

hyperref は目次を作る機能も備えています．ただし，dvi ではなく pdf を作るとき限定です．デフォルトで ON になっているので，読み込んでコンパイルするだけです．

```
¥documentclass{jsarticle}
¥usepackage[dvipdfm]{hyperref}
¥begin{document}
¥section{昔}
¥section{今}
¥section{未来}
¥end{document}
```

「PDF に変換して表示」を選んでコンパイルすることで，¥section 指定した部分から目次ができていることがわかります．目次がいらない場合は，

```
¥usepackage[dvipdfm,bookmarks=false]{hyperref}
```

とします．

目次を出力する場合，単に platex と dvipdfm をかけただけでは文字化けしてしまいます[†2]．これを防ぐためには out2uni を使って次のように処理します．

```
C:¥works¥>platex test.tex
 （platexで必要回数処理する）
C:¥works¥>out2uni test
C:¥works¥>platex test.tex
C:¥works¥>dvipdfm test.dvi
```

9.4.3 ¥等を出力する —— textcomp

¥や®のようないくつかのマークを出力するには，textcomp パッケージを使います．¥は ¥textyen として，®は ¥textregistered として出力しました．dviout の Help TeX（節 3.2.2）で出てくる ¥text から始まる命令はこれが必要になることが多いでしょう．

9.4.4 欧文フォントを変更する —— txfonts 他

特に何の指定もせずに TeX で文書を作成した場合，欧文や数式には Computer Modern というフォントが使われます．これは，TeX の作者である Donald E. Knuth 自身が作成したフォントです．

これはこれでいいのですが，人によっては違うフォントの方が好みということもあるでしょうし，またそうでなくてもたまにはフォントを変更して文書を書いてみると新鮮で面白いものです．

文章中の欧文フォントの設定は簡単です．ローマンならば ¥rmdefault を，サンセリフならば ¥sfdefault を，タイプライタ体ならば ¥ttdefault をそれぞれフォントの名前に書き換えるだけです．使えるフォントの名前（で有名なもの）は次のようになります．

[†2] 祝鳥から使う場合，以下の処理は自動でなされます．

9.4 パッケージの紹介

表 **9.1** フォント一覧

フォント名	見た目
cmr	Computer Modern Roman
cmss	Computer Modern Sans Serif
cmtt	Computer Modern Typewriter
ptm	Times-Roman
ptm	*Times-Italic*
phv	**Helvetica**
pcr	Courier
ppl	Palatino-Roman
ppl	*Palatino-Italic*

Helvetica はサンセリフに，Coutier はタイプライタに使われます．例えば，サンセリフを Helvetica にしたい時は，

```
¥renewcommand{¥sffamily}{phv}
```

とします．これらはパッケージの読み込みでも変更が可能です．そのうちの一部（helvet と courier）は後で説明をします．そのほかのパッケージについては，share¥texmf¥source¥latex¥psnfss¥psnfss2e.tex に紹介されていますのでご覧ください．

　数式のフォントの設定は難しいのですが，既存のパッケージを使えばそれを読み込むだけで簡単に設定をすることができます．ここでは，その中のいくつかを紹介します．各々に例をあげますが，Computer Modern のものも書いておきましょう．

$$\delta(x) = \frac{(n-1)!}{(-2\pi\sqrt{-1})^n} \int \frac{\omega(\zeta)}{(\langle x, \zeta + \sqrt{-10})^n}$$

Computer Modern

以下のパッケージの使い方は，いずれも ¥usepackage するだけです．読み込むだけでフォントが変わります．

txfonts

標準的なフォントの一つである，Times（正確には，Times 互換フォント）を使います．非常に強力なパッケージで，殆ど全て Times 系にすることができます．

$$\delta(x) = \frac{(n-1)!}{(-2\pi\sqrt{-1})^n} \int \frac{\omega(\zeta)}{(\langle x, \zeta \rangle + \sqrt{-10})^n}$$

txfonts パッケージ

varg オプションを指定することで，g, v, w, y のイタリック体の字形が少し変わります．

オリジナル	*g, v, w, y*
varg 使用時	*g, v, w, y*
参考	*v* (¥nu), *υ* (¥upsilon)

mathptmx

txfonts と同じ Times 系フォントです．こちらは，LaTeX の一部としてサポートされています．¥jmath, ¥coprod, ¥amalg が使えないという欠点があります．¥usepackage[slantedGreek]{mathptmx} とすれば，大文字のギリシャ文字を斜めにします．

$$\delta(x) = \frac{(n-1)!}{(-2\pi\sqrt{-1})^n} \int \frac{\omega(\zeta)}{(\langle x, \zeta \rangle + \sqrt{-10})^n}$$

mathptmx パッケージ

pxfonts

Palatino フォントを使います．txfonts と同じ作者により作られたものです．

$$\delta(x) = \frac{(n-1)!}{(-2\pi\sqrt{-1})^n} \int \frac{\omega(\zeta)}{(\langle x, \zeta \rangle + \sqrt{-10})^n}$$

pxtonfs パッケージ

mathpazo

こちらも Palatino フォントを使います．mathptmx パッケージと同様に，

9.4 パッケージの紹介

LaTeX の一部としてサポートされています．mathptmx と同様 slantedGreek オプションが使える他，noBBpl オプションがあります．これは，黒板用フォント (¥mathbb) に他のフォントを使うオプションです．mathpazo の ¥mathbb はあまり格好よくないので，他のフォントがあれば指定するといいでしょう．

$$\delta(x) = \frac{(n-1)!}{(-2\pi\sqrt{-1})^n} \int \frac{\omega(\zeta)}{(\langle x,\zeta+\sqrt{-10})^n}$$

mathpazo パッケージ

fourier

fourier-GUTenberg を使います．upright オプションで数式ギリシャ文字・ラテン大文字が立ちます．

$$\delta(x) = \frac{(n-1)!}{(-2\pi\sqrt{-1})^n} \int \frac{\omega(\zeta)}{(\langle x,\zeta+\sqrt{-10})^n}$$

fourier パッケージ

helvet

helvet パッケージはこれまでのように数式フォントをいじるものではなく，通常文書のサンセリフ (¥sffamily, ¥textsf) を Helvetica に変更するものです．

abenori　　**abenori**

Computer Modern　Helvetica

左が Computer Modern で，右が Helvetica です．Helvetica の方がやや大きく見えてしまいますが，helvet パッケージを使えば解決できます．具体的には，¥usepackage[scaled]{helvet} とすれば 0.95 倍になった Helvetica が使われます．

courier

helvet パッケージと同様に，このパッケージも数式フォントを変更しません．読み込むことで，タイプライター体 (¥ttfamily, ¥texttt) を Courier に変更します．

9.4.5 色々な囲み —— ascmac

ascmac パッケージを使うと，色々な囲みを実現することができます．まずは引数をとらない環境です．

> screen 環境．

> shadebox 環境．

> boxnote 環境．

itembox 環境は，screen 環境にタイトルを付け加えます．

> ── タイトル ──
> itembox 環境．

これは次のようにして出しました．

```
¥begin{itembox}[c]{タイトル}
itembox環境．
¥end{itembox}
```

c を l にすると左端に，r にすると右端にタイトルが出力されます．

その他の命令です．

```
{¥keytop{A}} {¥keytop{+}} {¥return} {¥yen}
```

> A + ↵ ¥

¥yen は textcomp パッケージの ¥textyen でも出せます．

9.4.6 便利パッケージ — okumacro

新ドキュメントクラスの作者奥村氏により作られた okumacro パッケージには，色々とかゆいところに手が届くマクロが入っています．W32TeX には含まれませんが，インストール時に jsclasses をインストールしたならば含まれているはずです．

¥ruby

¥ruby はルビをふる命令です．

```
¥ruby{中華}{ちゅうか}, ¥ruby{中}{ちゅう}¥ruby{華}{か}
```

中華，中華
（ちゅうか）（ちゅう）（か）

¥kenten

¥kenten は圏点を打つマクロです．

```
¥kenten{あべのり}, ¥.あ¥.べ¥.の¥.り
```

あべのり，あべのり

¥. の方は LaTeX の標準です．¥kenten の方がちょっと大きくなります．

¥MARU

丸囲みする ¥MARU です．全角の丸囲み文字は使わないようにしましょう[†3]．

```
¥MARU{1}
```

①

[†3] 機種依存文字と呼ばれ，環境によっては（というか，Windows 以外では）使えません．

FRAME 環境
枠で囲む **FRAME** 環境です．

```
FRAME 環境内．
```

その他
その他，雑多なものです．

```
{¥keytop{A}} {¥RETURN} {¥return} {¥rightkey} {¥leftkey}
{¥upkey} {¥downkey} {¥yen}
```

Ⓐ ↵ ↵ → ← ↑ ↓ ¥

9.4.7 色づけをする —— color
普通にやると文書の色は白黒ですが，色をつけることもできます．ただし，これも dviware 依存の処理になります．ちなみに，**color** パッケージはしばしば他のパッケージから呼ばれます．

```
¥usepackage[dviout]{color}
```

オプションは例によって dviware を指定します．dviout の他，dvips や dvipdfm，dvipdfmx 等が指定できます．

テキストに色をつけるには `¥color` や `¥textcolor` を使います．

```
{¥color{red} Abe}¥textcolor{red}{Noriyuki}
```

とすると赤で Abe Noriyuki が出力されます．

色の指定としては，red の他 black，white，green，blue，cyan，magenta，yallow が使えます．また，RGB による指定もできます．

```
{¥color[rgb]{0.5,0,0.5}あべ}¥textcolor[rgb]{0.7,0.7,1}{のりゆき}
```

RGB それぞれの値を 0 から 1 の間で指定します．最初の「あべ」は赤（Red）が 0.5，緑（Green）が 0，青（Blue）が 0.5 混ざり，紫のような色になります．

9.4 パッケージの紹介

しかし，いちいち色を RGB 指定していたら大変ですし，ソース自体の可読性も下がります．そのため，新しい色を定義することができます．新しい色の定義には ¥definecolor を使います．

```
¥definecolor{mycolor}{rgb}{0.5,0,0.5}
```

先ほどの紫のような色に mycolor という名前をつけました．この宣言の後，¥textcolor{mycolor}{あべのり}というように使うことができます．

背景色を変更するには ¥pagecolor を使います．使い方は同じです．

```
¥pagecolor{red}
¥pagecolor[rgb]{0.5,0,0.5}
```

これ以降のページの背景色が全て変化します．

色つきの箱を作成するための命令が ¥colorbox です．

```
¥colorbox{green}{¥textcolor{blue}{test}}
```

これで緑の背景に青い文字で表示されます．枠をつけたい時は ¥fcolorbox を使います．

```
¥fcolorbox{red}{green}{¥textcolor{blue}{test}}
```

緑の背景，赤い枠の箱に青で文字を書き入れます．

第10章
プレゼンテーション

　PCからの出力をそのままプロジェクターに映してのプレゼンテーションが行われることも多くなってきました．スライドやOHPに比べ，アニメーションなどを用いることで，派手な演出もできるようになります．

　プレゼンテーションソフトといえば，Microsoft社のPowerPointが有名です．TexPointというソフトを組み込めば，TeXの出力を用いることも可能なようです．これらを用いたプレゼンテーションは，PowerPointの解説本や，またWebなどを参照してください．

　ここでは，そうでなくてTeX及びその周辺のフリーソフトを用いたプレゼンテーションを試みます．LaTeXのパッケージの中にはプレゼンテーション機能を実現してくれるものもあり，このようなパッケージを用いることで，PowerPointに負けない豊かなプレゼンテーションを行うことができます．

10.1 何を使うか

　TeXによるプレゼンテーションといっても，選択肢はいくつかあります．まず，特に何も必要とせず可能なのが，dvioutによるものです．最近のdvioutはプレゼンテーション用の機能を備えており，簡単なプレゼンテーションならば十分です．ただし，当然のことながらdvioutが入っているコンピュータでしか使えません．自分のコンピュータを使える場合は問題ありませんが，他人のコンピュータを使わなければならない時は注意が必要です．

　PDFファイルを作成し，Adobe Readerに表示させてプレゼンテーションをすることもできます．PDFはある程度複雑なアニメーションなども可能であり，PowerPoint並の派手なプレゼンテーションが可能です．また，PDFはOSなどを選ばず殆どのコンピュータで見られるため，汎用性があるという利点もあります．

　PDFでプレゼンを行うためのLaTeX用のパッケージがいくつか公開されて

います．
- LaTeX Beamer
- Prosper
- TeXPower
- PPower4

などが有名です．

10.2 LaTeX Beamer を使う

PDF 出力を前提としたパッケージの中で，**LaTeX Beamer** を扱ってみたいと思います．LaTeX Beamer はプレゼンテーションを目的としたクラスファイルで，簡単に格好いいスライドを作ることができます．以下の動作は，LaTeX Beamer 3.06 で確認しています．

10.2.1 インストール

http://latex-beamer.sourceforge.net/ からたどっていけばダウンロードできます．動作には，beamer 本体の他，**pgf** 及び **xcolor** パッケージが必要です．どちらも同じ場所にあるので，まとめてダウンロードしてください．

三つのパッケージいずれも，ダウンロードしたら解凍し，texmf フォルダまたは texmf-local フォルダ内に移せば使えるようになります（節 9.3.3 も参照）．ディレクトリは適当でいいですが，私は

- beamer：`share¥texmf-local¥tex¥latex¥latex-beamer`
- pgf：`share¥texmf-local¥tex¥latex¥pgf`
- xcolor：`share¥texmf-local¥tex¥latex¥xcolor`

としています．

10.2.2 ドキュメント

ダウンロードしたファイル内には，ドキュメント（英語）が含まれています．解凍した中に doc ディレクトリがありますが，その中の beameruserguide.pdf がそれです．

beamer のドキュメントは非常に丁寧です．beamer に関係した内容は当然のこと，スライド自体の作り方（技術的な内容ではなく，「まずは時間について考

えよ」といったこと）なども書いてあります．目を通して損はないでしょう．

10.2.3 まずは使ってみる

インストールが終わったら，早速使ってみましょう．

```
\documentclass[dvips]{beamer}
\usetheme{madrid}

\title{プレゼンテーションテスト}
\author{山田 太郎}
\institute{海畑会社}
\date{2xxx年 10月28日}
\begin{document}
\maketitle

\section{一枚目}
\begin{frame}[t]
\frametitle{一枚目のスライド}
一枚目のスライドです．
\begin{itemize}
\item itemize環境も
\item 使えます．
\end{itemize}
\only<2->{ここはすぐには表示されない}
\end{frame}
\end{document}
```

「PS 経由で PDF に変換して表示」を選んでコンパイル＆プレビューすることで，（中身はないけど）立派なスライドが表示されるはずです．

おおまかに説明をしておきます．クラスファイルは beamer.cls を用いるので，\documentclass の引数には beamer を与えます．dvipsk を用いて変換するので，オプションには dvips を与えておきます．\title, \author, \date などは通常と同様です．beamer クラスでは，それに加えて \institute が用意されています．これは，作成者（発表者）の所属を指定します．

スライドの見た目は，「テーマ」という機能により制御されます．このサンプルでは，\usetheme{madrid} により，madrid という名前のテーマを用いています．テーマに関しては節 10.2.7 で扱います．

frame 環境で囲まれた間が 1 枚のスライドになります．\frametitle によ

り各スライドのタイトルを指定することも可能です．各スライド内では，通常の文書で用いる命令がほとんどそのまま通用します．¥section などは，スライドに現れるのではなく，しおりとして追加されます．

¥only などの命令を使うことにより，途中まで表示させて後から残りを表示させることができます．これに関しては節 10.2.6 で扱うことにします．

実際にプレゼンテーションを行う場合には，フルスクリーン表示させた方がよいでしょう．Adobe Reader 7 ならば，メニューから「ウィンドウ (W)」→「フルスクリーン表示 (F)」で行うことができます．また，Ctrl + L でも可能です．ページ送りは，Enter や Space，また PageUp や PageDown で行うことができます．

10.2.4 通常文書との違い

ドキュメントクラスが beamer であることと，frame 環境で囲まなければならないことをのぞけば，beamer による文書作成は少なくともソース上はほぼ通常文書と変わりません[†1]．といっても，細かい違いもあります．ここでは，通常文書との違いを簡単に述べておきます．

¥author, ¥title, ¥date

作者などの文書情報を示す命令たちです．beamer ではこれらに加え ¥institute が追加されていることは既に述べました．

また，beamer ではこれらの命令にオプションが指定可能です．オプションには短い名前が指定できます．

¥institute[北朝鮮]{朝鮮民主主義人民共和国}

これらは，スライドの上下などのような場所に用いられます．

block 環境

beamer には新しく block 環境というものが追加されています．これは，周りを囲いその部分だけを強調するような環境です．引数を一つとり，そのブロックのタイトルとして使われます．

[†1] もちろん見た目は全然違いますし，文書の作り方自体も違いますが．

第 10 章 プレゼンテーション

```
¥begin{frame}
ここで，次の原理を考える．
¥begin{block}{偉い人の原理}
ぜったいに，こうなる．
¥end{block}
¥end{frame}
```

定 理 環 境

beamer クラスでは，自分で宣言せずともいくつかの定理環境が定義されています．デフォルトでは，次の環境が用意されています．

- theorem 環境
- corollary 環境
- fact 環境
- lemma 環境
- definition 環境
- example 環境
- proof 環境

いずれも使い方は普段と変わりません．

これらは全て英語で表示されてしまいます．日本語にしたい場合は，プリアンブルに次のようにします．

```
¥makeatletter
¥renewcommand{¥translation}[2][]{%
¥def¥@tmpb{#2}
¥def¥@tmpa{Theorem}%
¥ifx¥@tmpa¥@tmpb ¥def¥@tmpb{定理}¥fi
¥def¥@tmpa{Corollary}%
¥ifx¥@tmpa¥@tmpb ¥def¥@tmpb{系}¥fi
¥def¥@tmpa{Fact}%
¥ifx¥@tmpa¥@tmpb ¥def¥@tmpb{事実}¥fi
¥def¥@tmpa{Lemma}%
¥ifx¥@tmpa¥@tmpb ¥def¥@tmpb{補題}¥fi
¥def¥@tmpa{Definition}%
¥ifx¥@tmpa¥@tmpb ¥def¥@tmpb{定義}¥fi
¥def¥@tmpa{Example}%
¥ifx¥@tmpa¥@tmpb ¥def¥@tmpb{例}¥fi
¥@tmpb}
```

10.2　LaTeX Beamer を使う

```
\renewcommand{\proofname}{証明}
\makeatother
```

10.2.5　しおりの文字化け対策

先ほどのコンパイルでスライドは無事表示されましたが，しおりが文字化けしていたと思います．プレゼンテーションをするだけなら問題ありませんが，ちょっと気持ち悪いので直しておきましょう．

対策には，bkmk2uni というプログラムを使います．コマンドプロンプトからだと，次のようにします．ファイル名が test.tex だとします．

```
C:\work>platex test.tex
C:\work>dvipsk -z -f test.dvi | bkmk2uni > test.ps
C:\work>ps2pdf.bat test.ps
```

このようにしてできた test.pdf を表示すると，文字化けが解消されてることがわかると思います．

ただ，毎回これをやっていては面倒ですから，祝鳥からできるようにしてしまいましょう．「タイプセット」→「設定」→「各種プログラム及びメニューの設定」と選びます．コマンドのところで右クリックをして，「追加」を選び，次のようにします．

- タイトル：beamer 用 dvipsk
- コマンド：cmd
- オプション：/c dvipsk -Ppdf -z -f %B.dvi | bkmk2uni > %B.ps
- カレントディレクトリ：%D
- 「コマンドライン」にチェックを入れる

PDF 用の PS ファイルを出力するためのオプション -Ppdf も入れてみました．終わったら OK を押します．次にメニューのところで右クリックし，また追加を選びます．今度は次のようにします．

- タイトル：beamer 用
- 実行するコマンド：上から「TeXToDVI（最新チェック）」「beamer 用 dvipsk」「Adobe 閉じる」「PSToPDF」
- プレビュー：PDFPreview

終わったら OK を押して終了しましょう．すると，タイプセットの欄に「beamer

用」が追加されているはずですので，これを選んでください．コンパイル後，文字化けの直った PDF ファイルが表示されるはずです．

10.2.6 オーバーレイ

最初にスライドの一部を表示させ，後から残りを表示させることができます．これをオーバーレイといいます．OHP などでたまに使われる，複数の OHP を順番に重ねあわせていくということをスライドでも実現するわけです[†2]．

一番シンプルなのが，¥pause を使う方法でしょう．使い方は簡単で，表示を止めたいところに ¥pause と入れるだけです．

```
¥begin{frame}
まずはこれこれを考える．
¥pause
なんだけど，ちょっとこれこれが問題．
¥pause
そこでこういう技術を用いる．
¥pause
すると全て解決．
¥end{frame}
```

もう少し細かな制御をしたい時は，¥only や ¥visible が使えます．この命令は，¥only<n-m>{xxxx} というように使い，n 番目から m 番目のスライドの間だけ xxxx を表示したりします．

```
¥begin{frame}
ずっと表示．
¥only<2-3>{2,3番目に表示}
¥visible<2,4>{2,4番目に表示}
これもずっと表示．
¥end{frame}
```

¥only と ¥visible の違いは，表示されていない時に現れます．¥only は表示されてない時はその部分はないものとして扱われますが，¥vislble ではその部分を占める空白が用意されます．

[†2] できあがった PDF を見ればわかりますが，LaTeX beamer もちょっとずつ変えたページを複数作ることでオーバーレイを実現しています．まさに「オーバーレイ」という名前そのものですね．プレゼンテーションをする際には殆ど意識する必要はありませんが，印刷するとちょっとずつ変わったページが全て印刷されてしまいますのでご注意を．

10.2　LaTeX Beamer を使う

<n-m>という部分は，次のような指定ができます．
- <n>：n 番目のみ表示．
- <n-m>：n 番目から m 番目まで表示．
- <n->：n 番目以降に表示．
- <-m>：m 番目まで表示．

これらの指定はカンマで区切ることで複数使うことができます．例えば，

```
¥only<-3,4,6,8-11,14->{test}
```

などのようにします．

実はこの指定は，¥only や ¥visible 以外にも用いることができます．例えば，¥textbf<2-3>{test}とすれば 2,3 番目のみが太文字で表示されます．¥item に使うこともできます．

```
¥begin{frame}
¥begin{itemize}
¥item  すべてで表示．
¥item<2->  2番目から表示．
¥item<3->  3番目から表示．
¥end{itemize}
¥end{frame}
```

その他，多くの命令に用いることができます（使えない命令もあります）．

10.2.7　テ　ー　マ

節 10.2.3 でも述べましたが，beamer においてはスライドの見た目はテーマという機能を用いて管理されています．既に用意されているテーマを用いるのは簡単です．プリアンブルに次のようにします．

```
¥usetheme{Madrid}
```

ここでは Madrid テーマを用いています．その他，用意されているテーマとしては，AnnArbor, Antibes, Barkeley, Bergen, Berlin, Boadilla, CambridgeUS, Copenhagen, Darmstadt, default, Dreson, Frankurt, Goettingen, Hannover, Ilmenau, JuanLesPins, Luebeck, Malmoe, Marburg, Montpellier, PaloAlto, Pittsburgh, Rochester, Singapore, Szeged, Warsaw があります．見た目については，実際に使ってみるか，マニュアルを見てください．

¥usetheme は全体の見た目を一斉に変更しますが，そうではなく見た目の一部を変更することもできます．

Inner Theme　Inner Theme は本文内部の要素に関する見た目を変更します．例えば，itemize 環境の前につく印はデフォルトでは三角形（default テーマを用いてる場合）ですが，circles という Inner Theme を用いると丸くなります．使い方は，¥useinnertheme{（テーマ名）}です．Inner Theme には，先に述べた circles の他，default, rectangles, rounded, inmargin があります．

Outer Theme　Inner Theme とは対照的に，Outer Theme は本文以外の場所の見た目を変更します．例えば，default テーマでは通常周りに何も表示されませんが，infolines という Outer theme を用いると，スライドの下にスライド自体のタイトルや講演者の名前，またページ数などが表示されます．使い方は，¥useoutertheme{（テーマ名）}です．Outer Theme には，先に述べた infolines 以外に，default, miniframes, smoothbars, sidebar, split, shadow, tree, smoothtree があります．

Color Theme　色に関することは，Color Theme で設定できます．使い方は，¥usecolortheme{（テーマ名）}です．Color Theme はデフォルトで structure, sidebartab, albatross, beetle, dove, crane, fly, seagull, wolverine, beaver, lily, orchid, rose, whale, seahorse, dolphin があります．

Font Theme　スライド内で使われる文字の種類を変更できます．変更するには，¥usefonttheme{（テーマ名）}とします．テーマとしては，default, professionalfonts, serif, structurebold, structureitalicserif, structuresmallcapsserif が使えます．

ちなみに，節 9.4.4 で紹介したような方法で全てのフォントを変更するのも可能です．

10.2.8　テーマを自作する

節 10.2.7 において，見た目を変更するにはテーマを使うことができると述べました．そこまで強いこだわりがない限り，用意されたテーマを用いれば満足のいくスライドを作ることはできるでしょう．しかし，どのテーマにも満足で

10.2 LaTeX Beamer を使う

きなければ，自分で使うしかありません．この節では，そのように新しくテーマを作る方法について述べることにします[†3]．

10.2.8.1 何をすべきか

beamer は，おのおのの要素に「名前」を割り当てて管理しています．例えば \maketitle で生成されるタイトルは「title page」，各ページ (frame) のタイトルは「frametitle」というように．そしておのおのの名前にフォント，色，template の三種類が（全てとは限りませんが）設定されています．ユーザはこれらをカスタマイズすることにより，様々な見た目を変更することができます．

詳しい設定方法は後を見てもらうことにして，ここでは各種場所に関連づけられた名前を（一部ですが）紹介します．完全なリストに関してはマニュアルをご覧ください（索引から見るといいでしょう）．

title page \maketitle で生成されるタイトルです．
frametitle \frametitle で生成される各ページ (frame) のタイトルです．
background 各ページの背景です．デフォルトでは空っぽです．
sidebar left スライドの左に各種情報等を表示することができます．デフォルトでは空っぽです．
block begin block 環境の最初に挿入されます．template のみ用意されています．
block end block 環境の最後に挿入されます．template のみ用意されています．
block title block 環境のタイトルです．font と color が用意されています．
block body block 環境内です．font と color が用意されています．
navigation symbols 右下に表示されるスライド操作用のパネルです．

10.2.8.2 beamer font

beamer には，\setbeamerfont, \usebeamerfont という命令が用意されています．これにより，フォントのカスタマイズが行えます．まずは例を見てみましょう．

[†3] しかし，本来はそのようなことよりも，内容にこだわるべきだとは思いますが……．

```
\setbeamerfont{my font}{shape=\itshape, size=\Huge}
\begin{frame}
\usebeamerfont{my font}test
\end{frame}
```

「test」の文字列が大文字かつイタリックで表示されていることと思います．
\setbeamerfontで適当な名前とフォントの内容を関連づけ，\usebeamerfontで関連づけられたフォント内容を呼び出すというわけです．関連づけが可能なフォント内容はそのほかに次があります．

series フォントシリーズです．\bfseriesなどが該当します．

family フォントファミリーです．\sffamilyや\rmfamilyなどが該当します．

parent parent=（既に\setbeamerfontで設定している名前）とすることで，既に定義したものを受け継ぐことができます．例えば，先の設定の後に\setbeamerfont{font2}{parent=my font, series=bfseries}とすると，イタリック，大文字，太文字となります．

節 10.2.8.1 で述べた通り，beamer は見た目を名前で管理しているのでした．関連づけられたフォントを変更する時は，この\setbeamerfontを用います．（つまり，beaemer は内部で\usebeamerfontを用いてフォント設定を行っているのです．）

```
\documentclass[dvips]{beamer}
\setbeamerfont{title}{size=\Huge}
\title{プレゼンテーションテスト}
\author{山田 太郎}
\institute{海畑会社}
\date{2xxx年 10月28日}
\begin{document}
\maketitle
\end{document}
```

タイトルのフォントが普段より大きく表示されたことと思います．

10.2.8.3 beamer color

色の設定もフォント設定と殆ど同じです．こちらは，\setbeamercolorと\usebeamercolorを使います．

10.2　LaTeX Beamer を使う

```
¥documentclass[dvips]{beamer}
¥setbeamercolor{test color}{fg=red}
¥begin{document}
¥begin{frame}
¥usebeamercolor[fg]{test color}テスト
¥end{frame}
¥end{document}
```

「テスト」が赤文字で表示されたことと思います．ここで，¥usebeamercolor にオプション [fg] を渡してることに注意してください．これがないと，色の変更が完了しません．尚，色の指定に関しては節 9.4.7 も参考にしてください．

色づけの場合は，¥usebeamercolor だけでなく，beamercolorbox 環境を用いるという手もあります．

```
¥documentclass[dvips]{beamer}
¥setbeamercolor{test color}{fg=red,bg=blue}
¥begin{document}
¥begin{frame}
¥begin{beamercolorbox}{test color}
テスト
¥end{beamercolorbox}
¥end{frame}
¥end{document}
```

「テスト」の文字が赤で，背景が青で表示されたことと思います．このように，beamercolorbox では，fg で設定した色が文字色に，bg で設定した色が背景色になります．

なお，¥setbeamercolor ではフォントの時と同様に parent も用いることができます．

10.2.8.4　beamer template

beamer のテーマ機能の核ともいえるのが template 機能です．まずは例を見てみましょう．

```
¥documentclass[dvips]{beamer}
¥setbeamertemplate{weather}{晴れ}
¥begin{document}
¥begin{frame}
```

```
今日は，\usebeamertemplate{weather}だ．
\end{frame}
\end{document}
```

このソースをコンパイルすると，「今日は，晴れだ．」という一文の入ったスライドが作成されます．

このように，template は \setbeamertemplate と \usebeamertemplate の組で使われます．先の例では，\setbeamertemplate で weather という template に「晴れ」という文字列を定め，\usebeamertemplate で weather という template を呼び出したらそこがあらかじめ定められた文字列である「晴れ」に置き換わったというわけです．

beamer 内部では，この template 機能が様々な場面で使われています．例えば，タイトルを表示する命令である \maketitle は内部では \usebeamertemplate{title page}という命令と（ほぼ）等価です．従って，\maketitle の出力を変更したければ，\setbeamertemplate を用いて title page という template を変更すればいいことになります．

試しにやってみましょう．

```
\documentclass[dvips]{beamer}
\setbeamertemplate{title page}{%
    \vfill
    % 真ん中寄せでタイトル
    \begin{center}
    \usebeamerfont{title} \inserttitle
    \end{center}
    % 名前と所属．所属は名前に続けて括弧の中．
    \begin{center}
    \usebeamerfont{author} \insertauthor
    \usebeamerfont{institute} (\insertinstitute)
    \end{center}
    \vfill
}

\title{プレゼンテーションテスト}
\author{山田 太郎}
\institute{海畑会社}
\date{2xxx年 10月28日}
\begin{document}
```

10.2 LaTeX Beamer を使う

```
¥maketitle
¥end{document}
```

既にやった ¥usebeamerfont を用いて，フォント設定を変更した後，¥inserttitle でタイトルを挿入しています．¥inserttitle は ¥title で設定したタイトルを挿入する命令です．beamer 内では，このように既に設定してある項目を挿入する命令がたくさん用意されています．その殆どは ¥insert*** という形の名前です．詳しくはドキュメントをご覧ください．

¥setbeamertemplate には，もう一つの使い方があります．それは，デフォルトで用意されている template を使うという方法です．

```
¥documentclass[dvips]{beamer}
¥setbeamertemplate{background}[grid]
¥begin{document}
¥begin{frame}
テスト
¥end{frame}
¥end{document}
```

background には，デフォルトで「grid」という名前の template が用意されています．上のように，¥setbeamertemplate にオプションでその名前を与えることにより，用意された template を用いることができます．

10.2.8.5 実際にテーマを作ってみる

既にあるテーマをもとに自分好みにカスタマイズする場合は，プリアンブルに ¥setbeamer***系の命令を書いていけば問題ありません．テーマを作るのは，人に渡す時や再利用性を高める時になるでしょう．

作る前に，既に用意されているテーマを見てみるといいかもしれません．テーマファイルは，beamer のフォルダ内の，themes¥theme にあります．節 10.2.1 の私の場合と同じ場所に入れた場合は，

　　　share¥texmf-local¥tex¥latex¥latex-beamer¥themes¥theme

です．

フォルダ内には，beamertheme から始まる名前のファイル名がたくさんあると思います．このおのおのが各テーマの設定ファイルです．ファイル名がテーマ名

になっていて，AnnArborテーマの設定ファイルは`beamerthemeAnnArbor.sty`になっています．中身を見てみると，あまり見慣れない命令が並んだりもしていますが，大概のファイルは内部で`\useinnertheme`などが並んでることと思います．このように，大半のテーマファイルは適当にouter themeなどを組み合わせて作られています．

ついでですので，outer themeなども見てみましょう．beamerフォルダ内の`themes\outer`を見てみます．`beamerouterheme`から始まるファイルがたくさんあります．ここでも，テーマファイルと同様の名前付けがなされています．

これらをふまえて，新しくテーマを作ってみます．作るテーマ名はTokyoテーマとします．次のようにしましょう．

- inner themeはcirclesを用いる．
- color themeはcraneを用いる．
- outer themeは自作してみる（Uenoテーマを作る）．

まずはテーマファイルを作ります．`beamerthemeTokyo.sty`を作り，次のようにします．

```
\useinnertheme{circles}
\useoutertheme{Ueno}
\usercolortheme{crane}
```

全て他のファイルに任せているので簡単です．

次にouter themeです．`beamerouterthemeUeno.sty`を作ります．次のようにしてみます．

- スライドの上にタイトルを入れる．
- スライドの下に名前と所属を入れる．
- スライド右下の操作用パネルは邪魔なので削除．

スライドの上下にはそれぞれheadline, footlineという名前がつけられています．これらのtemplateを`\setbeamertemplate`で設定します．

```
\setbeamertemplate{navigation symbols}{}

\setbeamertemplate{headline}{%
\begin{beamercolorbox}[center,ht=2.25ex,dp=1ex]
{title in head/foot}
\usebeamerfont{title in head/foot}
```

```
¥insertshorttitle
¥end{beamercolorbox}
}

¥setbeamertemplate{footline}{%
¥begin{beamercolorbox}[center,ht=2.25ex,dp=1ex]
{author in head/foot}
¥usebeamerfont{author in head/foot}
¥insertshortauthor (¥insertshortinstitute)
¥end{beamercolorbox}
}
```

最初で navigation symbols を空にしています．

次が headline です．フォントと色は (headline ではなく，) title in head/foot を使いました．色を有効にするために beamercolorbox 環境でくくり，¥insertshorttitle でタイトルを出力しています．beamercolorbox 環境はいくつかオプションを使用しています．これらに関してはマニュアルをご覧ください．footline もほぼ同様の構成です．

これで一応簡単なテーマが作れましたので，試しに使ってみましょう．beamerthemeTokyo.sty と beamerouterthemeUeno.sty がある場所に新しく .tex ファイルを作ります．

```
¥documentclass[dvips]{beamer}
¥usetheme{Tokyo}
¥title{プレゼンテーションテスト}
¥author{山田 太郎}
¥institute{海畑会社}
¥date{2xxx年 10月28日}
¥begin{document}
¥maketitle
¥begin{frame}
テストです．
¥begin{itemize}
¥item あ
¥item い
¥item う
¥end{itemize}
¥end{frame}
¥end{document}
```

目的通りのものができたと思います．

10.3 dviout を使う

前節で PDF ファイルでのプレゼンテーションの例として，LaTeX beamer を用いたスライド作成について述べました．次に，dviout でのプレゼンテーションをしてみましょう．

先にも述べましたが，最近の dviout にはプレゼンテーション機能が実装されています．また，それを用いたプレゼンテーションを可能にするクラスファイル jslides が乙部さんにより作成されています．ここでは，jslides + dviout によるプレゼンテーション作成をしてみることにします．以下は，jslides 2.2b + dviout 3.18 で動作を確認しています．

10.3.1 インストール

jslides は

> http://argent.shinshu-u.ac.jp/otobe/tex/packages/jslides.html

から手に入ります．ダウンロードしたら解凍し，texmf フォルダまたは texmf-local フォルダに移動すれば使えるようになります（節 9.3.3 も参照）．フォルダは適当でいいですが，私は

> share¥texmf-local¥ptex¥platex¥jslides

においています．

解凍した中には，readme.txt があります．ここに要求する dviout のバージョン番号が書いてありますので，お使いの dviout がその条件を満たしているかを確認してください．dviout のバージョンは，dviout を起動後，メニューから「Help」→「About dviout」と選ぶことで確認できます．

なお，ダウンロードしたファイル内に docs フォルダがありますが，その中にある jslides.pdf がドキュメントになります．

10.3.2 使ってみる

まずは，実際のソースを見てみましょう．

```
¥documentclass[xga]{jslides}
¥title{プレゼンテーションテスト}
¥author{山田 太郎}
¥date{2xxx年 10月28日}
¥begin{document}
¥maketitle

¥begin{slide}
¥slidetitle{一枚目のスライド}
一枚目のスライドです.
¥pause
一端停止してみました.
¥end{slide}

¥begin{slide}[こういうタイトル指定もできる]
二枚目
¥end{slide}
¥end{document}
```

beamer と非常に似ています．変わったところといえば，frame 環境が **slide 環境**に，**¥frametitle** が `¥slidetitle` になったくらいでしょうか．二枚目に示したように，タイトルは slide 環境のオプション引数でも与えることができます．（こちらの方が推奨されています．）

クラスファイルには xga オプションを与えました．これは 1024×768 の解像度で出力するためのオプションです．お使いのコンピュータの解像度にあわせて変更してください．xga の他には，vga (640×480)，svga (800×600)，sxga (1280×1024)，uxga (1600×1200)，1280x600 (1280×600)，1280x768 (1280×768)，1024x600 (1024×600) が使えます．

今回は dviout で見ることができますので，「DVI に変換して表示」を選べば無事プレゼンテーションが表示されるはずです．実際にプレゼンテーションモードに入るには，Shift を押しながら F6 を押します．すると dviout がフルスクリーンに表示され，プレゼンテーションっぽくなります．Space キーを押すことでプレゼンテーションを進めることができます．

10.3.3 itemize 環境などに関する注意

itemize 環境を用いる時は注意が必要です．jslides の itemize 環境はデフォ

第 10 章　プレゼンテーション

ルトで画像を用います．これは jslides を解凍した中にあった images フォルダに入っていますが，このフォルダが dvi ファイルと同じフォルダにない限り，dviout はこの画像を見つけることができません．従って，現段階で itemize 環境を使おうとしても，プレビュー時に dviout がエラーを発してしまいます．これを防ぐには，images フォルダを dvi ファイルと同じフォルダにおいてください．

10.3.4　オーバーレイ

jslides でもオーバーレイを使うことができます[4]．

やはり最も手軽なのが ¥pause です．beamer と全く同じ使い方，同じ効果が得られます．

```
¥begin{slide}
はじめから表示．
¥pause
2 番目に表示．
¥pause
3 番目に表示．
¥pause[1]
ここは2番目に表示される．
¥pause
3 番目に表示．
¥end{slide}
```

ただ単に上から表示させていくだけでなく，オプションを入れることで表示する順番を制御できます．¥pause[n] した直後の文章は n + 1 番目に表示されます．その次に ¥pause があった場合，その ¥pause の直後の文章は n + 2 番目に表示されることに注意してください．（この例では最後の文章は 5 番目ではなく 3 番目に表示される．）

より細かく制御するには，hoverlay 環境を用います[5]．

---

[4] beamer と違い，似たようなページをたくさん作るのではなく同じページの中身が変更していくように作ることができます．これは Adobe Reader にはないプレゼンテーション用の機能を dviout が持っているからこそ実現できることです．といっても，プレゼンテーションしてる時に気になることはないのですが．

[5] voverlay 環境も存在します．h が水平方向で v が垂直構造を扱います．両者は同様に扱えます．

```
\begin{slide}
はじめから表示.
\pause
2番目に表示[1].
\begin{hoverlay}
2番目に表示. 3番目には消える.
\pause
3番目に表示[1].
\end{hoverlay}
\pause
3番目に表示[2].
\begin{hoverlay}[2]
3番目に表示[3]. 4番目には消える.
\pause
4番目に表示.
\end{hoverlay}
\end{slide}
```

hoverlay 環境内も同様に \pause で制御します. \pause 自体の動きは同じですが, 前に描かれたのが消えていく様子が違います.

10.3.5 フレーム / 背景画像

jslids には beamer のような強力なテーマ機能はありませんが, その代わり各ページの様子を少し変更することができます. 変更するには \setframe 命令を用います.

```
\documentclass{jslides}
\setframe{blackboard}
\begin{document}
\begin{slide}[黒板風スライド]
黒板風
\end{slide}
\end{document}
```

画像を用いますので, images フォルダが使用可能 (節 10.3.3 参照) な状態にしておいてください.

\setframe の引数には, none, thin, thick, double, shadow, whiteboard, chalkboard, blackboard が指定可能です.

用意されてない画像を用いることも可能です. file.bmp というファイルを用

意しておいて，¥setwallpaper{file.bmp}とすると背景画像に設定されます．

10.3.6 最終ページ

ここまでの例を実際にコンパイル&表示させてた方は，最後のページに，作った覚えのない「Thank You!」とだけ表示されたページが勝手に挿入されていたことと思います．これは jslides が自動挿入するページで，dviout のプレゼンテーション終了や自身の終了機能を持たせるためのものです．メッセージは変更させることができ，¥finalmessage{ありがとうございました．}とすれば，「ありがとうございました．」と表示されます．

10.3.7 dvioutのプレゼンテーションモード

先にも述べた通り，dviout は Shift + F6 でプレゼンテーションモードに入ります．これは，まずメニューの「Presentation」→「Cut edge」により余白を消した後，Esc を押して最大化，その後 6 を押して画面いっぱいに表示させるという一連の作業と等価です．従って，プレゼンテーションから戻るにはこの逆の作業をすればよいことになります．具体的には，1 を押し表示を戻した後，Esc により最大化を解除，そして Cut edge を最後に解除します．戻す方は Shift + F2 でも可能です．

この状態では，画面にいくつかの図形を描くことができます．暫く描ける図形は線及び長方形のみでしたが，最近 (2006 年 9 月) のテスト版で任意の図形が描画できる「お絵かき機能」がつきました．現在のところは，本当に何か描くしかできていませんが，いくつかの追加機能（保存や印刷など）を予定のようです．特にタブレット PC を使ってる人には朗報でしょう．

まずは最初に実装された，直線と長方形の描画について述べます．線を引くためには，まず F12 を押します．F12 は押すたびに線描画機能の ON と OFF を入れ替えます．線を引くには，まず ON の時に Shift を押しながら左クリックします．ここが始点になります．そのまま Shift を押しながら右クリックすると，線を引くことができます．間違えた場合は，Delete を押せば最後のが消えます．

今は線でしたが，Shift + F11 を押すと押した後は長方形が描かれます．更に種類を変えたい時は次のようにします．

10.3 dviout を使う

- $\boxed{\texttt{Shift}}$ + $\boxed{\texttt{F6}}$ にすると色が黒くなります．同様に $\boxed{\texttt{Shift}}$ + $\boxed{\texttt{F7}}$ で青，$\boxed{\texttt{Shift}}$ + $\boxed{\texttt{F8}}$ で緑になります．
- $\boxed{\texttt{Shift}}$ + $\boxed{\texttt{F9}}$ を押すと線が太くなります．もう一度押すと細くなります．

また，プレゼンテーションモード中に右下にカーソルを持って行くとメニューが出現します．これから各種操作を行うこともできます．

テスト版で可能になった「お絵かき機能」を使うためには，$\boxed{\texttt{F12}}$ で描画機能を ON にした後，何のキーも押さずにマウスやペンタブレットで描きたい図形を描きます．$\boxed{\texttt{Shift}}$ を押す必要はありません．もちろんこの状態でも，直線や長方形の描画は可能です．

第11章
マクロの基本

TeX のマクロを自分で作成することにより，既存のものを更に拡張することができます．「拡張」なんて書くと難しそうですが，少し使うだけなら大したものじゃありません．ここでは，そんなマクロの基本的な事柄を解説します．なお，マクロ自体は非常に奥が深く，この章で全てを解説することはできません．より詳しく知りたい方は，適当な本を参照してください．

11.1 初めてのマクロ

マクロとは，新しいコントロールシークエンスを定義することに他なりません．節 3.2 で述べた通り，¥で始まる文字列はコントロールシークエンスと呼ばれ，TeX に特別な指示を与えます．このような命令を新しく作るというのが，「マクロを作る」の意味です．

マクロを作るには，¥newcommand を用います．例えば，

```
¥newcommand{¥myname}{{¥large 阿部 紀行}}
私は，¥myname です．
```

は，

> 私は，阿部 紀行です．

と表示されます．このように，

```
¥newcommand{（定義したい命令）}{（定義の中身）}
```

とすることによって，新しい命令を作ることができます．

引数をとる命令は次のように作ります．

```
¥newcommand{¥aisatu}[1]{私は，{¥large #1}です．}
¥aisatu{阿部 紀行}
```

> 私は，阿部 紀行です．

使い方は次のようになります．

> ¥newcommand{（定義したい命令）}[（受け取る引数の数）]{（定義の中身）}

定義の中身では，#1, #2, … などが，1番目に受け取った引数，2番目に受け取った引数 …… というように変化します．

以上の ¥newcommand は，既に定義してあるマクロを再度定義しようとするとエラーとなります．そのような場合は，¥renewcommand を用いてください．使い方は ¥newcommand と同じです．このマクロは，¥newcommand とは逆に，まだ定義されてない命令を定義しようとするとエラーを発します．

同じくマクロを定義するための命令に，¥def があります．使い方は，¥newcommand や ¥renewcommand とちょっと違い，次のように使います．

> ¥def¥aisatsu#1{私は，{¥large #1}です．}

また，¥def は既に定義されている命令を変更しようとしてもエラーを返さず，強制的に変更してしまうことには注意してください．基本的には，¥def の方がより TeX に近い命令（¥newcommand は ¥def を用いて作られている）なので，¥def の方が強力です．更に，¥def でなければ処理できない場合もあります．両者を使い分けていきましょう．

11.1.1 オプション引数をとるマクロ

オプション引数とは，[と]で囲まれている文字列のことでした．引数の中でも，省略可能な特徴を持っていたのでした．

オプション引数をとるマクロは次のように作ります．

```
¥newcommand{¥telNO}[3][03]{#1 - #2 - #3}
¥telNO{1234}{5678}
¥telNO[024]{387}{1256}
```

> 03 - 1234 - 5678　024 - 387 - 1256

[3] の指定がありますから、このマクロは引数を三つとることがわかります。ただし、そのうちの一番最初#1 はオプション引数です。実際、オプション引数に 024 を、第二，第三引数に 387, 1256 を与えた二番目の例は、#1 が 024,
#2 が 387, そして#3 が 1256 となってることがわかります。

さて、オプション引数は省略できるものでした。省略した場合、#1 には何が入るでしょうか。この場合は、¥newcommand の引数の数 [3] の後にかかれた [03] が入ります。つまり、#1 の値は 03 になるのです。第二，第三引数は 1234, 5678 となります。

11.1.2 改行の話

次のソースを試してみましょう。

```
¥newcommand{¥macroA}{テスト}
¥newcommand{¥macroB}{
テスト}
[¥macroA][¥macroB]
```

> [テスト][テスト]

二番目の「テスト」の前に小さな空白が開いてしまいました。これは、¥macroB の定義に「改行」が入ってしまったことによります。このような予期せぬ空白を回避するには、次のようにします。

```
¥newcommand{¥macroB}{%
テスト}
```

%で「空白をコメントアウト」してしまうのです。ちなみに，次の場合は%は不要です。

```
¥newcommand
{¥macroB}{テスト}
```

¥newcommand 後の改行は ¥newcommand が「飲み込んで」しまいます。(¥TeX is としても「TEXis」となり TEX の後に空白が入らないのと同様の原理です。)

11.1.3 代入を行う ¥let

¥let は「代入」をする命令です．使ってみましょう．

```
¥def¥testA{[test]}
¥def¥testC{¥testA}
¥let¥testB¥testA
¥testB¥testC,
¥def¥testA{[test test]}
¥testB¥testC.
```

[test][test], [test][test test].

何となく ¥def を用いてみました．¥let により，¥testB には ¥testA の中身である [test] が代入されます．つまり，¥let¥testB¥testA の一行は ¥def¥testB{[test]}と等価です．¥testA の中身は ¥testB に代入されてしまったので，¥testA を変更しても ¥testB には関係ありません．

一方，¥testC の定義はただ単に ¥testA を呼び出すだけですから，¥testA の中身を変更すると変わってしまいます．

11.1.4 ¥newcommand 内での ¥newcommand

¥newcommand 内で更に ¥newcommand を使うことも可能です．引数がないならば，何も考えずに使えばよいですが，引数があるときは問題です．内部で使う ¥newcommand が引数をとる場合，#1 としてしまっては外の ¥newcommand か中の ¥newcommand かわからなくなってしまいます．

このような場合，中の ¥newcommand には##1 を使います．

```
¥newcommand{¥defmyname}[1]
     {¥newcommand{¥myname}[1]{#1の名前は##1です．}}
¥defmyname{あなた}
¥myname{山田 太郎}
```

あなたの名前は山田 太郎です．

¥newcommand だけでなく，¥renewcommand や ¥def でも同様です．

ちなみに更にネストさせるときは#を三つ……ではなく，四つになります．こ

れは，¥newcommand の処理が「連続した二つの#を一つにする」という処理をしているためです．

11.2 ¥makeatletter と ¥makeatother

コントロールシークエンスとして使える文字は，（一文字のみからなるコントロールシークエンスを除いて，）半角アルファベットと全角文字（一部除く）のみです．

一方で，LaTeX 2ε を少しいじろうとすると現れるのが@の入った命令です．実は，スタイルファイルやクラスファイル内では，@もコントロールシークエンスに使える文字になります．一方で，ソースファイル内では使えません．

@のついた命令は，主にスタイルファイルやクラスファイル内で便宜的に用いるだけなので，これらが問題になることはあまりありません．しかし，色々なカスタマイズを行おうとすると，どうしても出てきてしまいます．そのような時に用いるのが，¥makeatletter と ¥makeatother です．¥makeatletter は，@をコントロールシークエンスでも使えるように変更します．¥makeatother はもとの状態に戻します．

要するに，@の入った命令を扱う場合は，¥makeatletter と ¥makeatother で囲めということです．

11.3 カウンタの利用

¥section命令を用いると，セクション毎の見出しを表示するだけでなく，セクション毎に番号をつけてくれます．このような機能を実現するには，カウンタと呼ばれる仕組みを使います．

¥section命令はsection という名前のついたカウンタを使います．section には，最初0が設定されており，¥section命令を使う毎に+1 されます．¥section命令はそれをもとに表示を行います．

11.3.1 カウンタの定義と利用法

これらのカウンタは，もちろん我々も用いることができます．実際に使ってみましょう．簡単なので，使い方をコメントで乗せておきます．

11.3 カウンタの利用

```
\newcounter{mycounter}
    % 新しいカウンタ「mycounter」を使うと宣言.
\setcounter{mycounter}{10}
    % mycounterに10を代入.
mycounterは\themycounter です.
    % mycounterの値は\themycounterで文字にできる.
\addtocounter{mycounter}{25}
    % mycounterに25を足した.
mycounterは\themycounter です.
\newcounter{testcounter}
\setcounter{testcounter}{\value{mycounter}}
    % \valueを用いると, カウンタの数字自体を使うことができます.
testcounterは\thetestcounter です.
```

> mycounter は 10 です． mycounter は 35 です． testcounter は 35 です．

つまり，\newcounter で「カウンタを使います」と LaTeX に教え，\setcounter や \addtocounter でその値を操作．表示をするには，カウンタ名の前に \the をつけたコントロールシークエンスを用います[†1]．\setcounter や \addtocounter で既に定義しているカウンタの値を使う場合は，\value を使います．

\newcounter はオプションをとることもあります．オプションには「親カウンタ」を指定することができます．親子の関係にあるカウンタは，\stepcounter や \refstepcounter により親カウンタが変化すると，子カウンタが 0 になります．例えば \section と \subsection はこの仕組みを用いています．

```
\newcounter{parent}
    % parentカウンタは普通のカウンタ.
\setcounter{parent}{0}
\newcounter{children}[parent]
    % childrenカウンタをparentカウンタの子として定義.
\setcounter{children}{10}
parent=\theparent, children=\thechildren
```

[†1] \newcounter で定義された mycounter というカウンタは \c@mycounter, \themycounter, \p@mycounter, \cl@mycounter の組として定義されています．ただし，これらを意識して使うことは通常ありません．

```
\stepcounter{parent}
    % ここでchildrenが0になる．\stepcounter自体はparentの値を1増やす．
parent=\theparent, children=\thechildren
```

parent=0, children=10

parent=1, children=0

少し例を見てみます．\newenvironment をつかってますが，これに関しては節 11.5 をご覧ください．

```
\documentclass{jsarticle}
\newcounter{problem}              % problemカウンタを定義
\setcounter{problem}{0}           % problemを0にする．
\newenvironment{problem}{%        % 空白防止の改行コメントアウト
    \addtocounter{problem}{1}     % problemを1増やし,
    \textbf{問題\theproblem}\par  % 問題番号を表示.
}{\par}
\begin{document}
\begin{problem}
    あれこれを示せ．
\end{problem}
\begin{problem}
    どれこれを求めよ．
\end{problem}
\end{document}
```

問題 1
あれこれを示せ．
問題 2
どれこれを求めよ．

\addtocounter{problem}{1}の部分は，\stepcounter{problem}または\refstepcounter{problem}でも同様です．（寧ろ，こちらの方が望ましいと思います．）

\refstepcounter と \stepcounter の違いについて述べましょう．どちらもカウンタを 1 増やすことには変わりませんが，\refstepcounter を使うと，

¥label/¥ref による参照を行うことができます．例を見た方が早いでしょう．

```
¥newcounter{mycounter}
¥refstepcounter{mycounter}¥label{test1}
¥addtocounter{mycounter}{10}
(¥themycounter)
¥refstepcounter{mycounter}¥label{test2}
[¥ref{test1}][¥ref{test2}]
```

(11) [1][12]

¥label を用いた場所での mycounter の値が表示されています．

11.3.2 表示される数字のカスタマイズ

カウンタの数字を文字として出力するには，カウンタ名の前に ¥the をつけたコントロールシークエンスを用いました．デフォルトでは，これらの文字はアラビア数字（1，2，3）になります．場合によっては，ローマ数字（I, II, III）を使いたい場合もあるかと思います．

変更したいカウンタが mycounter であるとしましょう．このように，表示される文字の種類を変更したい場合は，¥themycounter を直接再定義してしまいます．例を示しましょう．

```
¥newcounter{mycounter}
¥setcounter{mycounter}{3}
mycounter=¥themycounter,
¥renewcommand{¥themycounter}{¥Roman{mycounter}}
mycounter=¥themycounter
```

mycounter=3, mycounter=III

無事変更できました．

表示を変更している部分は，

```
¥renewcommand{¥themycounter}{¥Roman{mycounter}}
```

です．最初に述べたとおり，¥themycounter を再定義しています．¥Roman は

カウンタに入っている数字を大文字ローマ数字として出力する命令です．このような命令は以下があります．

表 11.1　カウンタを出力する命令

命令	出力結果
¥arabic	アラビア数字．1, 2, 3, . . .
¥roman	小文字ローマ数字．i, ii, iii, . . .
¥Roman	大文字ローマ数字．I, II, III, . . .
¥alph	小文字アルファベット．26 まで．a, b, c, . . .
¥Alph	大文字アルファベット．26 まで．A, B, C, . . .
¥fnsymbol	記号．9 まで．*, †, ‡, §, ¶, ‖, **, ††, ‡‡．

なお，あくまで「カウンタに入ってる数字」なので，Roman{1}などとするとエラーになります．普通の整数をローマ数字として出力するには，¥@Roman{1}または単に I とします．前者を使う時は ¥makeatletter と ¥makeatother が必要です．

なお，カウンタは無尽蔵に使えるわけではなく，制限があります．使いすぎにはご注意を[†2]．

11.4　寸　　法

TeX には，様々な場所で寸法の指定が行われています．ユーザが寸法を積極的に使う場合は，かなり難解な処理をする場合になるでしょうが，一方既存のものをカスタマイズしようとすると，すぐに出会います．

寸法の調整は次のようにします．

```
調整前
¥parindent=2zw ¥par
段落開始時のあきが増えてるはず．
```

調整前
　　段落開始時のあきが増えてるはず．

[†2] とはいえ，色々内部で使われているのを除いても 100 くらいは残っているので，殆ど問題ないといえば問題ないのですけど．

段落開始のインデント量を表す ¥parindent を調整してみました．このようにサイズの調整は，後に指定したい寸法を並べるだけです．例には=を入れてますが，これはなくても問題ありません．

　指定した 2zw は和文フォント 2 文字分の長さです．その他，よく使われる単位は以下のようなものがあります．

表 11.2　長さの単位

単位	意味
pt	ポイント．0.3514mm．
in	インチ．2.54cm．
cm	センチメートル．
mm	ミリメートル．
em	大体，'M' の横幅．
ex	大体，'x' の高さ．
zw	和文 1 文字分の幅．
zh	和文 1 文字の高さと深さの和．

ex までは TeX（LaTeX）でも使えます．zw 以下は pTeX（pLaTeX）専用です．

　これらの指定を新ドキュメントクラス（jsarticle, jsbook）で使うには注意が必要です．というのも，新ドキュメントクラスは全て一端 10pt で組んでから拡大して最終出力とするためです．新ドキュメントクラスで寸法を指定する場合は，例えば cm の代わりに truecm とします．その他の単位でも同じです．

　寸法は足し算をすることもできます．そのためには，¥advance を使います．

```
¥advance ¥parindent by 1zw
```

　こうすることで，¥parindent の値が 1zw 増加します．1zw の部分は，他の寸法が入っているコントロールシークエンスでも問題ありません．引き算はありませんが，

```
¥advance ¥parindent by -1zw
```

とすれば可能です．1zw でなくコントロールシークエンスの場合も-をつけて負の数にすることができます．

ちなみに，設定と足し算には別名が用意されています．

```
\setlength{\parindent}{2zw}
\addtolength{\parindent}{1zw}
```

こちらの方が覚えやすいかもしれません．

11.5 環境の定義

環境を定義するには，\newenvironment を用いるのが楽です．使い方は，

```
\newenvironment{（環境名）}
{（\begin時に実行される内容）}
{（\end時に実行される内容）}
```

となります．例えば，

```
\newenvironment{myenv}
{\Large タイトル

}
{\begin{flushright}
終わり
\end{flushright}
}
\begin{myenv}
テストです．上下に何か表示される予定．
\end{myenv}
```

は，

> タイトル
>
> 　テストです．上下に何か表示される予定．
>
> 　　　　　　　　　　　　　　　　　　終わり．

となります．

```
\begin{myenv}
テストです．上下に何か表示される予定．
\end{myenv}
```

が，

11.5 環境の定義

```
{¥Large タイトル}

テストです．上下に何か表示される予定．
¥begin{flushright}
終わり
¥end{flushright}
```

に置き換えられたと思うとわかりやすいと思います．

　環境も，通常のマクロと同様に引数をとることができます（tabular 環境等）．これは，

```
¥newenvironment{（環境名）}[（引数の数）]
{（¥begin時に実行される内容）}
{（¥end時に実行される内容）}
```

とすればできます．#1 などで引数を参照できるのも ¥newcommand と同様です．

```
¥newenvironment{myenv}[1]
{{¥Large #1}

}
{¥begin{flushright}
終わり．
¥end{flushright}}
¥begin{myenv}{テスト}
あいうえお
¥end{myenv}
```

```
テスト
　あいうえお

                                            終わり．
```

例によって既に定義されている環境は定義できません．そのような再定義には ¥renewenvironment を用います．

11.5.1　¥def による環境定義

　前節では ¥newenvironment による環境定義について説明しました．ここで

は，節 11.1 において少し説明をした ¥def を用いた環境定義を紹介します．
¥newenvironment なども，内部ではここで紹介することをやっています．

先ほど定義した，myenv 環境と同じものを作ってみます．

```
¥def¥myenv{
{¥Large タイトル}

}
¥def¥endmyenv{
¥begin{flushright}
終わり
¥end{flushright}}

¥begin{myenv}

¥end{myenv}
```

非常に簡単ですね．要するに，myenv 環境とは ¥myenv と ¥endmyenv の組に過ぎないのです．

環境への引数は，¥myenv への引数として処理されます．

```
¥def¥myenv#1{
{¥Large #1}

}
¥def¥endmyenv{
¥begin{flushright}
終わり．
¥end{flushright}}
```

11.5.2 list 環境

LaTeX では様々な環境が定義されていますが，その中に list 環境及び trivlist 環境があります．これは，ユーザが使うための環境というよりは，環境を作る際のひな形として使う環境です．実際，enumerate 環境，itemize 環境，thebibliography 環境といった多くの環境が list 系環境 (list 環境及び trivlist 環境) を用いて作られています．

以上三つの例から何となく想像ができたかもしれませんが，list 系環境は「箇条書き」のような体裁をサポートします．具体的には，見出しがあり文章が続

くようなものを作ることができます．

例を見てみましょう．

```
¥newcounter{testenumi}
¥newcommand{¥testlisti}{¥thetestenumi}
¥newenvironment{testlist}{%
    ¥begin{list}
    {¥testlisti}
    {%
        ¥usecounter{testenumi}
        ¥labelwidth2zw
        ¥labelsep0zw
        ¥itemindent2zw
        ¥renewcommand{¥makelabel}[1]{（##1）¥hfil}
    }
}
{¥end{list}}

¥begin{testlist}
¥item あいうえお
¥item かきくけこ
¥item ああああああああああああああああああああああああ
ああああああああああああああああああああああああああ
あああああああああああああああああ
¥end{testlist}
```

　　（1）あいうえお

　　（2）かきくけこ

　　（3）ああああああああああああああああああああ
　　ああああああああああああああああああああああ
　　ああああああああああああああああああああ

　見ての通り，list 環境は引数を二つとります．第一引数は後に回すことにして，第二引数を見てみます．第二引数では，list 環境の設定が行われます．主に行われるのは，各種サイズの指定です．例えば，見出し文字からどの程度放して本文が始まるか，といったことはここで設定されます．例では，`¥labelwidth` と `¥itemindent` を 2zw に，`¥labelsep` を 0zw に指定しています．指定でき

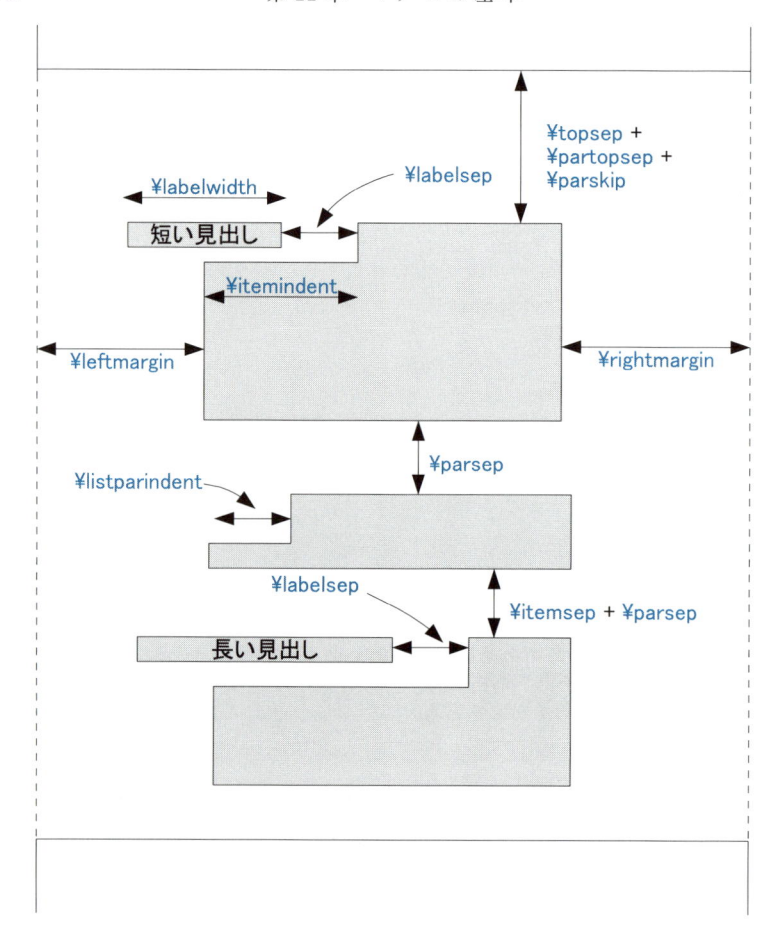

図 11.1　list 環境の寸法

る寸法は dviout の Help TeX（節 3.2.2）の「List」を選ぶと出てきます（図 11.1）．

　大体の調整はこの図を見ればできるでしょう．注意すべきは見出し周辺の寸法です．見出しは，最低 ¥labelwidth の長さは確保されます．見出し自体が ¥labelwidth よりも短い場合は，空白などで補完されます．（¥makelabel が関与．後述．）これが図 11.1 の「短い見出し」の場合です．見出しが長くなっ

11.5 環境の定義

た場合は，その分見出しの分が伸びます．いずれの場合も，見出しから本文までの長さは ¥labnelsep になります．

二行目以降の見出しと本文の位置関係を支配するのが ¥itemindent になります．これは，見出しが短い時を基準に決められています．見出しの長さにかかわらず，二行目の開始位置は同じであることに注意してください．

先の例では，¥labelwidth と ¥itemindent を 2zw にし，¥labelsep を 0 にしました．更に，¥leftmargin と ¥rightmargin をともに 0 にしています．これにより，二段目以降は左にぴったりと寄ることになります．

第二引数で行うべき設定は寸法だけではありません．まず第一が ¥usecounter です．これは，enumerate 環境や先の環境のような番号付けを行う箇条書きの場合に必要になります．番号付けにはカウンタが必要ですが，そこで使用するカウンタを宣言しておくのです．

先の例では testenumi というカウンタを用いました．カウンタはあらかじめ定義しておきます．使用が宣言されたカウンタは list 環境開始時に 0 に初期化され，¥item が登場するごとに 1 足されていきます．今回は新しくカウンタを作り使いましたが，簡易的に使う場合は既存のカウンタ（enumerate 環境の用いる enumi など）を用いるとカウンタの節約になります．もちろん，itemize 環境のようにカウンタが不要な環境にしたい場合は，¥usecounter は不要です．

¥makelabel の再定義も list 環境の設定で行うべき事項です．¥makelabel とは，¥item が見出し項目出力のために用いるコントロールシークエンスです．¥item は，見出し出力のために ¥makelabel{ (list環境の第一引数) }を呼び出します．先ほど説明を飛ばした第一引数はここに出てくるわけです．

先の例では，第一引数は ¥testlisti でした．よって，見出し出力には ¥makelabel{¥testlisti}が使われます．¥makelabel の再定義により，これは(¥testlisti) ¥hfil と展開されます．¥hfil は可能な限り空白を広げる命令ですから，これで左寄せに(¥testlisti)が出力されます．¥testlisti は ¥thetestenumi に ¥newcommand されてますから，先のような出力になります[3]．

¥makelabel はデフォルトでは ¥hfil #1 と定義されています．従って，デ

---

[3] 最初から¥thetestenumi にしとけばよかったかもしれません．

フォルトでは右寄せになります．このままでいい場合は，もちろん変更する必要はありません．

なお，list 環境とは ¥list と ¥endlist の組のことでしたから，先の例は以下のように書いても等価です．

```
¥newcounter{testenumi}
¥newcommand{¥testlisti}{¥thetestenumi}
¥newenvironment{testlist}{%
    ¥list
    {¥testlisti}
    {%
        ¥usecounter{testenumi}
        ¥labelwidth2zw
        ¥labelsep0zw
        ¥itemindent2zw
        ¥renewcommand{¥makelabel}[1]{ (##1) ¥hfil}
    }
}
{¥endlist}
```

実際に使われているのでは，こちらの使い方の方が多いように思えます．

11.5.3 trivlist 環境

trivlist 環境とは，簡易化された list 環境です．次のように簡易化されています．

- ¥labelwidth, ¥itemindent, ¥leftmargin は全て 0 に設定されている．
- ¥parsep は ¥parskip（節 12.3.1）に設定される．
- ¥makelabel は ¥def¥makelabel#1{#1}と定義されている．

triv「list」環境といいながら，実際にこの環境を用いているのは center 環境や定理環境，proof 環境などのおおよそ箇条書きとは無縁そうな環境であったりします．なお，trivlist も立派に list 環境ですから，¥item が必須です．さっきあげた環境内でもこっそり使われています．

例として，proof 環境（節 5.8.4）の定義を書いておきましょう．

```
¥newenvironment{proof}[1][¥proofname]{¥par
  ¥pushQED{¥qed}%
  ¥normalfont ¥topsep6¥p@¥@plus6¥p@¥relax
```

```
  ¥trivlist

  ¥item[¥hskip¥labelsep
        ¥itshape
    #1¥@addpunct{.}]¥ignorespaces
}{%
  ¥popQED¥endtrivlist¥@endpefalse
}
```

細かいところは無視してみます．四行目に `¥trivlist` があります．見ての通り，trivlist 環境は list 環境と違い引数をとりません．設定などは先に述べたような値に加え，その場での値を使います．その直後に `¥item` が続き，証明開始マーク（#1 に入っている）を出力します．証明開始マークをそのまま表示すると，見出しが左に尽きだしてしまうので（`¥leftmargin` は 0 でした），`¥labelsep` の分の空白を挿入してから出力しています．環境を閉じるときには `¥endtrivlist` を忘れてはいけません．

11.6 条 件 分 岐

条件分岐ができるようになると，その場その場に応じた処理ができるようになり，可能性がぐっと広がります．

TeX の条件分岐は，次のように使います．

  （¥if系文）（条件節）（真の時に実行される文）
            ¥else（偽の時に実行される文）¥fi

（¥if系文)には比較したいものが数字か寸法かなどに応じて様々なものが入ります．一つ一つ説明していきます．

11.6.1 ¥ifdim

¥if系文のトップバッターは ¥ifdim です．これは，寸法の比較を行います．

```
¥ifdim 1zw<2zw [true] ¥else [false] ¥fi
¥ifdim 1in<2cm [true] ¥else [false] ¥fi
```

> [true] [false]

簡単ですね．一行目は，2zw の方がどう考えても 1zw より大きいので [true] が出力されます．二行目は，1 インチは 2.54cm で，これは 2cm より大きいですから，[false] が出力されます．もちろん，コントロールシークエンスで定義されている寸法を比較することもできます．

```
¥ifdim ¥parindent=1zw [true] ¥else [false] ¥fi
```

上を実行すると，jsarticle なら [true] が出力されます．article だと [false] です．

11.6.2　¥ifnum

次は ¥ifnum です．これは数字の比較を行います．

```
¥ifnum 1<2 [true] ¥else [false] ¥fi
```

なら，[true] となります．

これを用いれば，カウンタの比較ができます．といわれて勢いよく

```
¥ifnum section<2 [true] ¥else [false] ¥fi
```

と書いても（section は現在いくつ目の section にいるかを表すカウンタでした）エラーが起きるだけです．ここは，カウンタ名を ¥value で囲みます．

```
¥section{a}
¥ifnum ¥value{section}<2 [true] ¥else [false] ¥fi
¥section{a}
¥ifnum ¥value{section}<2 [true] ¥else [false] ¥fi
```

> # 1　a
>
> 　[true]
>
> # 2　b
>
> 　[false]

期待通りの結果が表示されます．

11.6.3 ¥ifodd

¥ifodd は奇数であるかどうかを判定します．

```
¥ifodd 1 [odd] ¥else [even] ¥fi
¥ifodd 138 [odd] ¥else [even] ¥fi
```

> [odd] [even]

ちなみに ¥ifeven はありません．

11.6.4 ¥ifcase

条件分岐というよりは，場合分けを行うのが ¥ifcase 文です．これは，最初に紹介した構文とは違う使い方をします．

```
¥newcommand{¥tv}[1]{%
¥ifcase #1 ？？
¥or NHK総合 ¥or ？？ ¥or NHK教育 ¥or 日本テレビ ¥or ？？ ¥or TBS
¥or ？？ ¥or フジテレビ ¥or ？？ ¥or テレビ朝日 ¥or ？？ ¥or テレビ東京
¥fi}
関東では，8チャンネルは¥tv{8}，12チャンネルは¥tv{12}．
```

> 関東では，8チャンネルはフジテレビ，12チャンネルはテレビ東京．

このように，¥ifcase は ¥or とともに使います．¥ifcase num A ¥or B ¥or ⋯ で，num が 0 の時は A，1 の時は B，2 の時は……と動きます．

11.6.5 ¥ifx

「同等であるか」を判断するのが ¥ifx です．わかりにくいい方ですね．例を見てみましょう．

```
¥newcommand¥testA{test}
¥newcommand¥testB{test}
¥newcommand¥testC{test test}
¥newcommand¥testD{¥testA}
¥ifx¥testA¥testB A = B¥else A != B ¥fi,
¥ifx¥testA¥testC A = C¥else A != C ¥fi,
¥ifx¥testA¥testD A = D¥else A != D ¥fi.
```

> A = B, A != C, A != D.

¥testA と ¥testB はどう見ても全く同じマクロですから，¥ifx の判定により両者は等しいと判断されます．一方，¥testA と ¥testC は違うので，違うものと判断されます．¥testD はあくまで中身が「¥testA」であり，「test」ではないので，¥testA と違うと判断されます．

¥ifx は文字列が等しいことを判断するのによく使われます．

```
¥newcommand{¥isabenori}[1]{%
¥def¥abenori{あべのり}
¥def¥tempa{#1}
¥ifx¥abenori¥tempa あなたはあべのりさんですね．
¥else あなたはあべのりさんではなく#1さんですね¥fi}
¥isabenori{あべのり}¥isabenori{山田}
```

> 　あなたはあべのりさんですね．あなたはあべのりさんではなく山田さんですね．

一度比較したい文字列をどちらもコントロールシークエンスに格納していることに注意してください．

11.6.6　¥iftrue, ¥iffalse

常に真を表す ¥iftrue と常に偽を表す ¥iffalse です．

```
¥iftrue [true] ¥else [false] ¥fi
¥iffalse [true] ¥else [false] ¥fi
```

> 　[true] [false]

こんなものいつ使うのだと思いますが，使う場面はあります．まずは，フラグとしての使い方です．これは次節で説明します．

それ以外には ¥iffalse で囲った部分をコメントアウト代わりに使うという手があります[†4]．

[†4] が，普通のコメントアウトを用いればいいと思いますけど．

11.6 条件分岐

```
今日の一日．
\iffalse
ここはやめておく．
\fi
```

「ここはやめておく」の部分は出力されません．

11.6.7 if 系文を作る \newif

\if 系文を「作る」ことが可能です．といっても，そんな大それたことはできません．

```
\newif\iftest
\testtrue
\iftest [true] \else [false] \fi
\testfalse
\iftest [true] \else [false] \fi
```

[true] [false]

使い方は見ればわかりますね．\newif\iftest で「test」という名前の条件を作ります．これは定義直後では偽ですが，\testtrue により真に，\testfalse により偽になります．

なお，\newif\iftest は次と同等です．

```
\let\iftest\iffalse
\def\testtrue{\let\iftest\iftrue}
\def\testfalse{\left\iftest\iffalse}
```

第12章
LaTeX 2εのカスタマイズ

LaTeX 2εを使っていると，段々とあれをこうしたいこれをこうしたいという欲求が生まれてきます．ここでは，実際の例を通じて，そうしたカスタマイズの方法を学びましょう．

12.1 基本知識

LaTeX 2εをカスタマイズするには，マクロに関する知識が欠かせません．その一部については第11章で述べましたが，ここではそこでは述べきれなかった部分を補います．結構長いので，「はやくカスタマイズしたい！」という人は，先を読んでから必要になった時に見返してもいいかもしれません．

12.1.1 ローカル・グローバル

TeXのコントロールシークエンスの定義には，「有効範囲」があります．有効範囲は {} や環境などで区切られます．

```
 1  \def\testmacro{[test]}        % 全体で有効なマクロ．
 2  \testmacro
 3  {\def\testmacro{[test1]}      % {で囲まれた中で\testmacroを書き換える．
 4  \testmacro}                   % 書き換えの効果はここまで．
 5  \testmacro
 6  \begin{center}
 7  \def\testmacro{[test2]}       % 環境内で\testmacroを書き換える．
 8  \testmacro
 9  \end{center}                  % 環境内でしか有効でない．
10  \testmacro
```

> [test] [test1] [test]
>
> [test2]
>
> [test]

¥testmacro の中身を色々変更して実験しています．1 行目で [test] に設定しました．ので，2 行目では [test] と出力されます．3 行目では [test1] に変更したので，4 行目では [test1] が出力されます．引き続き 5 行目も [test1] かと思うと，そうではなく [test] に戻ってしまいます．これは，3 行目と 4 行目が中括弧で囲まれているので，¥def による定義の有効範囲がこの中に限定されてしまうからです．同様に環境内で定義した [test2]（7 行目）も環境を終えるとともにその定義を失い，10 行目ではもとの [test] が出力されます．

コントロールシークエンスの有効範囲がソース全体の場合（上記 1 行目の定義の場合），その定義はグローバルであるといいます．逆に，3 行目や 7 行目のように限定された範囲でのみ使える時，その定義はローカルであるといいます．基本的には，ローカルな場所で定義されたらローカルに，グローバルな場所で定義されればグローバルになります．

ただし，ローカルな場所でグローバルなものを定義したいと思うこともあるでしょう[†1]．この時は，¥global を定義の前につけます．

```
¥def¥macroA{[A]}   ¥def¥macroB{[B]}
{¥def¥macroA{[AA]} ¥global¥def¥macroB{[BB]}}
¥macroA ¥macroB
```

> [A][BB]

{} 内で定義が変更されたにもかかわらず，¥macroB の変更が有効になってることに注意してください．

[†1] グローバルな場所でローカルなものを定義するのは，どのローカルかわからないから無理ですね．

12.1.2 省略記号

¥LaTeX では，いくつかの省略記号を用いることができます．そのリストを次にあげておきます．

表 **12.1** 省略記号

¥m@ne	整数-1	¥z@	整数 0 または寸法 0pt
¥@ne	整数 1	¥tw@	整数 2
¥thr@@	整数 3	¥active	整数 13
¥sixt@@n	整数 16	¥@xxxii	整数 32
¥@cclv	整数 255	¥@cclvi	整数 256
¥@m	整数 1000	¥@M	整数 10000
¥@Mi	整数 10001	¥@Mii	整数 10002
¥@Miii	整数 10003	¥@Miv	整数 10004
¥@MM	整数 20000	¥p@	寸法 1pt
¥maxdimen	寸法 $2^{30} - 1$pt		

12.1.3 展開順序

¥def や ¥newcommand で定義されたマクロは，「文字列の置換」を行います．例えば，¥def¥macro{test}と定義すれば，以降 ¥macro が「test」という文字列に置き換えられるわけです．この置き換えを，マクロの展開と呼びます．

この展開は，基本的に前から行われます．しかし，これが不都合になる場合もあります[†2]．従って，これを抑制する方法が必要です．そのために，TeX は ¥expandafter を用意しています．¥expandafter は，その次のマクロの展開を一時やめ，その次のマクロを一度展開した後，前に戻って展開を続行します．例で確認しましょう．

```
¥def¥macroA#1#2{#2#1}
¥def¥macroB#1{}
[¥macroA¥macroB{C}{D}{E}]
[¥expandafter¥macroA¥macroB{C}{D}{E}]
```

[†2] そのような不都合な例をここで挙げるのは控えます．節 12.1.5 参照．

> [CE][ED]

最初の [¥macroA¥macroB{C}{D}{E}] は通常通り前から展開されていきます．従って，展開の順序を追うと次のようになります．
(1)　[¥macroA¥macroB{C}{D}{E}]
(2)　[{C}¥macroB{D}{E}]
(3)　[{C}{E}]

よって出力が [CE] となります．一方，¥expandafter をつけた方は，¥expandafter により一端 ¥macroA の展開が抑制され，先に ¥macroB が展開されますから，
(1)　[¥expandafter¥macroA¥macroB{C}{D}{E}]
(2)　[¥macroA{D}{E}]
(3)　[ED]

となり，出力 [ED] を得ます．

12.1.4　¥def の仲間達

¥def「もどき」として，¥gdef，¥edef，¥xdef があります．¥gdef は ¥global¥def と，¥xdef は ¥global¥edef と同等です．

¥edef は，中身を全て展開してから定義する命令です．その違いを見てみましょう．

```
¥def¥macro{ABE}
¥def¥macroA{[¥macro]}
¥edef¥macroB{[¥macro]}
¥macroA¥macroB
¥def¥macro{NORIYUKI}
¥macroA¥macroB
```

> [ABE][ABE] [NORIYUKI][ABE]

¥macroA は普通の ¥def で定義されているので，[¥macro] に置換されます．従って，¥macro の中身により結果は変わります．一方，¥macroB は ¥edef で定義されているので，[¥macro] の ¥macro は更に展開され，[ABE] と同様に

なります．従って，¥macro をどう定義しようとも，¥macroB の展開結果には影響を及ぼしません．

12.1.5 ¥csname と ¥endcsname

TeX の命令に ¥csname と ¥endcsname という命令があります．これは，新しい命令を作る命令です．例から入ってみましょう．

```
¥csname TeX¥endcsname
```

> TeX

¥csname と ¥endcsname とで挟まれた「TeX」がコントロールシークエンスの名前になり，¥TeX として解釈されたのです．

¥csname と ¥endcsname との間には，他のコントロールシークエンスを挟むこともできます．

```
¥def¥mytest{cs}
¥def¥testcs{テスト}
¥csname test¥mytest¥endcsname
```

> テスト

あらかじめ ¥csname test¥mytest¥endcsname というのを仕込んだ命令を用意しておいて，¥mytest をその場に応じて変更することで，簡単にカスタマイズが可能になります．

¥csname と ¥endcsname とは ¥def の引数に用いることも可能です．ただし，その場合は先に ¥csname, ¥endcsname が動かないとならないので，¥expandafter が必要になります．

```
¥expandafter¥def¥csname mytex¥endcsname{¥csname TeX¥endcsname}
¥mytex
```

> TeX

12.1.6 ¥@ifnextchar

節 11.1.1 で述べた通り，¥newcommand を用いることで，オプション引数をとるマクロを作成することができました．

さて，これは一体内部ではどのように処理されているのでしょうか．そのために用意されているのが ¥@ifnextchar です．

¥@ifnextchar は条件分岐文の一つです．

¥@ifnextchar（一文字）{（実行文 1）}{（実行文 2）}

という形で用い，次に続く一文字が指定された（一文字）と等しければ実行文 1 を，そうでなければ実行文 2 を実行します．オプション引数の実装は，次に続く文字が [であるかをこの命令で判断することで行われています．

実際に，オプション引数をとる命令を作ってみましょう．

```
¥makeatletter
¥def¥macro{¥@ifnextchar [{¥@macro}{¥@macro[あべ]}}
¥def¥@macro[#1]#2{#1 #2}
¥makeatother
¥macro{のりゆき}
¥macro[やまだ]{たろう}
```

> あべ のりゆき
> やまだ たろう

@ を用いてますので，¥makeatletter と ¥makeatother とで囲うことに注意してください．

まずは ¥macro[やまだ]{たろう}で何が起こってるかを見てみましょう．¥@ifnextchar により，次が [であるかどうかで分岐が起きます．この場合は，次は [ですから，¥macro は ¥@macro に置換され，¥@macro[やまだ]{たろう} となります．¥@macro の定義を見ると ¥@macro[#1]{#2}となっています．詳しい説明は省きますが，これは「第一引数は必ず [と] とで囲まれていなければならない」という指定です．更に，#1 には [と] とが含まれない値が入ります．その結果，¥@macro が展開され，「やまだ たろう」という出力が得られます．

一方，¥macro{のりゆき}はどうなるでしょうか？今度は次に続く文字は [ではないので，¥macro は ¥@macro[あべ] に展開されます．よって，結局

¥@macro[あべ]{のりゆき}となり，出力「あべ のりゆき」を得ます．

12.1.7 繰り返し処理

LaTeX では繰り返し処理も可能です．繰り返しを行うことができる命令はいくつかあるのですが，ここでは ¥@whilenum と ¥@for を紹介します．

まずは ¥@whilenum です．

```
¥makeatletter
¥newcounter{i}
¥newcounter{sum}
¥@whilenum¥value{i}<11
    ¥do{¥addtocounter{sum}{¥value{i}}¥stepcounter{i}}
¥thesum
¥makeatother
```

55

¥@whilenum は

　　¥@whilenum（条件）¥do{（実行文）}

という使い方をし，（条件）が満たされている間（実行文）を実行し続けます．今の場合は，カウンタ i が 11 未満の間，sum に i を足し，i に 1 加えます．結果，sum には 1 から 10 までの和 55 が入ります．

¥@for はカンマ区切りの文字列に対し，繰り返し処理をするものです．

```
¥makeatletter
¥@for¥macro:=abe,noriyuki,tokyo,ntt¥do{[¥macro]}
¥makeatother
```

[abe][noriyuki][tokyo][ntt]

¥@for は

　　¥@for¥somcs:=（カンマ区切り文字列）¥do{（実行文）}

というように使います．ここで，¥somecs は適当なコントロールシークエンス（先の例では ¥macro）です．

カンマ区切り文字列は先の例だと abe,noriyuki,tokyo,ntt になります．¥@for はこれを「abe」「noriyuki」「tokyo」「ntt」の四つに切ります．そしてその各々の文字列を ¥somecs に代入し，実行文を繰り返し実行します．今の場合は，[¥macro] がその実行文ですから，最初は ¥macro = abe なので [abe] が，次は [noriyuki] が……というように出力されます．

12.1.8 カウンタ再論

カウンタは既に前章 11.3 で扱いました．そこで扱ったのは，いわば「LaTeX カウンタ」とでもいうべきものです．つまり，LaTeX で定義されたカウンタです．

LaTeX のカウンタは TeX のカウンタを組み合わせて得られています．つまり，TeX 自体もカウンタを持っているのです．LaTeX 内部では，このカウンタを直接用いるケースも多いようです．ここでは，TeX のカウンタの説明をします．

まずはサンプルを見てみましょう．

```
¥newcount¥x          % カウンタ¥xを定義．
¥x=1                 % ¥xに1を代入．
¥advance¥x by 3      % ¥xに3を足す．
¥newcount¥y          % ¥yを定義．
¥y=3                 % ¥yに3を代入．
¥multiply¥x by¥y     % ¥xに¥yを掛ける．
¥divide¥y by2        % ¥yを2で割る．
¥the¥x,¥the¥y        % ¥xと¥yの値を表示．
```

12,1

LaTeX カウンタとはやや作法が違います．新しい変数を定義するのは，¥newcount です．正確には，この命令は既にあるカウンタを割り当てる命令です．¥newcount は同じカウンタを何度も定義することができますが (¥newcounter はエラーになる)，これをやりすぎると既にあるカウンタが枯渇してしまい，エラーになってしまいます．

足し算は ¥advance，かけ算は ¥multiply，割り算は ¥divide を用います．割り算は結果は小数点以下切り捨てです．文字列出力は ¥the を用います．

なお，¥newcounter{mycounter}として LaTeX カウンタを定義した場合は，

その中で TeX カウンタ ¥c@mycounter が定義され，これが内部で使われます．

LaTeX カウンタで ¥Roman などような出力用の命令について述べましたが，その TeX カウンタ版を並べておきましょう．まず TeX 自体で定義されている命令です．¥mycount が ¥newcount されているとします．

- ¥the¥mycounter は ¥mycounter の中身を 10 進数で表示します．
- ¥number¥mycounter は ¥the¥mycounter と同じです．
- ¥romannumeral¥mycounter は ¥mycounter の中身をローマ数字で表示した値を出力します．ローマ数字は小文字で表示されます．

¥number と ¥romannumeral は後に通常の数字を並べることもできます．つまり，¥number5 や ¥romannumeral10 などといったこともできます．

また，LaTeX レベルでは節 11.3 で述べた命令に@を加えた命令が用意されています．例えば，¥@Roman{¥mycounter}は ¥mycounter の中身をローマ数字大文字で出力します[3]．

12.1.9　ボ　ッ　ク　ス

TeX のページは，ボックスというものを合わせることにより作られています．例えば，この文書の一文字一文字がボックスに入っています．その上には，1 行全体という大きなボックスがあり，その行の文字は全てその中に入っています．更に，各ページも一つのボックスであり，各行はそのボックスの中に全て収まっています．

ボックスの作成は，通常の文書作成においては TeX が自動で作成してくれるので，特に気を遣う必要はありません．しかし，意図的にボックスを作りたいこともあります．そのために，TeX には ¥vbox と ¥hbox が用意されています．簡単に使い方を見てみましょう．

```
あ¥hbox to 10zw{ [テスト] }い
```

```
あ[　テ　ス　ト　]い
```

---

[3] もっといってしまえば，LaTeX カウンタ cnt に対し，¥Roman{cnt} と ¥@Roman{¥c@cnt} は同等です．

12.1 基本知識

¥hbox to 10zw により 10zw のボックスを作成し，その中に「テスト」の文字列を配置します．「テスト」は均等に配置され，例のような出力になります．

¥hbox はこのように横に広がった水平ボックスを作成します．一方，¥vbox は縦に広がる垂直ボックスを作成します．

作成したボックスは，代入することができます．

```
¥setbox0=¥hbox to 10zw{ [テスト] }
あ¥copy0 い¥box0 う¥box0 え
```

あ[　テ　ス　ト　]い[　テ　ス　ト　]うえ

このように，¥setbox を用いることで，ボックスを保存することができます．保存したボックスは番号で管理されます．今の場合は，0番のボックスに保存しました．保存したボックスを使うのは ¥copy または ¥box です．ただし，¥box は使った後保存したボックスの中身を空にしてしまいます．

以上，最も簡単なボックスの作成方法を見てみました．¥hbox や ¥vbox はもっと複雑な方法が用意されています．気になる方は，The TeXbook[1] などをご覧ください．

12.1.10 グルー

前節で，ボックスとボックスを合わせると述べましたが，この合わせるためにグルーという概念が用意されています．例えば，前節の例では「テスト」の文字列の間が開いて出力されました．各文字がボックスであったことを思い出せば，ボックスとボックスの間に空白が入っていることになります．この空白を作るのがグルーです．グルーは，その場その場に応じて適切な空白を挿入する役割を果たします．

```
[¥hbox to 20zw{%
    ¥hbox to 3zw{ [] }
    ¥hskip 3zw   plus 4zw minus 4zw
    ¥hbox to 4zw{ [] }
    ¥hskip 4zw plus 2zw minus 2zw
    ¥hbox to 3zw{ [] }}%
]
```

[[　　]　　　[　　]　　　[　　]]

全体で20zwのボックスを作成し，その中に3zw，4zw，3zwのボックスを作成しています．全体で10zw足りませんから，この分を空白で埋めなければなりません．この空白を埋めるのがグルーです．グルーの指定が¥hskipで行われています．グルーを指定する方法は次の通りです．

　　　（寸法1）plus（寸法2）minus（寸法3）

（寸法1）が，基本となる空白です．先の例では，それぞれ3zw，4zwでした．従って，まずはその分の空白が挿入されます．しかし，これではまだ全体で17zwですから，3zw足りません．この部分を補う指定が，plusの後に続く（寸法2）です．（寸法2）は，このグルーによる空白がどのくらい広くできるかを表しています．今の場合は，それぞれ4zwと2zwで，併せて6zw伸びることができます．足りないのは3zwですから，十分です．

　足りない分の計算は，それぞれ伸びることが可能な空白の比に応じて計算されます．今の場合，4zwと2zwなので，$4:2=2:1$で，つまり最初の空白に2zw，次の空白に1zw追加されます．こうして，結局（3zwのボックス）（5zwの空白）（4zwのボックス）（5zwの空白）（3zwのボックス）というように組まれます．

　一方，全体が14zwになったとしましょう．この場合，空白が加えすぎになってしまいますので，空白を減らすようになります．今度は減らす方なので，minusの後に続く（寸法3）により空白の計算がされます．同様の計算によって，前の空白は1zwに，後ろの空白は3zwになります．

　以上のようにして，TEXは適切な空白を割り当てます．なお，空白を減らしきれなかったり増やしきれなかったりした時に出る警告がOverfullやUnderfullです．

　さて，（寸法2）や（寸法3）には，「無限」を与えることができます．例えば，先の例で一つ目のグルーの（寸法2）に「無限」を与えたとすると，足りない3zwの伸びは全て一つ目のグルーに行き，結局最初の空白は6zwに，後ろは4zwになります．

　無限のグルーを与えるには，単位filを使います．更に高位の無限を与えるた

めには，単位 fil，filll を用います．（fillll はありません．）同程度の無限ならば，先と同様の処理がされますが，高位の無限があった場合は，全ての伸び縮みはそこに集中します．

このことを使うと，面白いことができます．文書の左に無限に伸びるグルーを与えたらどうなるでしょう？

```
¥hskip 0pt plus 1fill テスト
```

```
                                                            テスト
```

minus を省略してますが，省略した場合は 0pt として扱われます．このように，余った空白は全て左側のグルーの伸びになり，結果「右寄せ」の結果が得られることになります．

既に例で見たように，水平方向のグルーの挿入には ¥hskip を用います．これとは別に，垂直方向のグルーもあり，その挿入には ¥vskip を用います．

```
あ
¥vskip 1zw
い
```

```
  あ

  い
```

なお，1fil のような無限大の空白を挿入する命令はマクロで用意されています．例えば，¥hskip 0pt plus 1fil は ¥hfil と等価です．（¥hfill，¥vfil，¥vfill もあります．）また，¥vskip 0pt plus 1fil minus 1fil と等価な ¥vss もあります．（¥hss もあります．）

12.2　実際のカスタマイズ

さて，それではカスタマイズを実際に行ってみましょう．以下では，ドキュメントクラス jsarticle を使ってると仮定し，それをカスタマイズしていくことを考えます．

12.2.1　enumerate 環境の見出し変更

この節の目標は，デフォルトでは「1.」となってしまう enumerate 環境の見出し数字を「(1)」に変更することです．もちろん，この程度のことはその辺の本を参照すればすぐに解決方法が見つかるでしょう．ただし，ここではそうではなく LaTeX 2ε の構造を理解しつカスタマイズしていくことにします[†4]．

さて，enumerate 環境をカスタマイズしたいのですから，enumerate 環境の定義を見る必要があります．enumerate 環境に限らず，LaTeX 2ε の標準の命令や環境は殆どの場合使っているクラスファイルか，latex.ltx にかかれています．ファイルの場所は kpsewhich コマンド（節 9.3.2）によりわかります．開いてみましょう．

ちなみに，コマンドプロンプトから kpsewhich を使い，その入力を受けて開くのが面倒な人は，祝鳥から開けるようにしました．メインメニューから「お手伝いさん」→「kpsewhich を用いてファイルを開く」を選び，出てきたダイアログに「latex.ltx」と打つと，latex.ltx が開かれます[†5]．同様に jsarticle.cls とすれば jsarticle.cls が開かれます．また，jsarticle.cls の場合は，¥documentclass{jsarticle} にカーソルを合わせ，メインメニューから「対応するものへの移動」を選んでも開かれます．

とにかく開いたら enumerate 環境を探してみましょう．¥enumerate コマンドを ¥def か ¥newcommand で定義してる場所，または ¥newenvironment で enumerate 環境を定義している場所が目的の場所です．秀丸の検索を使えばすぐに見つかることでしょう．この場合は，latex.ltx ファイルの方に ¥enumerate を定義してる場所が見つかります．すぐ下に ¥endenumerate もあります．引用してみます．

```
¥def¥enumerate{%
  ¥ifnum ¥@enumdepth >¥thr@@¥@toodeep¥else
    ¥advance¥@enumdepth¥@ne
    ¥edef¥@enumctr{enum¥romannumeral¥the¥@enumdepth}%
```

[†4] もちろん，本を見て答えがあったり，人に聞いて答えがすぐ返ってきたりすれば，そちらの方が早いですしよりよい方法でしょう．しかし，本を見ても解決方法がなく，近くに聞ける人もいない場合には，自分で考える他ありません．

[†5] なお，プログラム名は platex に固定です．

12.2 実際のカスタマイズ

```
      ¥expandafter
      ¥list
        ¥csname label¥@enumctr¥endcsname
        {¥usecounter¥@enumctr¥def¥makelabel##1{¥hss¥llap{##1}}}%
  ¥fi}
¥let¥endenumerate =¥endlist
```

注目すべきは **¥list** でしょう．これから，enumerate 環境は list 環境を用いて構築されていることがわかります．実際，**¥let¥endenumerate=¥endlist** となってることから，**¥endenumerate** で list 環境が閉じられていることもわかります．

list 環境で見出しを変更する手は二つです．

(1) **¥makelabel** を再定義する．
(2) **¥makelabel** の引数（list 環境の第一引数）を再定義する．

多くの場合，(1) ですむならその方が楽です．現在の **¥makelabel** の定義は次の通りです．

```
¥def¥makelabel##1{¥hss¥llap{##1}
```

##1 を括弧で囲うとよさそうですが，それでは (1.) となってしまいます．ピリオドを取り払う必要があります．どうもこれは **¥makelabel** に渡された時点でついてそうなので，**¥makelabel** の再定義では無理そうです．

まだ **¥llap** がピリオドをつけてるという可能性があるので，念のためこちらの定義も見てみましょう．

```
¥def¥llap#1{¥hb@xt@¥z@{¥hss#1}}
```

更に **¥hb@xt@** の定義は，

```
¥def¥hb@xt@{¥hbox to}
```

従って，**¥makelabel** は **¥hss¥hbox to 0pt{¥hss #1}** となります．詳しい説明は省きますが，これにより見出しの右端をそろえ，見出しが大きくなった場合は左に飛び出すことになります（節 12.1.9, 12.1.10 参照）．いずれにせよ，ピリオドの処理はしてません．

というわけで，仕方なく list 環境の第一引数を見てみることにします．

```
¥csname label¥@enumctr¥endcsname
```

¥csname と ¥endcsname はコントロールシークエンスを作る命令でした（節 12.1.5）。よって，label***という命令を作成して ¥makelabel の引数としてるようです．後は，¥@enumctr がわかればどうにかなりそうです．なお，この ¥@enumctr は ¥usecounter の引数にもなってることに注意します．

さて，¥@enumctr は次のように定義されています．

```
¥edef¥@enumctr{enum¥romannumeral¥the¥@enumdepth}
```

¥romannumeral の作用を思い出せば，この定義を見ることで ¥@enumctr は enum（¥@enumdepth の値をローマ数字表記）というように定義されていることがわかります．¥@enumdepth は

```
¥advance¥@enumdepth¥@ne
```

により，enumerate 環境を実行するたびに 1 加算されています．（¥@ne は 1 を表す定数でした．）よって，¥@enumdepth は enumerate 環境がどの程度ネストされているかを表す量であることがわかりました．

以上の解析により，¥makelabel に渡されるのは，enumerate 環境が最も浅い時は ¥labelenumi，次が ¥labelenumii，……と続いていくことになります．すると，最も浅い enumerate 環境では見出しは「1.」と出力されるのでしたから，¥labelenumi はきっと ¥theenumi. と定義されているのでしょう．（¥@enumctr が ¥usecounter の引数に使われていたことを思い出しましょう．すると，最も浅い enumerate 環境の場合使用してるカウンタ名は enumi になります．）調べてみると，jsarticle.cls に次のような記述があります．

```
¥newcommand{¥labelenumi}{¥theenumi.}
```

予想的中，というわけです．

さて，ここまでくれば後は簡単です．

```
¥renewcommand{¥labelenumi}{（¥theenumi）}
```

これで目的が達成されました．

12.2 実際のカスタマイズ

12.2.2 文献引用に関するカスタマイズ

文献引用のカスタマイズをしてみましょう．カスタマイズをする場所は二つ．本文内の引用箇所（¥cite）と，文末等の thebibliography 環境です．なお，ここでは cite パッケージは用いてないとします[†6]．

12.2.2.1 ¥cite のカスタマイズ

まずは ¥cite のカスタマイズです．ここでは通常 [1] と引用されるところを，(1) に変更してみましょう．

まずは ¥cite の定義を調べます．

```
¥DeclareRobustCommand¥cite{%
  ¥@ifnextchar [{¥@tempswatrue¥@citex}{¥@tempswafalse¥@citex[]}}
```

¥DeclareRobustCommand に関しては説明してませんが，大体 ¥def のようなものだと思ってください．¥cite はオプションをとりますから，節 12.1.6 に述べたような処理がされています．なお，オプションの有無に応じて ¥@tempswa の真偽が設定されていることは頭においておきます．

さて，これにより実態は ¥@citex であることがわかりました．¥@citex の実装は次のようになっています．

```
¥def¥@citex[#1]#2{¥leavevmode
  ¥let¥@citea¥@empty
  ¥@cite{¥@for¥@citeb:=#2¥do
    {¥@citea¥def¥@citea{,¥penalty¥@m¥ }%
     ¥edef¥@citeb{¥expandafter¥@firstofone¥@citeb¥@empty}%
     ¥if@filesw¥immediate¥write¥@auxout{¥string¥citation{¥@citeb}}%
     ¥fi
     ¥@ifundefined{b@¥@citeb}{¥hbox{¥reset@font¥bfseries ?}%
       ¥G@refundefinedtrue
       ¥@latex@warning
         {Citation `¥@citeb' on page ¥thepage ¥space undefined}}%
       {¥@cite@ofmt{¥csname b@¥@citeb¥endcsname}}}}{#1}}
```

なかなか難しいですね．全て解析しつくしてもいいのですが，少しさぼりつつ行きましょう．

まずは ¥@for に注目してみましょう．¥@for は節 12.1.7 によれば繰り返し

[†6] 用いてる場合は，cite パッケージの中を読んでカスタマイズしましょう．

処理を可能にするコントロールシークエンスでした．今の場合，#2 が繰り返される「種」として与えられます．¥@for はカンマで文字列を区切るのですが，そういえば ¥cite に複数の文献を与える時はカンマで区切って与えるのでした．従って，ここは各々の文献ラベルに対して「何か」処理をしてる場所になります．各々の文献ラベルに対して処理をすることなど，一つしかありません．文献のラベルから，[1] などのような実際に出力すべき文字列を生成してるのでしょう．

さて，¥@for は大体わかった気になったとして，この部分をひとまとめに見てみましょう．

```
¥def¥@citex[#1]#2{¥leavevmode
  ¥let¥@citea¥@empty
  ¥@cite{ (¥@for文) }{#1}}
```

大分短くなりました．¥@for 文の実行された結果はきっと「1」といった文献引用番号のようなものでしょうから，実際の出力は ¥@cite が行ってると推測できます．では，¥@cite の定義を確認してみましょう．

```
¥def¥@cite#1#2{[{#1¥if@tempswa , #2¥fi}]}
```

当たりのようですね．@tempswa は ¥cite にオプションが与えられているかどうかに応じて真偽を設定されていました．オプションがなければ#2 は出力しなくていいですから，それとも矛盾してません．

では，変更してみましょう．

```
¥makeatletter
¥def¥@cite#1#2{ ({#1¥if@tempswa , #2¥fi}) }
¥makeatother
```

これにより，¥cite による引用は (1) のように変更されます．

12.2.2.2 thebibliography 環境のカスタマイズ

次に thebibliography 環境を見てみましょう．ここも，[1] のような引用ではなく，(1) というようになるようにしてみます．

thebibliography 環境の定義は latex.ltx にはありません[†7]．以下は jsarti-

[†7] 例えば英語と日本語では文献一覧の出力も違うでしょうから，当然といえば当然ですね．

12.2 実際のカスタマイズ

cle.cls からの引用です。

```
¥newenvironment{thebibliography}[1]{%
  ¥global¥let¥presectionname¥relax
  ¥global¥let¥postsectionname¥relax
  ¥section*{¥refname}¥@mkboth{¥refname}{¥refname}%
   ¥list{¥@biblabel{¥@arabic¥c@enumiv}}%
        {¥settowidth¥labelwidth{¥@biblabel{#1}}%
         ¥leftmargin¥labelwidth
         ¥advance¥leftmargin¥labelsep
         ¥@openbib@code
         ¥usecounter{enumiv}%
         ¥let¥p@enumiv¥@empty
         ¥renewcommand¥theenumiv{¥@arabic¥c@enumiv}}%
   ¥sloppy
   ¥clubpenalty4000
   ¥@clubpenalty¥clubpenalty
   ¥widowpenalty4000%
   ¥sfcode`¥.¥@m}
  {¥def¥@noitemerr
    {¥@latex@warning{Empty `thebibliography' environment}}%
   ¥endlist}
```

長い定義ですが，¥list を使ってることに気づけば殆ど見る部分はありません。¥makelabel の再定義は行われてませんから，見るべきは ¥list の第一引数です。これは ¥@biblabel{¥@arabic¥c@enumiv}となっています。¥@arabic¥c@enumiv は ¥arabic{enumiv}と同じ意味でした。(節 12.1.8 参照。)

従って，出力の体裁を定めているのは ¥@biblabel です．その定義は latex.ltx の方で次のようにされています。

```
¥def¥@biblabel#1{[#1]}
```

次のように書き換えれば OK です．

```
¥def¥@biblabel#1{ (#1) }
```

今回は以上のようにすれば十分ですが，もし例えば左にもうちょっと余白が欲しい，といった欲求が生まれたとしても，list 環境のつもりでカスタマイズすれば問題ないですね．(その場合は，オリジナル thebibliography 環境をコピー

していじることになるでしょう．）

　最後に注意を入れておきます．結果の書き換えは正解の書き換えですが，今回の解析は完全に正しいものではありません．なぜなら，thebibliography 環境では \item ではなく \bibitem を使うからです．そのため，本来は \bibitem の定義を見る必要があります．興味のある方は見てみましょう[8]．そうすると，やはりこの書き換えで正しかったことがわかります．

12.3　その他のカスタマイズ

　前節で LaTeX のソースを読み，それを改造することで見た目をカスタマイズする方法を説明しました．これにより，文章中で使われる様々な命令の出力を変更することができます．

　一方，ページ全体に関することは，latex.ltx やクラスファイルを見てもわかりにくいように思います．ここでは，紙サイズなどの設定とページスタイルについて扱います．

12.3.1　紙サイズ等の設定

　紙サイズの変更は，ドキュメントクラスに渡すオプションで指定可能です．jsarticle ならば，a4paper で A4 サイズになりますし（デフォルト），B5 にしたければ b5j とします．紙サイズの設定と，また余白などの設定が自動的に行われます．

　しかし，（紙サイズはともかく）その余白の設定に満足できるかは確かなものではありません．不満な場合には，自分で設定する他ないでしょう．

　余白などの寸法の名前は，Help TeX（節 3.2.2）に書いてあります．（Size をぽちっと押しましょう．）これらを全て自分で設定すれば，必ず満足のいく設定が可能です．

　しかし，これを全て設定するのはなかなか面倒です．それに，殆どの部分は（ある程度の仮定をすれば）計算させて出すこともできます．実際，各種ドキュメントクラスの殆どがある程度を設定した後，残りは計算させています．

---

[8] ただし，ファイルの入出力といった処理が入っているので，本誌の内容のみでは解析しきることはできません．気になる方は The TeXbook[1] などを片手に挑んでみてください．まぁ，わからない部分は無視しても大体の処理はわかると思いますが．

12.3 その他のカスタマイズ

各ドキュメントクラスが何をしてるかを見るのは読者に任せることにして，ここでは簡単な例を出してみましょう．

```
1   \paperheight297mm
2   \paperwidth210mm
3   \textwidth0.76\paperwidth
4   \textheight0.74\paperheight
5   \footskip30pt
6   \topskip10pt
7   \headheight12pt
8
9   \hoffset0mm\voffset0mm
10  \marginparwidth0mm\marginparsep0mm
11  \oddsidemargin\paperwidth
12  \advance\oddsidemargin by-\textwidth
13  \oddsidemargin.5\oddsidemargin
14  \advance\oddsidemargin by-1in
15  \evensidemargin\oddsidemargin
16  \headsep\footskip
17  \advance\headsep by-\topskip
18  \advance\textheight by\topskip
19  \topmargin\paperheight
20  \advance\topmargin by-\textheight
21  \topmargin.5\topmargin
22  \advance\topmargin by-1in
23  \advance\topmargin by-\headheight
24  \advance\topmargin by-\headsep
```

紙サイズは縦が 297mm，横が 210mm の A4 サイズです．テキスト部の横幅は全体の 76%，高さを 74%，`\footskip`, `\topskip`, `\headheight` は上の通りです．

後の部分は全て TeX に計算させています．次のようにします．横の部分（注釈などを表示させることができる部分）は使わないので 0 に設定しました．`\hoffset` や `\voffset` も 0 にしてます．(-1in にしたくなるかもしれませんが，諸処の事情からやめておいた方がよいです．)

テキスト部を紙の真ん中に持って行くように `\oddsidemargin` を計算します．紙の横幅からテキスト部の横幅を引いて 2 で割ればいいので，そのように計算させています．横に 1in + `\hoffset` の空白が入っていることを思い出して，1in を最後に引いておきます．`\evensidemargin` は `\oddsidemargin` と

同じにしておきます．

¥headsep の値は ¥footskip と同じにしています．17,18 行目は ¥topskip による補正です．後は，紙の高さから紙の高さ及びヘッダとフッタ用の余白を引き，半分にした値を ¥topmargin とします．

これは非常に簡単なひな形ですが，通常の使用には十分耐えうるでしょう．より細かな制御がしたい場合は，この例を元に色々試してみてください．

12.3.2 ページスタイル

目次の出力位置などを設定するために，ページスタイルという仕組みが用意されています．プリアンブルで ¥pagestyle により指定する「あれ」です．デフォルトでは plain や empty などが用意されていますが，もちろんこれは自作することができます．

スタイルは，¥ps@（スタイル名）を新しく定義することで行われます．例えば mystyle スタイルなら ¥ps@mystyle です．¥ps@mystyle 内では，次の項目を再定義します．

¥@oddhead, ¥@evenhead　ページ上部（ヘッダ）に出力される文字列です．
　　¥@addhead が奇数ページで，¥@evenhead が偶数ページですが，後者が効果を持つのはドキュメントクラスに twoside オプションが指定された時のみです．oneside の場合は偶奇にかかわらず ¥@oddhead が用いられます．

¥@oddfoot, ¥@evenfoot　ページ下部（フッタ）に出力される文字列です．
　　odd と even の扱いは head と同じです．

¥@mkboth　目次や参考文献，索引などをページ上部などに使うかどうかです．
　　通常 ¥@gobbletwo か ¥makeboth を ¥let します．後で詳しく扱います．

¥sectionmark 等　章の名前などをページ上部などに使う場合に必要になります．後で詳しく扱います．

実際に書いてみる前に，既にある例を見てみましょう．latex.ltx によれば，plain スタイルは次のように定義されています．

```
¥def¥ps@plain{%
    ¥let¥@mkboth¥@gobbletwo
    ¥let¥@oddhead¥@empty
    ¥def¥@oddfoot{¥reset@font¥hfil¥thepage¥hfil}
```

12.3 その他のカスタマイズ

```
¥let¥@evenhead¥@empty
¥let¥@evenfoot¥@oddfoot}
```

¥@oddhead と ¥@evenhead は ¥@empty に設定されてますから，(¥@empty はその名の通り空のコントロールシークエンスです．) ページ上部には何も表示されません．一方，¥@oddfoot と ¥@evenfoot はどちらも ¥reset@font¥hfil¥thepage¥hfil と定義されてますから，ページ数を真ん中に表示することになります．¥reset@font は書体をデフォルトに戻す効果を持ちます．

次に，自分でページスタイルを作ってみます．ページの偶奇に応じて，ページ上部にタイトルと著者名を表示するようにしてみましょう．

```
¥def¥ps@mystyle{%
    ¥def¥@oddhead{¥reset@font¥small¥hfil¥@title¥hfil}%
    ¥def¥@oddfoot{¥reset@font¥hfil¥thepage¥hfil}%
    ¥def¥@evenhead{¥reset@font¥small¥hfil¥@author¥hfil}%
    ¥let¥@evenfoot=¥@evenfoot}
```

著者名を ¥@author で，タイトルを ¥@title で取得しています．これは，latex.ltx 内の ¥author と ¥title の定義をみるとわかります．

```
¥def¥title#1{¥gdef¥@title{#1}}
¥def¥author#1{¥gdef¥@author{#1}}
```

その他，特に説明することはないでしょう．twoside オプションを有効にしないと，¥@evenhead は効果を持たないことに注意しておきます．このようにして定義されたスタイルは，¥pagestyle の引数に入れることができます．

```
¥pagestyle{mystyle}
```

ここではタイトルや著者名といった「その文書中変わらないもの」を上下に持ってきましたが，現在の章や節のタイトルといった「文書中で変わるもの」を表示させたい場合には注意が必要です．それには，TeX のマークという機能を用います[†9]．

```
¥def¥ps@mystyle{%
    ¥let¥@mkboth=¥markboth
    ¥def¥@oddhead{¥reset@font¥small¥hfil¥rightmark¥hfil}%
```

[†9] 実際に使うのは，TeX の機能を用いて構築された LaTeX の機能ですが．

```
    ¥def¥@evenhead{¥reset@font¥small¥hfil¥leftmark¥hfil}%
    ¥def¥@oddfoot{¥reset@font¥hfil¥thepage¥hfil}%
    ¥let¥@evenfoot=¥@evenfoot
    ¥def¥sectionmark##1{¥markboth{##1}{}}%
    ¥def¥subsectionmark##1{¥markright{##1}}}
```

¥sectionmark は ¥section 使用時に，¥subsectionmark は ¥subsection 使用時に呼ばれる命令です．引数は，¥section や ¥subsection に渡された引数が渡されます．ここでヘッダやフッタに表示される文字列を設定します．

文字列を設定する命令が ¥markboth や ¥markright です．設定する命令には，ページの「左用」と「右用」があり，¥markboth はそのどちらも，¥markright は「右用」のみを設定する命令です．

例では，¥section を用いた時に，左にセクションタイトルをセットし，¥subsection を用いた時に，右にセクションタイトルをセットしています．（¥subsection では左用は変化しません．）

設定した左右の文字列を取り出すのがそれぞれ ¥leftmark と ¥rightmark です．先の例では，¥@oddhead と ¥@evenhead にこれらを用いることで，ヘッダに章やセクションの名前を表示させます．

これはこれでいいのですが，目次や参考文献などを出力してる間はどうすればいいでしょうか．例えば目次表示中には，頭に「目次」と表示されたいとすれば．

そのような欲求のために用意されているのが ¥@mkboth です．例えば ¥tableofcontents 内部では ¥@mkboth{目次}{目次}という命令が含まれています．従って，¥@mkboth を ¥markboth にしておけば，目次表示中は「目次」の文字列が表示されることになります．なお，表示させたくない場合は ¥let¥@mkboth=¥@gobbletwo とします．¥@gobbletwo は二つの引数をとって何もしない命令です．

第13章
スタイルファイルを作ろう

自分で作ったマクロなどは，スタイルファイルにまとめておくと便利です．ここでは，スタイルファイルの簡単な使い方について述べます．

13.1 スタイルファイルの基礎

スタイルファイルとは，¥usepackage により読み込まれるファイルのことです．拡張子.sty を持ち，LaTeX の拡張のために使われます．

スタイルファイルは，一般には節 9.3.3 で述べた DocStrip ユーティリティに乗っ取って作られます．しかし，「簡単なスタイルを作る」時には牛刀の感もありますので，ここでは簡易的にエディタで直接作ることにします．

既に述べたとおり，スタイルファイルは拡張子.sty を持ちます．とりあえずは，mystyle.sty とでもしてファイルを作成しましょう．

非常に簡単なスタイルファイルなら，通常の文書作成（のプリアンブルにかかれる部分）と同様の書き方をすればいいでしょう．例えば，前節で述べたいくつかの例を入れたスタイルファイルは次のようになります．

```
% 文献引用の括弧変更
¥def¥@cite#1#2{ ({#1¥if@tempswa , #2¥fi}) }
¥def¥@biblabel#1{ (#1) }

% mystyleスタイル
¥def¥ps@mystyle{%
    ¥def¥@oddhead{¥reset@font¥small¥hfil¥@title¥hfil}%
    ¥def¥@oddfoot{¥reset@font¥hfil¥thepage¥hfil}%
    ¥def¥@evenhead{¥reset@font¥small¥hfil¥@author¥hfil}%
    ¥let¥@evenfoot=¥@evenfoot}

¥endinput
% 使い方
¥documentclass[twoside]{jsarticle}
```

```
¥usepackage{mystyle}
¥pagestyle{mystyle}
¥title{あれこれ}
¥author{だれそれ}
¥begin{document}
あああ
¥end{document}
```

いくつか注意をしておきます．まず，スタイルファイル内では@は使い放題で，¥makeatletter と ¥makeatother は不要です．自動的にこれらが使われてるのと同等の状態になります．逆にいえば，外部で使って欲くない変数などは@を使うべきです．

¥endinput は，その名の通りファイルの入力を中断させる命令です．TeX はこの命令を見つけるとそれ以降を読み込みません．従って，¥endinput 以降は何を書いてもかまいません．ここでは，使い方を簡単に書いてみました．本来はドキュメントを別に作るべきでしょうが，自分用の簡易的なものならば，こっちでも困らないでしょう．

13.2 スタイルファイルの素性を明らかにさせる

スタイルファイルには，「要求する LaTeX のバージョン」と「そのスタイルファイルの名前」を指定することができます．指定には，¥NeedsTeXFormat と ¥ProvidesPackage を用います．

```
¥NeedsTeXFormat{pLaTeX2e}[2000/12/31]
¥ProvidesPackage{mystyle}[2006/8/15 sample style]
```

まず，¥NeedsTeXFormat により「2000/12/31 以降にリリースされた pLaTeX 2_ε」を要求しています[1]．このようにかかれたスタイルファイルを LaTeX 2_ε で読み込んだり，2000/12/31 以前のもので読み込んだりすると警告が表示されます．¥ProvidesPackage がスタイルファイルの名前指定です．ここでは mystyle ファイルであると宣言しています．

---

[1] サンプルとしてこの日にしただけで，特にこの日に何かあったわけではありません．

13.3 他のパッケージを読み込む

他のパッケージを読み込むには，¥RequirePackage を使います．

```
¥RequirePackage{amsmath,amssymb,amsthm}
```

使い方は ¥usepackage と全く同じです．

13.4 オプションを使う

スタイルファイルの中には，¥usepackage[dvips]{graphicx}のようにオプションをとるものがあります．このようなスタイルファイルはどのようにすれば作れるのでしょうか？

¥cite の体裁を，オプション maru を指定すると (1) というように，kaku を指定すると [1] というように変更するスタイルファイルを作成してみましょう．更にデフォルトでは [1] の方が採用されるようにしてみます．

```
¥NeedsTeXFormat{pLaTeX2e}[2000/12/31]
¥ProvidesPackage{mystyle}[2006/8/15 sample style]

¥DeclareOption{maru}{%
¥def¥@cite#1#2{ ({#1¥if@tempswa , #2¥fi}) }
¥def¥@biblabel#1{ (#1) }}
¥DeclareOption{kaku}{%
¥def¥@cite#1#2{ [{#1¥if@tempswa , #2¥fi}] }
¥def¥@biblabel#1{ [#1] }}
¥ExecuteOptions{kaku}
¥ProcessOptions¥relax
```

オプションは ¥DeclareOption で指定できます．使い方は，

¥DeclareOption{（オプション名）}{（実行内容）}

です．実行内容には，オプションが指定された時に実行したい命令を書きます．

デフォルトのオプションは ¥ExecuteOptions で指定します．指定しただけでは実行されませんので，¥ProcessOptions で実際に実行させます．後ろに ¥relax がついてますが，これは「おまじない」と思ってください．複数指定したい場合は ¥ExecuteOptions{kaku,abe}のようにカンマ区切りで指定します．

付録 A
Windows の基礎知識

例えば TeX を Windows で使うとしましょう[†1]．そうすると，Windows の簡単な知識がないとどうしても使いにくくなってしまいます．少し復習も兼ねて，簡単なことをおさらいしてみたいと思います．なお，Windows といってますがある程度は他の OS でも通用します．

A.1　ファイル，フォルダ

コンピュータとは何か，と聞かれたら，ファイルを扱うソフトであるともいえると思います．現在の OS では，このファイルを階層構造をつけて管理するのが主流です．

階層構造とはどういうことかを理解するために，Windows を立ち上げて，左下のスタートメニューからプログラム→アクセサリ→エクスプローラと選んでみましょう（図 A.1）．エクスプローラと呼ばれる Windows 標準のファイルを見るためのソフトが立ち上がります[†2]．立ち上がったソフトの左側には，デスクトップを一番上に持つ構造が表示されてるのがわかるかと思います．デスクトップの下にマイドキュメントがあり，その下に My Music があり，その下に音楽ファイルが格納されている，というようになってると思います．

このように，デスクトップの下にマイドキュメントという「箱」があり，その下に My Music という「箱」がある，というようにして階層構造が作られているわけですが，これらの箱のことをフォルダと呼びます．Windows ではフォルダと言うのですが，他の UNIX や昔の MS-DOS などではディレクトリとも呼びます．Windows でもディレクトリと呼ぶ人もいます．

さて，このようなデスクトップを中心とする階層構造を見て貰いましたが，

[†1] 少なくともこの本ではその状態を仮定しています．
[†2] または，Windows の旗のマークの入ったキーがキーボードにあれば，そのキーをおしながら E を押しても立ち上がります．

A.1 ファイル, フォルダ

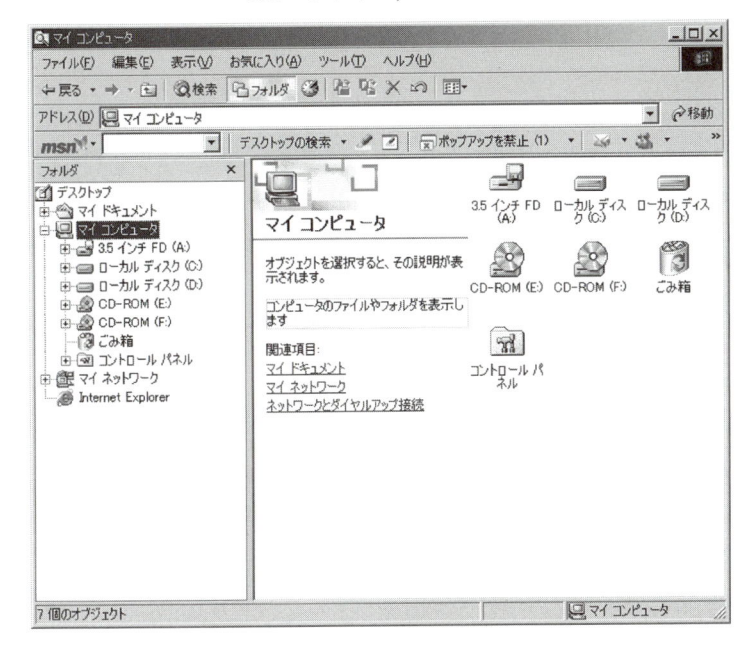

図 **A.1** エクスプローラの起動画面

この図式は Windows の少し上位のレベルが仮想的に用意しているもので, 実際のファイル構成とは少し違います. 実際のファイル構成のトップは, ドライブというものになります.

ドライブの実体は色々です. ハードディスクであったり, フロッピーや CD-ROM, DVD-ROM, また最近よく使われる USB メモリなどもドライブとして認識されます. これらドライブはアルファベット 1 文字で管理されるのですが, 伝統的に A ドライブはフロッピーで, B は. (現在は) 使われないことになっています. C 以降はハードディスクや CD-ROM などが並び, C には Windows 本体や各種プログラムなどが入り, D 以降は特に決まりなし, というのが通常のようです. (D に Windows をインストールしても問題はありません.)

自分のコンピュータにはどのようなドライブがあるかを調べるには, 先のエクスプローラの左画面の「マイ コンピュータ」をクリックしてみましょう. 右の画面にドライブの一覧が表示されると思います. アイコンによって, どのド

ライブの実体がフロッピーで，どれがハードディスクか，といったこともわかると思います．

全てのファイルは，どれかのドライブをトップにもつ階層構造の下に入っています．試しに，C ドライブをクリックしてみましょう．すると C ドライブの中身が表示され，Windows や Program Files，tex といったフォルダが存在するのがわかると思います．（環境によってはこれらがないかもしれません．）それらフォルダをクリックしてみると，更に下にはフォルダやファイルが……となっています．

今自分がどのフォルダにいるかは，上にある「アドレス」の欄を見るとわかります．例えば，

    C:¥tex¥share¥texmf-local¥ptex¥platex¥jsclasses

と表示されていたとしましょう．この場合，今現在いるフォルダは，C ドライブの下の，tex フォルダの下の，share フォルダの下の，texmf-local フォルダの下の，ptex フォルダの下の，platex フォルダの下の jsclasses フォルダ，ということになります．このように Windows では，フォルダとフォルダの間を¥記号で区切ることになります．

今のはフォルダの表し方でしたが，ファイルも同様の表し方をします．例えば，C:¥tex¥share¥texmf-local¥ptex¥platex¥jsclasses の下にある jsarticle.cls という名前のファイルは，

    C:¥tex¥share¥texmf-local¥ptex¥platex¥jsclasses¥jsarticle.cls

と表されます．このような表示の仕方を絶対パス，または単にパスといったりします．

「絶対」パスという名前からわかる通り，相対パスもあります．これは，あるフォルダから見た，相対的な位置を示すものです．例えば，c:¥share フォルダから見た

    C:¥tex¥share¥texmf-local¥ptex¥platex¥jsclasses¥jsarticle.cls

というファイルは，

    texmf-local¥ptex¥platex¥jsclasses¥jsarticle.cls

というようになります．相対パスは，必ずどこからかであるかを示さないと意味がありません．

ちなみに，Windowsにおいてはファイル名やフォルダ名で大文字小文字の区別がありません．従って，C:¥Program Files と c:¥PROGram fILES は同じフォルダになります．

各フォルダには，

- .
- ..

という二つの特別なフォルダが存在します．といっても，エクスプローラで見ることはできません．「.」フォルダは現在のフォルダを，「..」フォルダは一つ上のフォルダを表します．試してみましょう．エクスプローラを起動し，アドレスの欄に，

c:¥tex¥bin¥.

と打ってみましょう．c:¥tex¥bin フォルダが表示されたことと思います．c:¥tex¥bin 内の「.」フォルダは c:¥tex¥bin 自身を表すため，このようになります．次に，

c:¥tex¥bin¥..

と打ってみましょう．今度は c:¥tex フォルダが表示されます．「..」は一つ上のフォルダを表すため，c:¥tex¥bin の一つ上のフォルダ c:¥tex に移動するのです．TeX 内でも，外部の画像などのようなファイルを指定することが必要になります．この場合，絶対パスまたは原稿ファイルからの相対パスで指定します．但し，この場合区切り文字は¥ではなく/を使ってください．UNIX では¥の代わりに/が使われるのですが，その名残です．

A.2 拡 張 子

「ファイル」と一言でいっても色々な種類のファイルがあります．プログラムの実体は実行できるプログラムファイルですし，それらのプログラムの設定情報は特別な設定ファイルに書き込まれています．TeX を入力したら TeX ファイルですし，TeX の出力は DVI ファイル，等々．

これらの種類を表すのが拡張子です．拡張子は名前の一部で，「.」の後に続いて表示されます．例えば，pLaTeX の実体は実行ファイル platex.exe ですが，この場合「実行できるファイル」であることを示す「.exe」[†3] という拡張子がついています．

この拡張子，それを見るだけでファイルの中身がわかるという優れものなのですが，何故か Windows の初期状態では表示されない設定になっています．それでは困るので，表示する設定にしておきましょう．

Windows XP の場合，まず A.1 でやったようにエクスプローラを起動させてください．その後，上のメニューから，「ツール (T)」→「フォルダオプション (O)」を選びます．出てきたダイアログで，「表示」タブを選び，下の詳細設定から，「登録されている拡張子は表示しない」を見つけます．そこにチェックが入っていたらはずしてください．他のバージョンの Windows の場合もほぼ同様ですが，フォルダオプションの存在場所がコントロールパネルだったりするバージョンもあります．

拡張子は見ただけでファイルの中身がわかるのも便利なのですが，それより便利なのが Windows によって提供されている関連づけと呼ばれるものです．例えば，拡張子が.pdf のファイルをダブルクリック（環境によってはシングルクリック）すると，Adobe Reader が起動すると思いますが，これは Windows に「.pdf には Adobe Reader を起動せよ」と設定されているからです．これらの設定は，通常アプリケーションインストール時に行われますが，自分で変更することもできます．先のフォルダオプションから「ファイルの種類」を選ぶと設定されている拡張子の一覧と，それに対して起動されるプログラムが一覧表示されます．

なお，拡張子は名前の一部に他なりません．従って，中身と拡張子とが一致しないようにすることは可能です．混乱のもとなのでやめた方がいいですが，関連づけの恩恵も得られませんし．

[†3] 実行=execute.

A.3　テキストファイルとバイナリファイル

ファイルにいくつも種類があり，拡張子で判別できることはすでに述べました．一方で，ファイルにはテキストファイルとバイナリファイルという区別もあります．テキストファイルとバイナリファイルは明確に区別されるわけではりませんが，大体，「テキストエディタで開いた時読めるファイル」がテキストファイルです[†4]．例えば TeX のソースファイルや Web などでお目にかかる HTML ファイルはテキストファイルですし，一方で PDF ファイルや実行可能ファイルはバイナリファイルです．

一般に，バイナリファイルはそれ専用のソフトウェアがないと扱えません．一方テキストファイルは色々なソフトで加工でき，その点汎用性が高いといえます．

A.4　圧縮，解凍

ダウンロードしたファイルは，よく圧縮されています．圧縮とは，ファイルの中身をたもったままサイズを小さくするという，魔法のような技術です．魔法と違ってタネも仕掛けもありますが．

そのタネと仕掛けにもいくつかあり，一口に圧縮ファイルといっても様々な種類があります．よく使われるのが ZIP ファイル（拡張子 .zip）や LHA ファイル（拡張子 .lzh）でしょうか．また，W32TeX は .tar.gz という形式で圧縮されてますが，これは TAR という形式で圧縮（正確には圧縮ではない．ファイルをまとめてるだけ．）した後，GZIP という形式で圧縮をかけたものです．UNIX の文化でよく使われています．最後を GZIP でなく BZIP2 という形式で圧縮したものもあり，拡張子は .tar.bz2 となります．その他，様々な形式が世の中には存在します．

圧縮されているファイルはそのままでは使えません．圧縮されたファイルを元に戻す作業を解凍と呼びます．解凍にはそれ専用のソフトが必要になります．（XP では ZIP ファイルが解凍できるようになってますが，私には使いに

[†4] テキストエディタとは，テキストファイルを処理するプログラムですから，何もいってない気がしますけど……．

くいです．）Windows で動く解凍用のソフトは，フリーのものが沢山あるので自分にあったものを探してみるといいと思います．圧縮の形式には先に述べた以外にも色々な物があるので，多くの種類に対応したものが便利です．本書では，.zip，.lzh，.tar.gz，.tar.bz2 は解凍できることを仮定します．

A.5 コマンドプロンプト（MS-DOS プロンプト）

Windows は，殆どの基本的な操作をマウスから行えるようにできています．Windows に限らず最近のメジャーな OS は殆ど全てそのようになっています．

このようなスタイルを **GUI** と呼びます．GUI の確立以前は，**CUI** と呼ばれる，キーボードから対話的に動かすスタイルがとられていました．現在はあまり使うことはなくなりましたが，使わざるを得ない局面があったり，また GUI よりも CUI を好む人がいたりするおかげで，仕組み自体はまだ使えるようになっています．（どころか，だんだんと高機能になっていってます．）実は TeX は CUI で使われることを前提としているため，たまに CUI での操作が必要になることがあります[†5]．

使ってみましょう．スタートから「プログラム」→「アクセサリ」→「コマンドプロンプト」（95, 98, Me は MS-DOS プロンプト）と選んでください．真っ黒の画面に白の文字で何か表示されていると思います．バージョンや環境にもよりますが，大体次のように表示されてることでしょう．

```
Microsoft Windows XP [Version 5.1.2600]
(C) Copyright 1985-2001 Microsoft Corp.

C:¥Documents and Settings¥Abe_Noriyuki>
```

そして，`C:¥Documents and Settings¥Abe_Noriyuki>` の先には白い点滅が見られることと思います．試しにここで，「dir」と打って Enter を押してみましょう．すると，次のように表示されます．

```
C:¥Documents and Settings¥Abe_Noriyuki>dir
```

[†5] だからといって，（人によって考え方は全然違いますが，少なくとも私は）実際に向かい合うのは必要になった時でいいんじゃないかと思います．例えば，TeX のコンパイルとプレビューだけならば，祝鳥から使う限り必要ないわけです．まぁ，でもそんな難しいものでもないので，遊び程度に使ってみるのもいいかも（どっちなんだよ）．

A.5 コマンドプロンプト（MS-DOS プロンプト）

```
 ドライブ C のボリューム ラベルがありません。
 ボリューム シリアル番号は 40AF-2294 です

 C:\Documents and Settings\Abe_Noriyuki のディレクトリ

2005/06/12  03:02    <DIR>          .
2005/06/12  03:02    <DIR>          ..
2005/01/07  21:51    <DIR>          .idlerc
2005/08/01  21:50    <DIR>          Favorites
2005/07/26  22:37             8,776 gsview32.ini
2005/03/07  03:17    <DIR>          My Documents
2005/01/06  15:01    <DIR>          WINDOWS
2003/08/06  09:32    <DIR>          スタート メニュー
2005/08/02  10:33    <DIR>          デスクトップ
               1 個のファイル               8,776 バイト
               8 個のディレクトリ  6,771,515,392 バイトの空き領域

C:\Documents and Settings\Abe_Noriyuki>
```

勿論，細かい表示は環境によって変化します．ここに表示されたのが，C:\Documents and Settings\Abe_Noriyuki フォルダ以下のファイル一覧です．試しにエクスプローラで同じ場所を開くと，同じファイルが並んでることが確認できると思います．

場合によっては，エクスプローラで見ると他のファイルが表示されてる場合もあります．ファイルには属性というものが付随していて，その中に「隠しファイル」という属性があります．これはその名の通り隠れているファイルなのですが，エクスプローラでは設定によって見えてしまいます．一方，dir コマンドは隠しファイルを表示させないので，少しずれてしまう可能性があるわけです．隠しファイルも含めた一覧を表示させるには，「dir /a」とします．

このように，命令を打ち込みその応答を見て次の命令を打ち込み，というように作業をしていくスタイルが CUI です．使いこなすと殆どの作業はここでできてしまいますが，今回の目的は TeX で必要な分を使えるようにする，ですので必要最低限に使えるようになっておきましょう．

まず一つ言葉．入力を受け付ける時に

```
C:\Documents and Settings\Abe_Noriyuki>
```

となってますが，>より前の C:\Documents and Settings\Abe_Noriyuki

をカレントディレクトリと呼びます．（カレントフォルダと呼ばないこともないようですが，カレントディレクトリの方が圧倒的に多いと思います．）その名の通り，現在いるフォルダ（ディレクトリ）を表しています．

　コマンドは基本的に，このカレントディレクトリに対して実行されます．例えば先ほどの「dir」コマンドはカレントディレクトリのファイル一覧を変更するものでした．カレントディレクトリを変更するには「cd」コマンドを使います．例えば次の通り．

```
C:\Documents and Settings\Abe_Noriyuki>cd c:\tex

C:\tex>cd bin

C:\tex\bin>
```

このように

```
cd （フォルダ名）
```

と入力することで，そのフォルダにカレントディレクトリを変更することができます．最初の移動が絶対パスによる指定で，次が相対パスによる指定です．A.1 で説明した「.」フォルダや「..」フォルダはここでも使用可能です．

```
C:\tex\bin>cd ..

C:\tex>
```

といったように．

　さて，ではこのコンピュータに C ドライブだけでなく，D ドライブがついてたとしましょう．この場合，D:\public フォルダに移るにはどうすればいいでしょうか．単純にやってみます．

```
C:\tex\bin>cd d:\public

C:\tex\bin>
```

　残念ながら移動できていません．ドライブを移動する場合は，例えば D ドライブに移るならば，d: と入力する必要があります．

A.6 環境変数

```
C:¥tex¥bin>d:

D:¥public>
```

とこのように無事移動することができました．先ほど cd を入力しておいたので，ドライブを変更するだけで目的の d:¥public フォルダに移動できています．

A.6 環境変数

殆どの OS が，環境変数と呼ばれるものを持っています．コマンドプロンプト（MS-DOS プロンプト）を開いて「set」と打ってみましょう．

```
C:¥Documents and Settings¥Abe_Noriyuki>set
ALLUSERSPROFILE=C:¥Documents and Settings¥All Users
APPDATA=C:¥Documents and Settings¥Abe_Noriyuki¥Application Data
 (以下略)
```

ずらっと意味不明の文字列が並んだと思います．全ての行が，

　　（環境変数名）＝（中身）

というように，「＝」で区切られて表示されていることがわかると思います．これが，環境変数の一覧になります．

環境変数とは，文字列を格納している特別な変数です．例えば，

```
ALLUSERSPROFILE=C:¥Documents and Settings¥All Users
```

の一行は，「ALLUSERPROFILE」という環境変数に

```
  C:¥Documents and Settings¥All Users
```

という文字列が格納されているということになります．この環境変数は，全てのユーザに有効な設定ファイルなどの格納場所を示しているのですが，アプリケーションは全てのユーザに有効な設定ファイルの場所を欲しくなった場合，この環境変数を参照します．

環境変数は，各々決まった意味を持っています．その中で，特に重要なものが，環境変数「PATH」です．現在の PATH の中身を見るために，コマンドプロンプトから「path」と打ってみましょう．

付録 A　Windows の基礎知識

```
C:¥Documents and Settings¥Abe_Noriyuki>path
PATH=C:¥WINDOWS¥system32;C:¥WINDOWS;C:¥WINDOWS¥System32¥Wbem;
C:¥tex¥gs¥gs8.51¥bin;C:¥tex¥bin;
```

セミコロン (;) で区切られた絶対パスの組が出てきました．これが PATH です．

PATH は，プログラムを実行する時に使われます．例えば，TeX 文書をコンパイルする時には，

```
C:¥Documents and Settings¥Abe_Noriyuki>platex test.tex
```

といったようにコマンドを打つことになりますが，この時システムは「platex.exe」という実行ファイルを起動します．その実体は，(TeX をどこにインストールしたかにもよりますが，) C:¥tex¥bin¥platex.exe です．

システムはどのように C:¥tex¥bin¥platex.exe を見つけるのでしょう．与えられたのは「platex.exe」というファイルを実行せよ，というだけなのですから，そのままではどこにあるのかはわかりません．システムは，これを見つける際に PATH を参照します．

PATH は，セミコロンで区切られた絶対パスの固まりでした．システムは，これらをセミコロンで区切り，いくつかの絶対パスを得ます．先の例だと，

- C:¥WINDOWS¥system32
- C:¥WINDOWS
- C:¥WINDOWS¥System32¥Wbem
- C:¥tex¥gs¥gs8.51¥bin
- C:¥tex¥bin

というようになります．システムはこれらの中から platex.exe を探し出します．つまり，

(1) C:¥WINDOWS¥system32¥plate.exe があればこれを実行，なければ
(2) C:¥WINDOWS¥plate.exe があればこれを実行，なければ
(3) C:¥WINDOWS¥System32¥Wbem¥plate.exe があればこれを実行，なければ
(4) C:¥tex¥gs¥gs8.51¥bin¥plate.exe があればこれを実行，なければ
(5) C:¥tex¥bin¥plate.exe があればこれを実行，なければ実行失敗．

A.6 環境変数

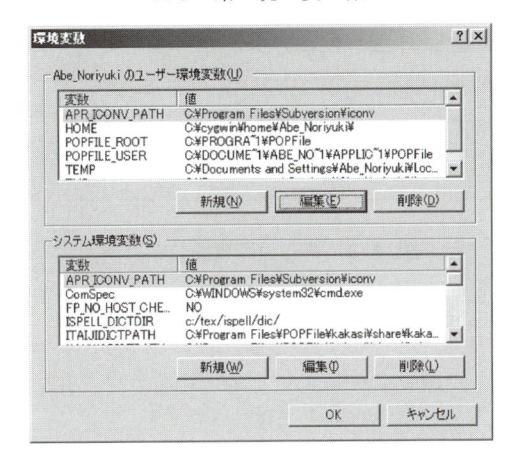

図 **A.2** 環境変数の設定ダイアログ

というように作業が行われていくのです．

さて，それでは環境変数を設定するにはどうすればいいでしょうか．その設定方法は (同じ Windows であるのに) OS により異なります．ここでは，Windows XP の場合に見てみます．(その他の OS の場合は，Web などで検索してみてください．)

まずは，スタートメニューから「コントロールパネル」を選びます．「パフォーマンスとメンテナンス」→「コンピュータの基本的な情報を表示する」と選ぶと，ダイアログが開きますので，そこから「詳細設定」タブを選んでください．すると，図 A.2 のようなダイアログが開きます．見ての通り，環境変数はユーザ環境変数とシステム環境変数にわかれます．前者は，今使っている人にしか有効でない環境変数で，後者は現在のコンピュータを使う人全てに有効な環境変数です．後者を設定するには，管理者権限が必要になります[†6]．自分一人で現在のコンピュータを使っている場合，その違いを意識する必要は殆どありません．

さて，では実際に環境変数の設定を行ってみましょう．既存のものを編集するのは少々怖いですから，新しい環境変数を登録してみることにします．何でも

[†6] 殆どの人は，管理者権限を持ったユーザで使っていることと思いますが．

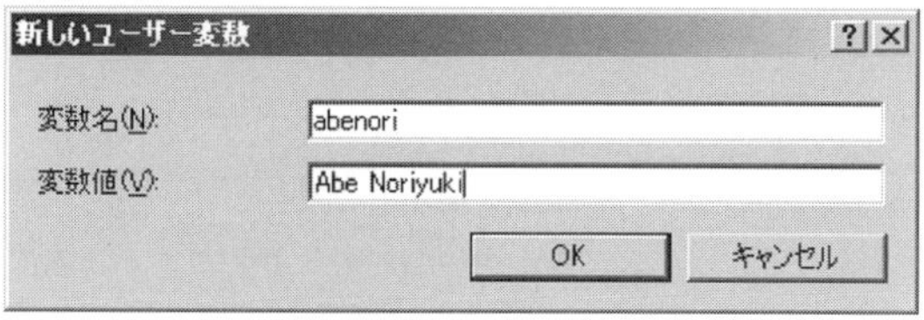

図 A.3 新しい環境変数を追加

いいのですが，ここでは「abenori」という名前の環境変数に「Abe Noriyuki」という値を設定してみることにしましょう[7]．どちらでもいいのですが，ユーザ環境変数に設定してみることにします．

まず，ユーザ環境変数一覧が表示されている部分の下にある「新規(N)」を押します．すると，環境変数の入力を促すダイアログが表示されますから（図 A.3），そこに必要な情報を入力し，「OK」を押せば登録されます．Windows XP の場合，登録した環境変数はすぐに有効になります．但し，例外が存在し，既に実行したプログラムの環境変数は古いままです．必要ならば，プログラムの再起動を行わなければならないでしょう．よくわからない場合は，Windows を再起動すれば完全に設定されます[8]．

---

[7] 完璧に無駄な環境変数です．環境変数とは，プログラムやシステムなどが参照してこそ意味があるのですが，このような環境変数を参照するプログラムはないでしょう．

[8] Windows 98 などではすぐに有効になるわけではなく，再起動をしなければなりません．

付録B
色々なソフトを使う

LaTeX 2εと使う機会が多いであろうソフトや，また使うと便利と思われるソフトをいくつか紹介してみたいと思います．

B.1　スペルチェックをする —— ispll

日本語文書ならともかく，英語文書を作成する際には，スペルチェックが欠かせません．世の中には様々なスペルチェッカーが公開されていますが（フリーのものも数多い），ここではその中で（祝鳥もサポートしている）ispell を紹介してみます．

ispell は古くから使われているスペルチェッカーです．ここで用いるのは，オリジナルの ispell ではなく，角藤さんにより Windows 用に移植されたバージョンです．これは，オリジナルの機能に加え，日本語検索に対応してるなどの利点があります．

ispell 自体のインストールには，TeX インストーラ 3 のプラグインを用いると楽でしょう．プラグインの使い方に関しては，節 2.1.7 を参照してください．

B.1.1　コマンドプロンプトから使う

ispell は本来コマンドラインから使うことを想定されたものです．ここでは，その想定に従って使ってみましょう．

実行する前にコマンドプロンプトの設定を変更する必要があります．コマンドプロンプトを実行し，左上のアイコン部分をクリックしてメニューを出し，「プロパティ (P)」を選びます．出てきたダイアログの「レイアウト」タブを選び，「画面バッファのサイズ」の「高さ」をその下のウィンドウサイズと同じ 25 にしてください．「OK」を押すと，適用する範囲を聞いてきますから，「現在のウィンドウだけに適用する (A)」にチェックを入れて「OK」を押します．

実際にスペルチェックをしてみましょう．まずは，スペルチェックするファ

イルがないと話になりません．C:¥work¥test.tex がそのファイルであるとしましょう．ispell の実行ファイルは「ispell」ですから，そのまま「ispell test.tex」と事項してみます．

```
C:¥works¥>ispell test.tex
```

スペルミスがないと何もいわずに終わってしまいます．これでは面白くないですから，適当にミスしたテキストファイルを読ませてみましょう．

```
¥documentclass{jsarticle}
¥begin{document}
Helloo ¥LaTeX .
¥end{document}
```

上のファイル（Helloo は Hello のミスです）を読ませてみます．すると，次のように表示されます．（入りきらないので改行を入れています．）

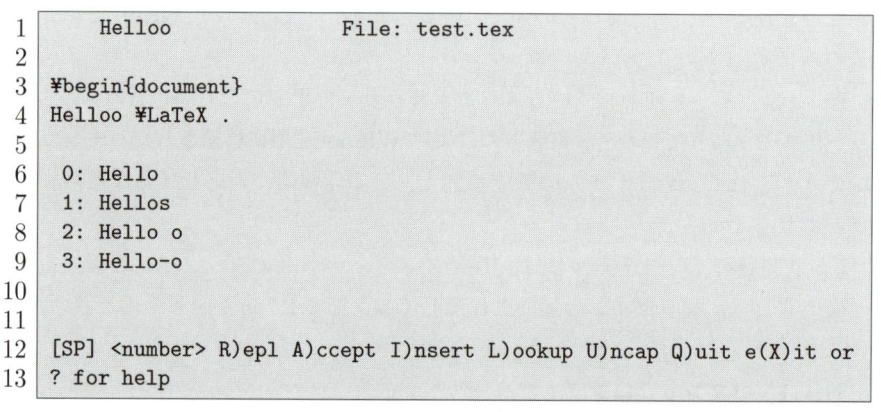

```
1       Helloo              File: test.tex
2
3  ¥begin{document}
4  Helloo ¥LaTeX .
5
6   0: Hello
7   1: Hellos
8   2: Hello o
9   3: Hello-o
10
11
12 [SP] <number> R)epl A)ccept I)nsert L)ookup U)ncap Q)uit e(X)it or
13 ? for help
```

実際は 4 行目の Helloo の部分が反転しています．無事スペルミスを見つけてくれたわけです．そしてその修正候補が下に表示されています（6 行目から 9 行目）．今回は 0 の Hello が正解ですから，⓪を押しましょう．すると（他にミスもないので），スペルチェッカーが終了します．そして，もう一度 test.tex を開いてみると Helloo が Hello にきちんと修正されていることがわかります．

（この場合はありえない話ですが，）もし Helloo が正しい単語だった場合，素通りさせるには Ⓐ を押します．また，Ⓘ や Ⓤ を押すとその単語がユーザ辞書に登録され，次回からは正しい単語と認識されます．人名などはよくひっかか

B.1 スペルチェックをする — ispll

るので，登録しておくといいでしょう．

途中でやめたくなったら，X または Q を押します．X はそれまでの修正をファイルに反映させて終わりますが，Q は変更を反映させずに終了します．Q の場合は確認がありますので，よければ Y を押してください．

修正候補一覧に正しい単語がなかった場合は，R を押します．すると，ウィンドウ下部に

```
Replace with:
```

と表示されますので，ここに正しい単語を打ち込み，終わったら Enter を押します．入力中は BackSpace による修正が可能です．

以上は最もシンプルな使い方ですが，ispell は起動時に豊富なオプションを受け付けます．日本語の混ざったファイルをスペルチェックする場合には，オプション「-j」をつけるといいでしょう．

```
C:¥works¥>ispell -j test.tex
```

デフォルトでは，英語用の通常辞書が使われます．辞書の変更をしたい場合は，「-d」オプションを使います．デフォルトでは，次の辞書が使用可能です．

- english：英語辞書
- UK-xlg：英語辞書（large version）
- american：米語辞書
- US-xlg：米語辞書（large version）

指定がない場合は english です．

```
C:¥works¥>ispell -d american test.tex
```

辞書を追加すればそのほかの辞書も使えるはずです．

ispell には，各種モードがあります．デフォルトで拡張子を見て判別しますが，指定することもできます．TeX ファイルなら「-t」，HTML ファイルなら「-H」です．

```
C:¥works¥>ispell -t test.tex
C:¥works¥>ispell -H test.html
```

その他様々なオプションがあります．詳しくはドキュメント等をご覧くだ

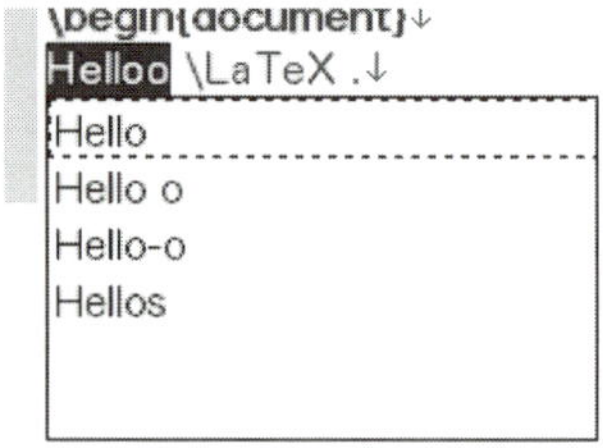

図 **B.1** 祝鳥 + ispell によるスペルチェック

さい．

B.1.2 祝鳥から使う

先にも述べましたが，祝鳥は ispell によるスペルチェックをサポートします[†1]．

とにかく使ってみましょう．ispell 自体のインストールは（当然ですが）すましておきます．そして，チェックしたいファイルを秀丸で開きます．

開いたら，祝鳥のメインメニューから「ispell でスペルチェック (P)」と選びます．更に，いくつかのモードがありますが，ここでは「ファイル全体 (A)」を選びます．（そのほかに関しては後で触れます．）キーボードからなら，テンポよく Ctrl + T → P → A です．起動すると，図 B.1 のようなリストボックスが表示されます．選択されているのがスペルミスのある場所で，その下のリストボックスに修正候補一覧が表示されています．

リストボックスの修正候補は矢印キーで選択できますので，この中に修正候補がある場合は選択して Enter を押します．

修正候補の一覧にない場合は，正しいスペルを自分で打ってください．打ち終わったら → を押します．すると，次のスペルチェックに移ります．

単語が間違ってない場合も → を押してください．やはり次のスペルチェックに移ります．間違って → を押してしまった場合は，← を押してください．戻ってスペルチェックをかけます．

[†1] ispell 自体に他アプリケーションと連携するための機能があるため，それを使います．

現在の単語をユーザ辞書に登録したい場合は，`Ctrl` + `A`を押してください．また，辞書に登録するわけではないですが，現在の検索では今の単語を無視させる場合，`Ctrl` + `I`を押します．これらに対する反応はタイトルに表示されます．

先ほど述べたいくつかの設定（日本語対応，使う辞書，モード）は，秀丸上から行えるようにしました．メインメニューから「ispell でスペルチェック (P)」を選んだ後「設定 (S)」を選べば可能です．

B.1.3 祝鳥から直接かける

祝鳥から直接（つまり，コマンドラインから使ってるかのように）かけることもできます．リストボックスによるスペルチェックが気に入らなかったり，何か不具合がある場合にはこちらを使うといいでしょう．

使い方は簡単です．メインメニューから「ispell でスペルチェック (P)」を選んだ後，「直接 ispell をかける (D)」を選んでください．後の使い方は節 B.1.1 と同じです．

B.2 文献管理 — JabRef

節 7.2 において，文献一覧の出力方法について述べました．特に，B<small>IB</small>T<small>E</small>X というものに触れました．これは，予めデータベースとして文献リストを持っておき，そこから引用を行うものでした．このデータベースは単なるテキストファイルなので，テキストエディタで管理することももちろん可能です．しかし，世の中にはこのようなデータベースを扱うソフトが沢山公開されています．ここでは，そのような中から JabRef（図 B.2）を取り上げてみます．Java でかかれてるため，立ち上がりがやや遅いのが難点ですが，非常に高機能で使いやすくできています．ちなみに英語版のみで日本語版はありません．まぁ，日本語も扱えるので問題はありませんが．

JabRef は

http://sourceforge.net/projects/jabref/

からダウンロードできます．色々なプラットフォームで動くので，いくつかファイルに種類がありますが，Windows 用インストーラ（ファイル名の最後が.exe）

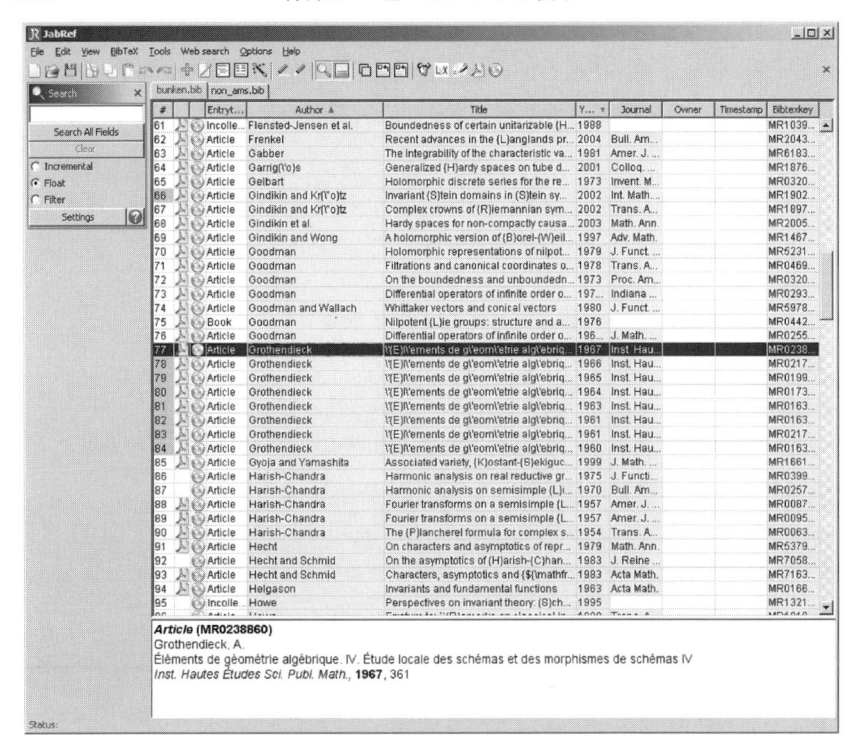

図 B.2　JabRef の実行画面

を選んでください．インストールは「Next」を押していればすぐに終了するでしょう．なお，JabRef の実行には Java が必要ですが，もしインストールされてない場合は JabRef のインストーラがダウンロードとインストールを誘導してくれます．必要な場合はインストールしてください．

　まずは起動してみましょう．スタートメニューのプログラムから選べば起動します．既存のデータベースがあるならば，メニューの「File」→「Open database」から選びます．新しく作る場合は「File」→「New database」を選びます．

　エントリーを追加するには，Ctrl + N です．まずは文献の種類（article, book 等々……）を聞かれるので，適当に選びます．文献の種類を選ぶと，図

B.2 文献管理 — JabRef

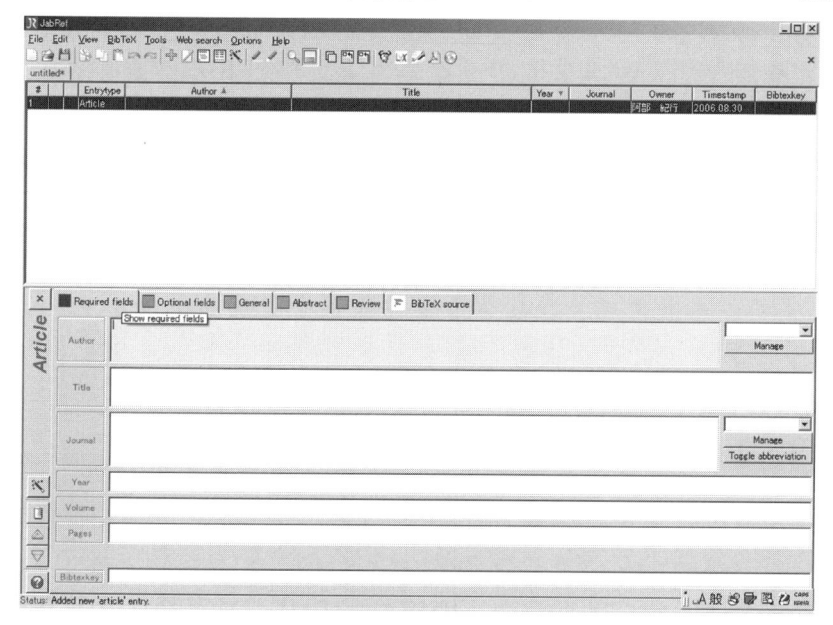

図 **B.3** 文献内容入力画面

B.3 のような入力画面が現れます．適当にエントリー毎に埋めていきましょう．以下，文献を一つずつ埋めていくことができます．終わったら，Ctrl + S で保存できます．

　もちろん，編集はテキストエディタで，という人はテキストエディタで編集して，管理だけ JabRef で，でも問題ありません[†2]．

　文献一覧からの検索ももちろんできます．検索画面は Ctrl + F を押せば画面の左脇に開きます．単語を入れて Enter を押せば検索できますが，この時 Incremental にチェックを入れるよりも，Float（検索結果を上に持ってくる）や Filter（検索結果のみを表示する）の方がお勧めです．

　エントリーには通常の文書情報の他，URL や PDF を入れておくと便利です．関連する URL（文書の入手先，本ならばその紹介先等）があればそれを URL エントリーに，またその文書自体を PDF で持っているならば，そのファイル

[†2] 実は私はそうしています．

の場所を入れておきましょう．すると文献一覧の脇に Web マークや PDF マークができるので，そこをクリックすることで該当する URL や文書に飛ぶことができます．PDF の管理にも使えるでしょう．

B.3 dviout を使う

既に何度となく出てきている（そして使い続けている）dviout ですが，閲覧/印刷以外にも色々と便利な機能を備えています．そのいくつかを紹介しましょう．

B.3.1 出力を画像として取り出す

TeX の出力はあくまで dvi ですが，dviout を使えばこれを BMP で出力することができます．まずメニューの「File」→「Save as image」を選びます．そこから，「File」を選べばファイルに保存することができます．デフォルトでは BMP となってますが，「ファイルの保存ダイアログ」の「ファイルの種類」を適当に選べば他の形式でも可能です．BMP の他，BMF/BMC/PNG/PDF/EPS が可能のようです．「保存 (S)」を押せば今表示しているページが保存されます．

ファイルではなく，コピーをしたい時には，「Bmp in clipboard」を選んでください．適当な描画ソフト（例えば，Windows 付属のペイント）に貼り付けることができます[†3]．

今の方法だとページ全部が画像になってしまいますが，範囲を選択して画像にするのは次のようにします．まず範囲選択を行います．メニューから「Display」→「Region」を選び，「On」にチェックが入ってる状態にします．この状態が範囲選択モードです．範囲選択モード中は，Shift を押しながら左クリックすることで選択領域の左上を，右クリックすることで選択領域の右下を決めることができます．選択領域は赤の枠で表示されます．選択し終わったら，先と同じ方法で選択位置を画像にすることができます．なお，ファイルへの保存を選んだ場合は選択位置のみを画像にするか聞かれますので，「はい」を押してください．

[†3] クリップボードとは，Windows がコピー＆ペーストのために使っている一時的な領域のことです．

B.3.2 PDFへの変換を行う

dviからpdfへの変換をすることができます．といっても，内部でdvipdfmを呼び出してくれるだけですが．

使うには，dvioutの「ニコニコボタン」（図B.4）を押します．恐らくデフォルトでは表示されていないはずなので，メニューの「View」→「Change tool buttons」を押してください．

図 **B.4** dvioutのニコニコボタン

付録C
秀丸の使い方

祝鳥は秀丸上に構築されたシステムです．エディタ部分を秀丸に任せることで，LaTeX の支援環境作成に集中できると考えたため，このような作りになっています．

逆にいえば，エディタ部分は全て秀丸であるということです．ここでは，そのエディタ部分である秀丸の使い方を簡単に解説します．秀丸エディタは非常に高機能なエディタですので，より深い使い方をしたい場合は秀丸自身のヘルプや公式マニュアル[1]や有志の非公式マニュアル[2]，またその他いくつか本も出てますので，それらも参考にしてください．

C.1 エディタって何？

秀丸エディタはエディタです．エディタ（正確にはテキストエディタ）とは，テキストファイル（節 A.3 参照）を閲覧・編集するプログラムのことです．TeX のソースファイルはテキストファイルですから，エディタを用いるわけです．

あえて新しいエディタを導入するまでもなく，Windows にはテキストエディタ「メモ帳」がついています．Windows のバージョンにもよりますが，スタートメニューからプログラム→アクセサリと選ぶと見つかります．しかし，メモ帳は機能が弱いため，あまり使われていません．

一般的なエディタは，テキストファイルの編集を支援する次のような機能を持っています[3]．

- 実質無限回のやり直しとやり直しのやり直し．
- 検索や置換．正規表現を用いることも可能．

---

[1] 有限会社サイトー企画から 3000 円で購入できます．
[2] 秀丸エディタQ＆A集は有名．出来も非常によい．
[3] 本当はもっともっと色々できます．が，ある程度よくできたエディタの共通部分をとるとこんなところではないかと思います．

- キーワードなどに色をつける機能．
- マクロや plugin などにより，ユーザが機能を拡張できる．

もちろん，秀丸もこれらの機能を持っています．

C.2 検索と置換

検索も置換もメニューの「検索」から選ぶことで実行できます．キーボードからは，検索は Ctrl + F [4]，置換は Ctrl + R [5] です．

検索も置換も使い方は簡単でしょう．文字列を入力し，必要なオプションにチェックを入れれば使えます．特に「検索文字列を強調」オプションは，検索結果が見やすくなりお勧めです．

選択しながら起動すると，検索文字列または置換文字列に選択中の単語が取り込まれます．選択をしてなくても，現在カーソル位置の単語が取り込まれます．この場合は，起動キー（Ctrl + F または Ctrl + R）を押すと続けて取り込まれていきます．

検索や置換の状態は，一回実行すると秀丸のメモリに蓄えられ，次に実行するまたは秀丸を全て終了するまで保存されています．この状態で，F3 を押せば下に検索または置換をし，Shift + F3 を押せば上に検索を行います．なお，このメモリは起動している全ての秀丸で共通です．

一般に，エディタの検索と置換を語る上で欠かせないのが正規表現です．節を新しくして扱いましょう．

C.2.1 正規表現

正規表現とは，文字列の集合を表すための表現です．例えば，ある LaTeX 2_ε のソース中から，eps ファイルを表示している部分を抜き出したいとしましょう．eps ファイルを表示するのは，\includegraphics で始まり，.eps} で終わる部分です．単純な検索ではこのような文字列達を抜き出すことはできません．

そんな時便利なのが正規表現です．次のような文字列で正規表現検索をすれば検索することができます．

---

[4] Find.

[5] Replace. ところで，Windows 標準のメモ帳を始め，置換が Ctrl + H に割り当てられている場合が多いようです．何で H なんだろう？

¥¥includegraphics.*¥.eps¥}

このように，文字列の集合を表す方法が正規表現です．

正規表現には，色々な「方言」があり，どのソフトを用いるかで使う正規表現が変わってしまったりします．秀丸の例に漏れず，「秀丸でしか使えない正規表現」がいくつかありますが，ここではそのようなことはあまり気にせず，「秀丸の正規表現」について扱ってみます[6]．ただし，ここで扱う正規表現は全てではありません．解説し切れなかった内容については，秀丸自身のヘルプを参照してください．

なお，以下正規表現に関しては，DLL に **HmJre.dll** を用いてる場合を扱います．自分の使ってる正規表現 DLL が何であるかは，その他→動作環境の「環境」の部分で確認できます．秀丸自体は，デフォルトでは HmJre.dll が選ばれているはずです．恐らくデフォルトでは，他に Jre32.dll が使えるはずですが，しかしこの DLL は既に過去の遺物であると思われるので，HmJre.dll を用いることを強く推奨します[7]．

C.2.2　正規表現の基礎

正規表現の中では，いくつかの文字が特別な意味を持ちます．これらの文字をメタキャラクタといいます．

メタキャラクタのトップバッターは「.」（ピリオド）です．これは任意の一文字を表す正規表現です．例えば，「ab.」という正規表現は，「abe」や「abc」などを表します．

文字列の繰り返しを表すのが「*」です．「abe*」という正規表現は「abe」や「abeeeeeeee」などを表すことができます．なお，0 文字でも「繰り返し」というので，「abe*」は「ab」を表すこともできます．繰り返しを 1 文字以上と解釈したい場合には，メタキャラクタ+を用いて abe+ とします．こうすれば，ab

---

[6] 秀丸の正規表現は秀丸自身のヘルプに全て書いてあります．「正規表現」で検索してみてください．

[7] version 3 系列までは Jre32.dll が用いられていましたが，Jre32.dll に含まれるいくつかの不具合とまた機能強化のため，version 4 から自社製の HmJre.dll が使えるようになりました．この HmJre.dll は Jre32.dll との互換性があるだけでなく，更に強力な機能を備えています．

C.2 検索と置換

を表すことはしません．abee*とabe+は同じというわけです．

　ピリオドと組み合わせて使うことで，「文字の並び」を表すことができます．例えば，abで始まりkiで終わる文字列は「ab.*ki」と表せます．先ほどの¥includegraphicsの例も，本質的にはこれを用いてるだけです．

　本質的には，と書いたのは次の理由によります．例えば，正規表現の中では「.」(ピリオド) が特別な意味を持ってしまっています．従って，ピリオド自体の検索はこのままではすることができません．それでは不都合が生じるので，正規表現内では必要な時はメタキャラクタの持つ特別な意味を消すことができます．消すためには，その文字の前に¥を入れます．例えば，「Windows .¥..」という正規表現は，「Windows 3.1」や「Windows 4.1」なる文字列は表せますが，「Windows 311」は表せません．

　さて，すると¥自体も，「メタキャラクタの意味を消す」という意味を持ったメタキャラクタになってますから，¥自体を検索したい時は¥¥とする必要があります．

　さて，最初の例をもう一度解説しましょう．このような例でした．

　　¥¥includegraphics.*¥.eps¥}

次のように切って考えるといいでしょう．

　　「¥¥includegraphics」＋「.*」＋「¥.eps¥}」

最初の文字列は，¥includegraphicsという文字列を表します．¥¥は¥を表す正規表現でした．次の.*は先にも述べた通り「何か文字が並んでいる」文字列 (つまり任意の文字列) を表す正規表現です．最後の¥.eps¥}は.eps}を表す正規表現になります．(}もメタキャラクタなので，¥が必要です．) 従って，この正規表現は

(1)　頭に¥includegraphicsがきて，
(2)　何文字か文字が並んで，
(3)　最後が.eps}で終わる

文字列を表していることになります．

C.2.3 繰り返し回数の指定

　*は便利な正規表現ですが，繰り返し回数を制限したいこともあるでしょう．

そのときは，*の代わりに，{}で囲い指定することができます．

- abのあとにeが3回繰り返す文字列（abeee）は，abe{3}と表せます．
- abの後にeが3回以上繰り返す文字列（abeee, abeeee, …）は，abe{3,}と表せます．
- abの後にeが3回以上5回以下繰り返す文字列（abeee, abeeee, abeeeee）は，abe{3,5}と表せます．

また，一方でメタキャラクタ?も用意されています．これは，0または1回の繰り返し，つまり{0,1}と同等です．

C.2.4 文字の集合を表す正規表現

abe*でabの後にeが何文字か続く文字列全体を表すことができました．それでは，abの後にeまたはfが何文字か続く文字列全体を表すにはどうすればいいでしょうか？そのような場合は，abe[ef]*で検索をすることができます．

[と]も正規表現内で特別な意味を持つメタキャラクタです．例えば先のように[ef]とすれば，これは「eまたはf」を表す正規表現になります．従って，ab[ef]*はabの後にeまたはfが続く文字列を表します．従って，abeeeや，abfff, abefeffeなどを表していることになります．

しかし，この方法だと[]内が沢山になった時に大変です．例えば，「abの後に小文字のアルファベットが何文字か続く文字列」は，

ab[abcdefghijklmnopqrstuvwxyz]*

とすれば検索が可能ですが，しかし[abcdefghijklmnopqrstuvwxyz]はどう見ても間抜けです．

そのために，正規表現では範囲指定を行うことができます．例えば，先の正規表現は

ab[a-z]*

とも書くことができます．

この-を用いた記法は，正確には文字コードの順番に乗っ取って指定されているわけですが，現実的には次を覚えておけばいいでしょう．

- [a-z]：小文字アルファベット全体．

- [A-Z]：大文字アルファベット全体．
- [0-9]：数字全体．

応用として，[1-5]と指定すれば，1，2，3，4，5を表す正規表現になります．[b-k]ならばb，c，d，e，f，g，h，i，j，kです．

また，[]内は複数の指定を並べることができるので，1，2，3，4，5，b，c，d，e，f，g，h，i，j，kを表したいならば，[1-5b-k]というようにできます．

[]は，「a以外の文字」を表すこともできます．そのためには，^を用います．使い方は簡単で，[^a]とするだけです．これで，「a以外の文字」となります．小文字アルファベット以外ならば，[^a-z]です．1，2，3以外ならば，[^1-3]または[^123]です．(123でない文字列，という意味ではなく，1でも2でも3でもない1文字です．念のため．) ただし，この^は[]内の先頭でしか用いることができないことに注意してください．[a^b]は，「aか^かb」を表します．

最後に注意です．正規表現内では，メタキャラクタの意味を打ち消すために¥を前に補いました．例えば，．という文字自体を検索するためには，．の持つ「任意の1文字を表す」という意味を消すために，¥．とするのでした．この作業は[]内では不要です．つまり，[a.]とするだけで，「aか．」を表すことができます．ただし，]だけは例外で，¥]としてください．

逆にいえば，[]内では正規表現は使えないということです．そのような目的には，次に述べるグルーピングを用います．

C.2.5　グルーピング

abの後にeが何文字か続く文字列はabe*で表すことができますが，そうではなくaの後に「be」がいくつか続く文字列はどうすればいいでしょう．つまり，abeやabebebeという文字列を検索したいのです．

そのために用いるのがグルーピングです．グルーピングを用いて，a(be)*とすれば先の問題は解決できます．メタキャラクタ()を用いて，「be」という文字列をまとめてしまったわけです．

()内には，一つの完結した正規表現を入れることができます．例えば，(¥{[^}]*¥})*は{abe}というような，最初に{がきて，次に}以外からなる文字列が続き，最後に}がくるような文字列の繰り返しを表します．{abe}はもちろん，{abe}{noriyuki}のような文字列を表すわけです．

C.2.6 または（or）

秀丸と祝鳥を検索したいとしましょう．もちろん，秀丸で検索してから祝鳥で検索してもいいのですが，正規表現を用いて秀丸|祝鳥とすれば一発で検索できます．このように，メタキャラクタ|[8] を用いれば，二つの正規表現を「または」の関係でつなぐことができます．先の表現は，「秀丸という文字列または祝鳥という文字列」を表しています．

|の前後には，やはり一つの完結した正規表現を入れることができます．例えば，前節で検索した {abe} という類の文字列か，または [abe] という類の文字列を検索したい場合は，¥{[^}]*¥}|¥[[^¥]]*¥] により検索できます．

この「または」はグルーピングと併せて使うと効果的でしょう．例えば

¥¥[a-zA-Z]*(¥{[^}]*¥}|¥[[^¥]]*¥])*

とすると，LaTeX におけるコントロールシークエンスを大体拾い出すことができます．

C.2.7 置換時の注意：最長一致の原則とものぐさ指定

以上，正規表現による文字列指定について述べてきました．これまでの話は，検索，置換ともに用いることができますが，置換に用いる場合はより注意が必要です．その理由は，検索が「検索されたという事実」が重要になるのに加え，置換は更に「どの部分が検索されたか」が重要になるからです．

例を挙げましょう．LaTeX ソースファイル中から，¥section を引数とともに削除しようとして，検索，置換文字列に次のような正規表現を指定して置換をしたとします．

- 検索：¥¥section¥{.*¥}
- 置換：（空文字列）

この場合，

```
¥section{正規表現}
あれこれ
```

といったソースは，想定通りに

---

[8] 縦棒です．日本語キーボードならば，[BackSpace] の左側を [Shift] を押しながら入力します．

```
あれこれ
```

となってくれるでしょう．しかし，

```
¥section{正規表現}¥label{sec:正規表現}
あれこれ
```

に対しても

```
あれこれ
```

となってしまいます．こちらが意図した動作である場合もあるかもしれませんが，しかし「¥sectionを削除する」という当初の目的からは外れてしまっています．

　こうなってしまった原因が最長一致の原則です．¥¥section¥{.*¥}という正規表現に使われた.*は任意の文字の繰り返しですが，この繰り返しは「可能な限り長く」とります．従って，

- ¥section{正規表現}
- ¥section{正規表現}¥label{sec:正規表現}

もどちらもこの正規表現で表されるのですが，より長い後者の方が選ばれるわけです．これを最長一致の原則といいます．

　このような問題を回避するには，検索文字列を ¥¥section¥{.*?¥} とします．このように，*の後に?をつけることで，*を最長一致から最短一致に変更し，従って¥section{正規表現}が検索されることになります．この?は，*以外にも+,?やまた回数指定の{3,5}にも指定することができます．

　なお，最長一致の原則は置換だけではなく検索にも適用されます．しかし，冒頭で述べたような理由から，あまり問題になることはないでしょう．

C.2.8　検索された文字列を置換に使う：タグ付き正規表現

　例えば，

　　¥section{正規表現}

という文字列を

```
￥section{正規表現}￥label{sec:正規表現}
```
に置換したいとしましょう．こういうことをしたい場合，検索で引っかかった文字列が置換文字列としても使えると便利です．そういう目的のために，秀丸ではタグ付き正規表現を使うことができます．

タグ付き正規表現には，二つの方法があります．一つは ￥f で区切る方法，もう一つは Perl 等で用いられている方法です．ここでは，後者のみを解説したいと思います[†9]．

まずは，検索したい文字列を正規表現で書きます．

```
￥￥section￥{.*?￥}
```

ここで，取り出したい部分は.*?で引っかかる部分ですから，この部分を () でグルーピングします．

```
￥￥section￥{(.*?)￥}
```

これで，検索されると検索結果のうち.*?にあたる部分が保存されます．置換文字列で参照するには ￥1 とします．よって，最終結果は次のようになります．

- 検索：`￥￥sectoin￥{(.*?)￥}`
- 置換：`￥￥section{￥1}￥￥label{sec:￥1}`

こうすることで，例えば ￥section{正規表現} が検索された場合，.*?にあたる「正規表現」が ￥1 に入り，よって ￥section{正規表現}￥label{sec:正規表現} と置換文字列が変化し，目的通りに置換されます．

複数グルーピングされてる場合は，先頭から順番に ￥1, ￥2, …, ￥9 となります．(10 以降はありません．) 例えば，`￥documentclass￥[(.*?)￥]￥{(.*?)￥}` で検索し，￥documentclass[b5j]{jsarticle}が検索された場合は，￥1 が b5j で，￥2 が jsarticle となります．

[†9] 秀丸で最初に使えるようになったのは前者の方ですが，しかし前者は秀丸の「方言」でありすぎるという理由と，私の好みにより後者のみに限定します．できることは変わらないので，片方を知っておけば十分です．

C.3 grep

検索はあくまでそのファイル内の検索しか行えませんが，grep を使えば指定したフォルダ内の全てのファイルからの検索が行えます．

grep を使うには，メニューから「検索」→「grep の実行」と選びます．秀丸の検索ダイアログににたダイアログが開きますが，フォルダやファイルの指定があります．「検索するフォルダ」には，検索したいフォルダの名前を入れます．「検索するファイル」では，ワイルドカードが使えます．次の 2 パターンがよく使われるでしょう．

- 全てのファイルを検索する場合：*
- 拡張子が tex のファイルを検索する場合：*.tex

検索文字列は，通常検索と全く同様に指定できます．もちろん正規表現も使用可能です．

検索結果は新しい秀丸が開きそこに表示されます．次のような行が並んでいるはずです．

`sample.txt(120):` そこに何かがあった．

これは，sample.txt の 120 行目が「そこに何かがあった」となっていて，検索されたことを示しています．更に，この行にカーソルのある状態で F10 を押せば，該当場所に飛ぶことができます．

grep は単なる検索機能です．秀丸自体では，検索しか行うことができませんが，更に置換を行うことができるようなマクロが公開されています．もしそのような機能が欲しい場合は，色々と探してみるとよいでしょう．

C.4 秀丸マクロ

秀丸を語る時に欠かせないのが，秀丸マクロの存在でしょう．秀丸マクロ（たまに単に「マクロ」とも呼ばれます）とは，秀丸の上で動くプログラムのようなもので，足りない機能を拡張したり，作業を自動化したりといったことを目的としています．祝鳥も秀丸マクロの一つです．

マクロを書くことはそう難しいことではないですし，ちょっと書けるようになれば非常に便利でもあります．しかし，ここでは実際にマクロを書くことに

は踏み込まず，既存のマクロを使うにはどうすればいいかを扱ってみましょう．実際に既存のマクロは多く，大概のことは既存のもので可能です．なお，既存のマクロは秀丸の公式ページのライブラリに大量に公開されています．（祝鳥も公開させて貰っています．）

マクロの実体は，拡張子.mac を持つテキストファイルです．祝鳥の場合，例えば解凍後すぐ現れる fortex.mac がそうです．また，fortex¥sub 以下にも大量に用意されています[†10]．

マクロを用いるのは簡単です．メニューから「マクロ」→「マクロ実行」を選び，「参照」を選んで使いたいマクロファイルを選びます．選んだ後，「OK」とすればそのマクロが実行されます．しかし，この方法では繰り返し使うマクロはちょいと面倒です．そのため，一般にマクロは

(1) マクロフォルダに本体を置き，

(2) マクロ登録し，

(3) 更にキー割り当てを行って，

使うことになります．

マクロフォルダとは，マクロファイルを置くためのフォルダです．マクロフォルダは，「その他」→「動作環境」から環境を選んで表示される「マクロファイル用のフォルダ」がそれです．空にすることも可能ですが，（その場合秀丸本体のあるフォルダがマクロフォルダになる．）マクロ管理のためにも適当なフォルダに設定しておいた方がいいでしょう．使うマクロは，マクロフォルダに入れておきましょう．なお，マクロフォルダ内に更にフォルダを作っても問題ありません[†11]．全て片っ端からマクロフォルダに入れておくと管理ができなくなるので，適当にフォルダ毎に分けるといいでしょう．

使うマクロは，マクロ登録をしておくべきです．マクロ登録は，メニューから「マクロ」→「マクロ登録」で行えます（図 C.1）．

マクロには必ずタイトルをつける必要があります．どのマクロがわかるようにタイトルをつけ，更にその右に実体となるマクロファイルを指定します．...

[†10] 祝鳥の場合は，複雑なため，単なるマクロ以外にも設定ファイルや支援用のプログラムなど様々なファイルがあります．しかし，あくまで秀丸からは各マクロファイルを動かしているにすぎません．

[†11] というか，祝鳥自身が作りますし．

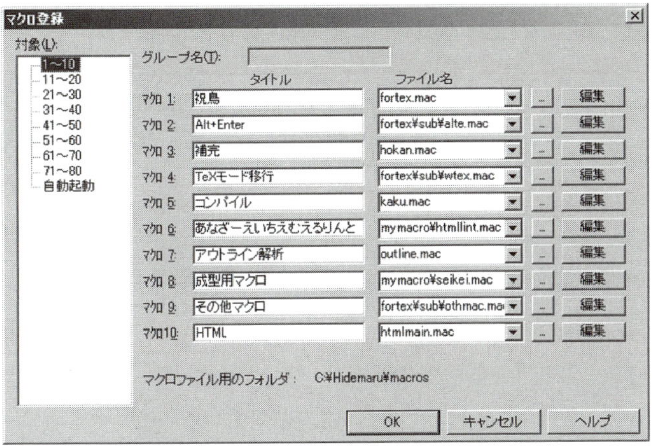

図 **C.1** マクロ登録用のダイアログ

と入っているボタンを押せば,「ファイルを開くダイアログ」が使えますので,活用しましょう．これで,秀丸にマクロが登録されます．登録されたマクロは,特に1から10まではメニューのマクロから使うことができます．

更に有効活用するためには,適当なキーに割り当てておくといいでしょう．キー割り当てをするためには,メニューの「その他」から「キー割り当て」を選びます（図 C.2）．左で割り当てたいキーを選び,割り当てたい機能を右で選びます．機能自体はカテゴリー別にわけられています．マクロを割り当てたい場合は,メニュー/マクロから選ぶことができます．

現在の割り当て一覧を見るには,「一覧表作成」を選びます．一覧の入ったファイルが作成され,秀丸で開かれます．

キー割り当ては保存することも可能です．保存するには,「保存」を選び,適当なファイル名で保存します．「マクロ登録の内容も補完しますか？」との問いに対し「はい」と答えれば,マクロ登録の中身も保存されます．

C.5 キーマクロ

秀丸マクロの作成はそう難しくないのですが,しかしその話を始めると長くなってしまうので,ここでは泣く泣く省略することにして,もっと簡単な

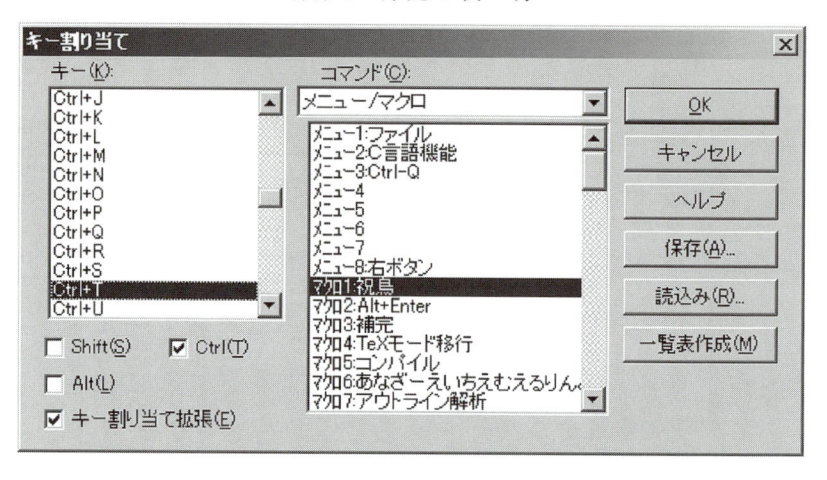

図 **C.2** キー割り当てダイアログ

キーマクロの使い方を見てみましょう．

　キーマクロとは，ユーザのキー入力を覚えてそれを再生してくれる機能です．秀丸では，ユーザの入力からマクロを作成し，それを実行することで実現します．

　まずは使ってみましょう．まずはメニューから「マクロ」→「キー操作の記録開始/終了」を選びます．この状態で，キー操作の記録状態に入ったので，適当に入力します．文字入力やカーソル移動はもちろん，検索やコピー，貼り付けなんかもしてみてください．満足したらもう一度「キー操作の記録開始/終了」を選びます．その後，メニューの「マクロ」→「キー操作の再生」を選べば，今やった行動が繰り返されることがわかります．

　このままでは，秀丸を終了すると失われてしまいます．キーマクロを保存するには，メニューの「マクロ」→「キー操作の保存」を選びます．ファイル名を選び OK をすれば保存されます．保存したのは，通常のマクロと全く同じなので，マクロ登録やキー割り当ても自由自在です．好きに扱ってください．

　これらが有効なのは，定型文の挿入ではないかと思います．例えば，¥includegraphics などは比較的長い名前ですが，この入力をキーマクロに覚えさせて適当なキー割り当てをしておけば，キー一発で入力できます．色々と試してみてください．

付録D
祝鳥のカスタマイズ

祝鳥はデフォルトの状態でも十分に使えるように設定されてますが，更に様々な場所を自分好みにカスタマイズすることが可能なようにできています．

D.1 設定の仕方

全ての設定は設定ファイルに書き込まれていて，ユーザはこの設定ファイルを直接いじることで設定を変更します[†1]．

設定ファイルは，祝鳥をインストールしたフォルダ以下の `fortex¥ini¥`（ユーザ名）以下に存在します．ただし，ユーザ名はWindowsにログインするときのユーザ名です．95, 98, Meを用いてる場合は，`fortex¥ini`以下になります．

ただし，ここから直接開く必要はありません．祝鳥には，簡単な設定ファイルユーティリティが付属しています．

祝鳥の設定ファイルは，Windowsの設定項目の保存に伝統的に使われてきたINIファイルを用いています．現在も，多くのアプリケーションがこの形での設定保存を行っています[†2]．

さて，実際に開いてみましょう．祝鳥のメインメニューを開いた後，「お手伝いさん (U)」→「INIファイル編集 (S)」と選びます．すると，現在存在する設定ファイルの一覧が表示されます．試しに，btex.iniを選んでみましょう．中身は次のようになっているはずです．

```
[Normal]
c=center
d=document
（一部省略）
```

[†1] コンパイル関連は設定ツールが用意されてますが．

[†2] Windowsの推奨はレジストリですが，手軽で便利なので使ってる作者が多いようです．祝鳥も然り．

```
[Shift]
d=description
e=equation
 (一部省略)
[Control]
t=table
```

このように，設定ファイルは全て

```
[****]
xxxx=?????
```

という形をしています．この***の部分をセクションといい，xxxx の部分をキーといいます．そして，セクション***キー xxxx には?????なる文字列が設定されているわけです．例えば先の場合はセクション Normal キー c には center が設定されています．また，セクション Shift キー e には equation が設定されています．

祝鳥自身は「セクション Normal キー c」というように設定ファイルから中身を取り出し，自らの実行に用います．ので，このセクションとキーに対応する文字列を変更すれば祝鳥のカスタマイズを行うことができます．

以下に，目的別で設定項目の解説をしますが，ここにあるのは設定可能な全てではありません．そのほかについては，祝鳥のヘルプを参考にしてください．

D.2 メインメニューをカスタマイズする

Ctrl + T を押した時に現れるメインメニューをカスタマイズしてみましょう．設定ファイルは set.ini です．

設定は Menu セクションで行われます[3]．Menu セクションでは，Menu（数字）と Macro（数字）なるキーが使われます．例えばデフォルトでは次のようになっているはずです．

```
[Menu]
Menu1=begin型(&B)
Macro1=%m¥fortex¥sub¥btex.mac
Menu2=section型(&S)
```

---

[3] 他に Version セクションが存在するはずですが，これは祝鳥が内部で用いてるセクションで，変更してはいけません．

```
Macro2=%m¥fortex¥sub¥stex.mac
  (以下略)
```

　Menu（数字）キーが実際にメニューとして現れる項目です．実際，デフォルトでメインメニューの一番上は begin 型であるはずです．Macro（数字）が，実際に選ばれた時に実行されるマクロです．このように，set.ini はメニューとマクロの組で表されています．

　二つほど注意．まず，実際のメニューには&はなく，begin 型なら B に下線が引いてあるはずです．実は，ここで&を使った設定をすると，&の次の文字に下線が引かれます．下線が引かれているのは，キーボードでその文字を選ぶと選ばれる項目であったことを思い出してください．このようにして，ショートカットを設定することができます．

　二つ目の注意は，マクロファイルの指定に関することです．環境の違い（主にマクロフォルダの違い）に対応するため，Macro（数字）キーの指定には，置換文字列を用いることができます．先の例の %m がそうで，実際に実行される時には，%m はマクロフォルダに変換されます．つまり，もしマクロフォルダが C:¥Hidemaru¥macros ならば，begin 型が選ばれた時には C:¥Hidemaru¥macros¥fortex¥sub¥btex.mac が起動されることになります．そのほか，置換文字列には%h があります．これは，秀丸のあるフォルダに変換される文字列です．

　メニューは階層を作ることもできます．デフォルトでは「お手伝いさん (U)」は次のように設定されているはずです．

```
Menu12=お手伝いさん(&U)
```

Macro12 がないのがポイントです．実行するマクロがない場合，祝鳥はこれを階層メニューだと判断します．選ばれた時に開かれるメニューは次のように設定されています．

```
Menu12_1=中間ファイル削除(&D)
Macro12_1=%m¥fortex¥sub¥clean.mac
Menu12_2=ソースファイル以外を削除(&A)
Macro12_2=%m¥fortex¥sub¥cleanall.mac
  (以下略)
```

このように，Menu12 に付随する階層メニューは Menu12_（数字）となります．後の指定は先ほどまでと同じです．Macro の欄をなしにすれば，更に階層メニューを作ることも可能です．

D.3　begin 型と section 型のショートカットを変更する

begin 型や section 型の挿入は，実行直後のキーによりショートカットが設定されてました（節 3.3.2）．これらのキーも，変更することが可能です．

それぞれ，設定ファイルは btex.ini（begin 型）と stex.ini（section 型）です．どちらも同じなので，begin 型に限定しましょう[†4]．

ショートカットは Normal セクション，Shift セクション，Ctrl セクションの三つで設定されます．キーは単純で，ショートカットそのものです．よって，

```
[Normal]
d=document
```

とあれば，Dに document が割り当てられていることになります．Shift, Ctrl はそれらを押しながら入力した場合です．つまり，

```
[Shift]
d=description
```

により，Shift + Dに対し description が割り当てられます．

指定する環境名は自作のものでも問題ありません．myenv 環境を作っていて，Ctrl + Aに myenv を割り当てたければ

```
[Ctrl]
a=myenv
```

とします．

D.4　補完単語の作り方を変更する

リストボックスによる補完（節 3.3.3）などでは，補完する辞書を動的に作成することができます．この機能を用いたのが，文書内の ¥label から動的に辞

[†4] section 型も全く同じなのですが，ここで説明する以外のセクションも混ざっています．これは，stex.ini に格納される情報がショートカット以外にもあるためです．

D.4 補完単語の作り方を変更する

書を生成して ¥ref の補完に用いるといった機能です．リストボックス補完だけでなく，begin 型挿入などでも用いられます．

この設定は，htex.ini で行われています．まず，辞書を作成する際には，いくつかの方法があることを知らなければなりません．

- 既存辞書を用いる．
- ソース内から動的に生成．
- スタイルファイルやクラスファイルから動的に生成．

また，これらは個別に用いるだけでなく，組み合わせて使うこともできます．例えば，begin 型補完において，予め辞書に登録されていた環境のみでなく，ソース内で ¥newenvironment により定義された環境を補完させることも可能です．（デフォルトではそのような設定になっています．）動的生成を増やせば，その分より適切な補完候補を表示させることが可能でしょうが，しかし辞書の動的生成は「重い」作業であり，あまり増やしてしまうと補完候補の表示までに時間がかかってしまいます．自分のコンピュータの能力と，欲する補完候補とのバランスをとって設定しましょう[†5]．

また，ファイル名を補完する ¥input, ¥include, ¥includegraphics, ¥bibliography は内部で特殊な処理をしてるため，ここで設定しても全て無視されます．

辞書を生成する際には，次の情報を参考にします．

- どの命令の引数を補完しているか．
- 何番目の引数を補完しているか．0 から始まる．

これらをもとに，キーを（命令）（何番目の引数か）として設定項目を読みに行きます．例えば，¥mysec{abenori}{aaa とまで入力してある状態では，mysec という命令の 1 番目の引数を補完してると見なされ，mysec1 というキーで設定を読みに行きます．また，コントロールシークエンス自体を補完している時は，補完してる命令は ¥ で，0 番目の引数を補完してると見なし，¥0 というキーで設定を読みに行きます．

補完に用いる辞書は，¥dic セクションで指定します（辞書に関しては節 D.6

[†5] デフォルトでは比較的コンピュータを酷使する設定になっています．貧弱なマシンを用いてる方は是非とも設定を変更しましょう．

参照). 例えば, 先ほども述べた例である¥mysec{abenori}{aaaの状態でmysec.dicという辞書を用いたいならば,

```
[¥dic]
mysec1=mysec.dic
```

とします. デフォルトでコントロールシークエンスはcomtex.dicからの補完を行うため,

```
[¥dic]
¥0=comtex.dic
```

となっています.

裏技として, カンマ区切りの文字列を与えることができます. 例えば¥pagestyleにemptyとplainとを候補として表示させるために, デフォルト設定で

```
pagestyle0=plain,empty
```

とされています. 辞書を使うまでもない場合に使うといいでしょう.

ドキュメントクラスやスタイルファイルから動的に生成する場合, 次の指定が必要です.

- 参考にするファイルは, どの命令で読み込まれているファイルか.
- 参考にするファイルからどのような命令を抜き出すか.

例として, ¥beginを考えてみましょう. この時, 例えばスタイルファイルから¥newenvironmentの引数を抜き出すことが考えられます. その場合は, ¥usepackageで読み込まれているファイルから, ¥newenvironmentの引数を抜き出すように設定するわけです.

参考にするファイルを読み込む命令は, [¥target]セクションで設定します. この時, キーは現在補完中の命令になります. (何番目の引数であるかは必要ありません.) 指定には, 読み込んでいるコントロールシークエンスを¥をつけずに指定します. 複数ある場合にはカンマ区切りで, またソースからの補完をするには¥sourceを指定します. ¥beginでソース及びパッケージから読み込む場合には,

```
[¥target]
begin=¥source,usepackage
```

D.4 補完単語の作り方を変更する

とします．

ただし，このままでは ¥usepackage{amsmath} と指定してあっても，amsmath であることしかわからず，amsmath.sty というファイル名を指していることはわかりません．拡張子の指定は [¥ext] セクションで行います．通常は ¥documentclass と ¥usepackage のみでしょうから，

```
[¥ext]
documentclass=.cls
usepackage=.sty
```

としておけばいいでしょう．（デフォルトでこのように設定されています．）

最後に，どの命令の引数を抜き出すかの設定をします．セクションは [¥target] セクションで指定した文字列で，キーは（命令）（何番目の引数か）となります．複数指定をする場合は，|で区切って指定してください．

ただし，全てのファイルを読み込むのが馬鹿らしい場合，いくつかのファイルに限定したり，また予め定められたファイルを無視することも可能です．限定したい場合はセクション [¥only] に，無視したい場合はセクション [¥ignore] に|区切りで指定します．キーは現在補完中の命令になります．（何番目の引数であるかは必要ありません．）両方指定された場合は，[¥only] が優先されます．

以上をまとめると，例えば ¥begin の場合は

```
[¥dic]
begin0=betex.dic
[¥target]
begin=¥source,usepackage
[¥source]
begin0=newtheorem|newenvironment
[usepackage]
begin0=newenvironment
[¥ignore]
begin=txfonts|mathpazo|amsthm
[¥ext]
usepackage=.sty
```

とします．この設定により，

- 基本となる辞書は betex.dic を用いて，
- 編集中ソースと読み込まれているパッケージからリストを作成する．

- ただし，txfonts, mathpazo, amsthm パッケージは見に行かない．
- ソースの ¥newtheorem と ¥newenvironment の引数と，
- パッケージ中の ¥newenvironment の引数から補完候補を生成する．
- ¥usepackage で読み込まれているパッケージの拡張子は.sty である．

という指定を行うことができます．

最後に，コメント機能について述べておきましょう．リストボックスで ¥ref の補完を行うと（節 7.1.3），リストボックスの下に前後の文章が表示されます．これがコメント機能です．

コメント機能を用いる時は，用意された辞書を用いることはできません．（辞書に「前後の文章」はないからです．）用意された辞書を用いてない時は，セクション [¥comment] キー（命令）で true を指定すればコメント機能が有効になります．例えば ¥ref の場合は，

```
[¥target]
ref=¥source
[¥source]
ref0=label
[¥comment]
ref=true
```

となるでしょう．（デフォルト設定です．）

D.5　リストボックス補完の挙動を変更する

前節で補完候補の設定方法を述べました．この節では，リストボックスのより目に見える部分の設定を行いましょう．

設定ファイルは htex.ini です．セクションは [¥ListBox] で，キーは以下のようになります．

Show_only_match　候補のしぼりこみ表示を行うかどうかです．true または false を指定します．例えば，コントロールシークエンスを入力中に，¥se まで入力が完了したとしましょう．true ならば，リストボックスには ¥sec と ¥section しか表示されません．一方，false にしておけば全ての候補が表示されます．

Sort　辞書の並び替えを行うかどうかです．本来，辞書は適切な順番に並び替えておかなければなりませんが，（並び替え方については節 D.6 を参照）

ここで true を指定しておけば実行時に並び替えられます．ただし，当然その分時間がかかりますから，もともと並び替えておいて Sort=false としておいた方がいいでしょう．

Width, Height　　リストボックスの高さと幅です．高さは行数で，幅はピクセル数で指定します．

AutoSave　　補完時に自動で保存するかどうかです．true にすれば保存します．辞書の動的生成の時には，既に保存されたファイルの中身しか反映されません．よって，前回の保存からそのときまでに入力した内容は辞書の動的生成に反映されません．ここを true にしておけば，反映されることになります．

D.6　辞　書　編　集

補完に用いる辞書も，当然編集が可能です．辞書ファイルは，祝鳥をインストールしたフォルダ以下の `fortex¥dic¥`（ユーザ名）以下に存在しますが，設定ファイルと同様にメインメニューから「お手伝いさん (U)」→「辞書ファイル編集 (E)」と選ぶことで編集用のマクロが起動されます．

使い方の前にいくつかの注意を述べておきましょう．

- 辞書には全角文字も使用可能です．文字コードの指定も特にありませんが，（自動推定します）どの文字コードを用いても Shift␣JIS に無い文字を用いることはできません．なので，Shift␣JIS で作成しておくべきでしょう．
- 一行には半角で 4000 文字程度の制限があります．
- コメントを入れることはできません．
- 最後の単語の末尾には改行が必要です．

「単語の追加」により辞書ファイルに単語を追加することができます．まずは追加する辞書を選び，選んだ後に現れたダイアログに追加する単語を入力し「OK」を押してください．その後「辞書ファイルの並び替えを行いますか？」と聞かれるので，よっぽどの理由が無い限り「はい」を選んでください．それにより，辞書が整列されます．ここで「いいえ」を選ぶと，追加した単語は最後に追加されます．

逆に削除するには，「単語の削除」を選びましょう．削除する辞書を選んだ後，現れたダイアログに削除する単語を入力してください．入力は，begin 型

補完など（節 3.3.2）と同様です．

辞書自体の追加/削除も行えます．追加する時は追加する辞書の名前も（拡張子.dic もともに）入力し，削除する時は削除したいファイルを選んでください．

辞書ファイルを直接編集することもできます．辞書の名前自体を選べば，そのファイルを開くことになります．辞書ファイル自体は一行一単語になります．大量に編集する場合はこちらの方が便利でしょう．最後に改行を入れるのを忘れないでください．直接編集した後は「だぶってる単語を取り除きソートをする」を選んで正規化しておくといいでしょう．

D.7　コンパイル関連の設定

これまで，直接設定ファイルを編集する類の設定変更について述べてきました．これに対し，コンパイル関連の設定に関しては設定するインターフェースを用意してます．

D.7.1　一般的な設定

祝鳥の設定は，各種処理に特化した設定とより一般的な設定があります．ここでは，一般的な設定について述べましょう．

祝鳥のコンパイル周りの設定は，メインメニューから「タイプセット (T)」→「設定 (S)」から選べます．「各種プログラム及びメニューの設定」が各種処理に特化した設定（+α）です．その他が一般的な設定になります．

D.7.1.1　TeX に関する全般的な設定

一般的な設定の中でも，LaTeX よりのものです．

親ファイル　親ファイルの推定方法を示します．お勧めが，「編集中ファイルの1行目を読み，失敗したら推定する」です．デフォルトでは推定に任せ，推定が失敗するときのみ一行目にファイルを書けばいいでしょう．節 8.2 も参考にしてください．

Source Specials　dvi ファイルにソースの情報を埋め込む Source Specials を使うかどうかです．（節 3.3.10 も参照）

「使う」を用いると「実行方法」メニューが追加されます．これは Source Specials をどのように機能させるかです．通常の環境ならば，「-src オプ

ションの付加」で問題ないでしょう．

ログファイル 節 3.3.9 の方法で開いた時，プログラム自体の出力を選ぶか，今現在編集中の.log ファイルを開くかを指定します．

.log ファイルの方が情報量は多いのですが，複数のプログラムを実行した時に最後のプログラムしか残らないという欠点があります．また，.log ファイルを開くので，BiBTeX や MakeIndex のログが開かれません．

D.7.1.2 環　境

プログラム実行時の環境を変更することができます．

コマンド/ISpell 実行中の環境変数　環境変数を一時的に変更することができます．例えば，GhostScript のために C:¥tex¥gs¥gs8.54¥lib を PATH に追加するには，「追加」を選んで

```
PATH=%PATH%;C:¥tex¥gs¥gs8.54¥lib
```

とします．%PATH% は現在の PATH の値に変更され，環境変数 PATH に C:¥tex¥gs¥gs8.54¥lib が付加されます．

「中間ファイル削除」にて削除されるファイルのパターン　不要ファイルの削除（節 3.3.8）時に削除されるファイルのパターンです．% から始まる一文字は特別な意味を持ち，適当な置換が行われます．行われる置換は次の通り．

- %f：現在ファイルの絶対パスから拡張子を除いたもの．
- %F：親ファイルの絶対パスから拡張子を除いたもの．
- %d：現在ファイルのディレクトリ．
- %D：親ファイルのディレクトリ．
- %b：現在ファイルのファイル名から拡張子を除いたもの．
- %B：親ファイルのファイル名から拡張子を除いたもの．
- %k：現在ファイルの拡張子．ドットもつく．
- %K：親ファイルの拡張子．ドットもつく．

例えば，親ファイルの拡張子を aux に変えたものを消したければ %F.aux と指定します．ワイルドカードも使用可能です．

ダイアログ設定　ソースファイルを dvi ファイルにコンパイルする時に現れるようなダイアログの場所とサイズ設定を行います．場所は座標で，サイズは縦横で設定されます．

座標の原点は「表示位置」を「秀丸から相対位置」にしていれば，現在開いてる秀丸の左上になり，「秀丸から絶対位置」にしていれば，画面の左上になります．

D.7.1.3 初期化他

「初期化」をすると設定ファイルをデフォルトの状態に戻します．正確には，設定ファイルを全て消した後，インストーラを起動します．

「アップデート」は古いバージョンから現在のバージョンの設定ファイルへの変更を行います．ただし，祝鳥には古いバージョンを検知し自動でアップデートする機能がありますので，使う機会はあまりないでしょう．

悲しくも祝鳥が必要なくなった時は「アンインストール」を選びます．dvioutの連携のためなどに書き込んだレジストリを削除します．その後，祝鳥のファイルを全て消し，秀丸のTeX用設定を解除すればアンインストールは完了します．

D.7.2 祝鳥のコンパイル周りの仕組み

殆どの場合，祝鳥に課せられる仕事はソースファイルをdviに変換し，またdviをプレビューすることで終わるでしょう．しかし，LaTeXと連携可能なプログラムは数多く，その他のプログラムを実行する機会もないとはいえません．そのために，祝鳥のコンパイル周りは後からユーザが実行プログラムを追加しやすいように作ってあります．

簡単に仕組みを述べておきましょう．祝鳥のコンパイルはパッケージを中心に構築されています．パッケージとは，各種処理をこなすためのマクロ等です．たとえば，TeXをDVIに変換するパッケージはTeXToDVIパッケージが担当します．このように，各パッケージは自らの処理に特化した処理を行います．祝鳥は，これらのパッケージを設定通りに実行していきます．例えば，「PDFに変換して表示」を選んだ時には「TeXToDVIパッケージ」→「DVIToPDFパッケージ」→「AdobeReaderパッケージ」と各パッケージを処理していきます．このような仕組みによって，祝鳥はどのプログラムを実行してるかを意識せずに処理することができます．逆に言えば，それ用のパッケージを用意し，そのパッケージを動かせるように設定すれば新たなプログラムに対しても祝鳥

自体には全くの改造なしに祝鳥から呼び出すことができます．

「パッケージを作る」と難しそうに述べましたが，この部分は単純なプログラムの呼び出しでもかまいませんし，逆に込み入ったマクロでも問題ありません．とにかく処理さえしてくれればいいわけです[†6]．逆に言えば，マクロを組む間でもなく単純な実行でよいのなら，それを設定するだけで新しいプログラムを祝鳥から呼び出すことができます．

なお，デフォルトでは次のパッケージが入っています．

- TeXToDVI パッケージ
- DVIToPDF パッケージ
- DVIToPS パッケージ
- PSToPDF パッケージ
- out2uni パッケージ
- lacheck パッケージ
- dviout パッケージ
- adobe パッケージ

D.7.3 プログラムの設定

各パッケージは多くの場合自らの設定項目とそのためのインターフェースを持っています．この設定画面は，メインメニューから「タイプセット (T)」→「設定 (S)」→「各種プログラム及びメニューの設定」と選んだダイアログを使います．(図 D.1) このダイアログ自体は，パッケージの設定自身も含めた様々な設定を行えるようになっています．本当はそちらの設定から話した方が筋がいいのですが，あまり使う機会がないので，先に使用頻度の高いであろう各種パッケージの設定項目について解説をします．

各パッケージは，コンパイル関連を担当する「コマンド」と表示関連を担当するプレビューに分かれています．既存のパッケージの設定をするためには，目的の設定項目をダブルクリックします．例えば TeX から DVI に変換する部分の設定を変更したければ，TeXToDVI とある部分をダブルクリックします．

[†6] 単純なプログラム呼び出しをパッケージと呼ぶべきかどうかは悩みます．呼んでもいい気もしますが，しかしちょっと大げさかも……．

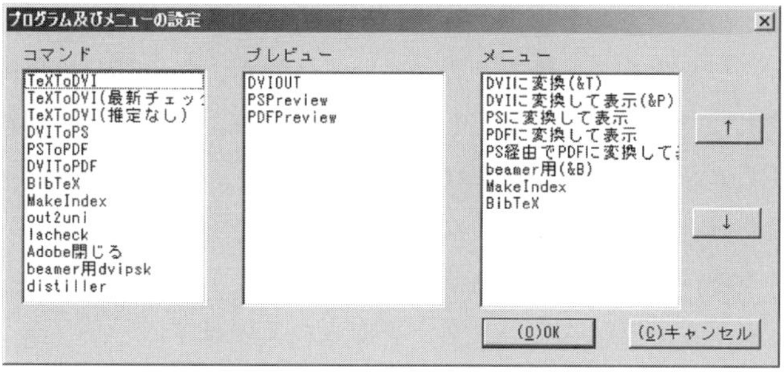

図 D.1 各種プログラム及びメニューの設定

すると，図 D.2 のようなダイアログが表示されます．ここで，設定項目が用意

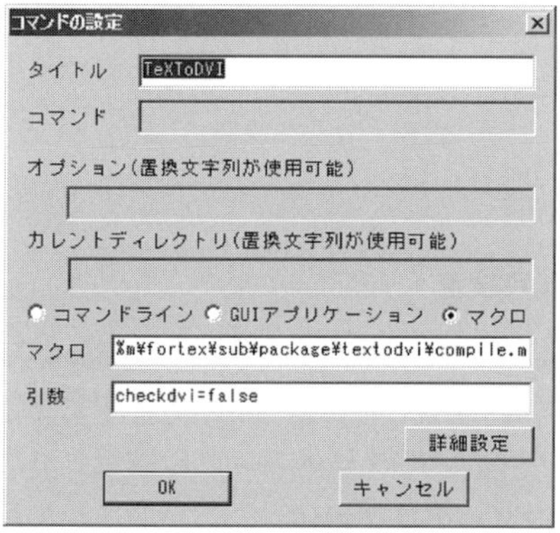

図 D.2 コマンドの設定画面

されているプログラムの場合，右下の「詳細設定」が利用可能になっているはずです．ここを押すことで，メニュー形式の設定画面が得られます．なお，設定項目のないパッケージの場合，その旨が表示されるはずです．

以下，既存パッケージに応じて設定項目の解説をしていきます．

D.7.3.1 TeXToDVI パッケージ

ソースファイルを dvi ファイルに変換するためのパッケージです．

動作 コンパイル時に使うプログラムを指定します．「推定」を選ぶと現在編集中のファイルにあったプログラムを勝手に選びます．jsarticle を用いていれば platex, article なら latex といったようになります．

「自分で使うプログラムを指定」を選ぶと，自分で使うプログラムを入力できます．platex や latex などと打てばよいでしょう．

「フォーマットからの選択」を選べば，現在システムにインストールされているフォーマットファイル[†7] から選択をします．これを選ぶと，新しくフォーマットファイルの選択項目が現れます．例えば platex が使いたければ platex.fmt を選んでください．

なお，フォーマットファイルは全て表示すると多いので，最初は一部のみを表示するように設定されています．この制限を外したい場合は，設定ファイル `package¥textodvi.ini` の `[TeXToDVI]` セクション FormatFileOnly キーを消してください．ここには，表示するフォーマットファイルの名前がカンマ区切りで書かれています．

オプション プログラムにオプションを付加します．ソースファイルを dvi に変換するプログラムはオプションをつけずに実行されることが多いので，使う機会はあまりないでしょう．

複数コンパイルの推定 祝鳥には，参照などが解決したかどうかを調べ，必要回数のコンパイルを自動で行う機能がありますが，その機能を使うかどうかを指定します．「する」を選べば自動推定が働きます．必要に応じて BibTeX や MakeIndex も実行されます．「しない」を選べば一回限りの実行になります．

「する」を選んだ場合，最大コンパイル数を指定できます．これは，何らかの原因で推定に失敗し無限ループになってしまった時のための対策です．0 以下の数を指定すると無限回になりますが，避けた方がよいでしょう．

BibTeX の設定 BibTeX に関する設定を行います．使うプログラム (jbibtex, bibtex, その他) と付加するオプションを指定できます．

MakeIndex の設定 MakeIndex に関する設定を行います．使うプログラム

[†7] TeX 実行ファイルを作る「もと」となるファイル．実行可能なプログラムの拡張子が .fmt になったものと思っていれば十分．

（makeindex, mendex, その他）と付加するオプションを指定できます．

D.7.3.2 DVIToPDF パッケージ

dvi ファイルを pdf ファイルに変換するパッケージです．主に dvipdfm(x) の使用を念頭においてます．

使うプログラム 使うプログラムを指定します．dvipdfm か dvipdfmx かその他です．その他の場合は別に指定をしてください．dvipdfm か dvipdfmx にしておけば殆ど問題ないでしょう．

紙サイズ pdf ファイルを作る際に指定する紙のサイズを指定します．dvipdfm または dvipdfmx でしか現れない項目です．「指定なし」を選ぶと実行プログラムのデフォルト（a4）になります．「推定」はドキュメントクラスのオプションを用いて紙サイズを推定し通知します．

オプション 付加するオプションです．

D.7.3.3 DVIToPS パッケージ

dvi ファイルを ps ファイルに変換するパッケージです．設定項目は殆ど DVIToPDF パッケージと同様です．

使うプログラム 変換に使うプログラムを指定します．dvipsk か dvips かその他です．その他の場合は別に指定をしてください．dvipsk にしておけば殆ど問題ないでしょう．

紙サイズ ps ファイルを作る際に指定する紙のサイズを指定します．dvipsk または dvips でしか現れない項目です．「推定」はドキュメントクラスのオプションを用いて紙サイズを推定し通知します．

オプション 付加するオプションです．

D.7.3.4 PSToPDF パッケージ

ps ファイルを pdf ファイルに変換するパッケージです．dvi から pdf に変換できてしまうので，あまり使う機会がないかもしれません．LaTeX-beamer（10 章）で使わなければならなくなります．

使うプログラム 変換に使うプログラムを指定します．GhostScript 付属の ps2pdf.bat か，Adobe 社の製品である Adobe Distiller が使えます．後

者を用いる場合は，ファイルへのパスを指定してやる必要があります．

　　また，Distiller を用いる場合は，Distiller の環境設定で「Distiller で変換後 PDF を表示」にチェックを入れて PDF を表示させてください．この時，祝鳥で PDF プレビューをさせてはいけません．（節 D.7.5 参照）

オプション　　付加するオプションです．

D.7.3.5　dvioutパッケージ

dviout for Windows を操作するパッケージです．

dviout の path　　dviout のある場所を指定します．ここが設定されてないと動きません．

操作タイプ　　dviout との連携をどのようにとるかを指定します．「DDE」とは，Windows の提供するプロセス間通信サービスであり，非常に強い連携をとることができます．ただし，たまにプレビューに時間がかかったりということもあります[†8]．

　　「DDE 無し」を用いると，DDE を使わずに Windows の機能を用いて連携をとろうとします．違うフォルダにある同じファイルが見分けられない等の欠点があります．

　　「起動のみ」はその名の通り起動を行うだけです．既に開かれているファイルもまた開いてしまいます．

紙のサイズ　　プレビュー時の紙のサイズを指定します．「推定して通知」はドキュメントクラスのオプションを用いて紙サイズを推定し通知します．「指定して通知」を選ぶと新たに「紙サイズ」の項目が増えます．ここから指定したい紙サイズを選ぶことができます．より細かく指定したい場合は「数値で指定」を選びます．これは，縦と横とのサイズを 176mm:250mm というようにコロン区切りで指定することができます．

　　DDE を用いていれば，紙サイズはプレビューのたびに更新されます．そうでない場合，起動時にのみ設定されます．

起動時の位置　　起動時の位置を指定することができます．直接指定も可能ですが，現在の dviout の位置を読むこともできるので，dviout を適当な位置

[†8] 原因は不明です．直したいのではあるけれど……．

にずらしてから選択するといいでしょう.

プレビュー時最大化　プレビュー時に最大化します. 起動時の位置指定との併用はできません.

パラメータの指定　その他, dviout にパラメータを渡すことができます. 詳しくは dviout 自身のヘルプをご覧ください.

D.7.3.6　Adobe パッケージ

Adobe Reader を操作するパッケージです. Adobe Reader でなく, Adobe Acrobat でも問題なく使えます.

Adobe Reade のパス　Adobe Reader のパスを指定します. ここが設定されてないと動きません.

操作タイプ　DDE か直接を指定します. DDE の方が, より強い連携をとることができます.

ウィンドウサイズ　自分で指定するか, 最大化するか, 何もしないかを選びます. 自分で指定する場合は, 今の Adobe Reader のサイズを読んでくれるので, 適当な位置に変更してから行うといいでしょう.

D.7.4　プログラム設定

コンパイル周りの設定画面はメニュー階層の奥にあり, ちょっとアクセスしにくくなっています. そのために, デフォルトで設定可能な項目はメインメニューの「プログラム設定 (O)」に用意してます. 設定できることは節 D.7.3 で行えるものと同じです. 活用してください.

D.7.5　メニューの設定

以下, 祝鳥のパッケージ機能を用いたカスタマイズについて述べていきます. まずは, 既存のパッケージを組み合わせてメニューを作ってみましょう.

メニューの設定は, メインメニューから「タイプセット (T)」→「設定 (S)」→「各種プログラム及びメニューの設定」により現れるダイアログ (図 D.1) から行えます. 三分割されてますが, メニューの設定は一番右です. 既存のものを編集するにはダブルクリックを, 追加/削除をする場合には右クリックから選びます.

D.7 コンパイル関連の設定

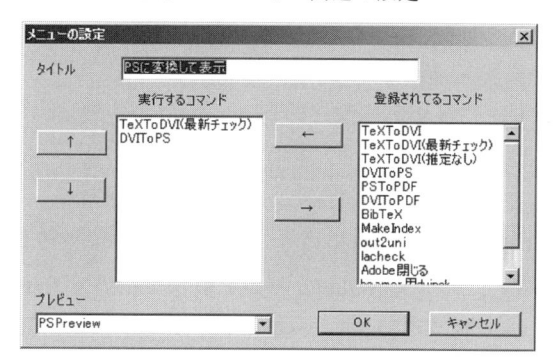

図 D.3 メニューの設定

追加または編集を選ぶと，ダイアログ（図 D.3）が現れます．

まずはタイトルをつけます．これが実際にメニューに表示されます．メインメニュー（節 D.2）と同様に，&によりショートカットを指定できます．

右側にあるのが，登録されているコマンド一覧です．ここから好きに選んでメニューを構築することができます．例えば「PS に変換して表示」ならば，まずソースファイルを dvi ファイルに変換（TeXToDVI パッケージ）し，更に dvi ファイルを ps に変換（DVIToPS パッケージ）した後，ps ファイルを表示させることになります．よって，「TeXToDVI パッケージ」「DVIToPS パッケージ」と設定します．実際にメニューを作るには，挿入したいメニュー項目を選択し，「←」とかかれたボタンを押します．逆に「→」とかかれたボタンを押せば削除されます．「↑」「↓」のボタンにより，実行順序を変更することができます．最後にプレビューのためのパッケージを選べば完了です．

D.7.6 コマンドの設定

いよいよパッケージの設定に移ります．パッケージは大きく「コマンド」と「プレビュー」にわかれます．

まずはコマンドを扱います．図 D.1 のダイアログにおいて，左端が現在登録されているコマンド一覧です．ダブルクリックで編集，右クリックで追加/削除になります．

編集または追加を選ぶと，図 D.2 のダイアログが現れます．これが設定画面

です．コマンドは，大きく三つにわかれます．それが「コマンドライン」「GUI アプリケーション」「マクロ」です．

コマンドラインは，TeX のコンパイルプログラムのような，主にコマンドプロンプトなどから動かすプログラムを指します．このプログラムは，祝鳥により実行される場合，専用のダイアログを用いて実行されます．

GUI アプリケーションは，自分のウィンドを持つプログラムです．Adobe Distiller などが該当します．秀丸マクロの run 文を用いて実行されます．

マクロが最もパッケージというにふさわしいでしょう．その名の通り，呼び出されると秀丸マクロを実行します．実行するマクロは，その下の「マクロ」の欄に記入します．ここでは，置換文字列の %h と %m が使用可能です．（節 D.2 参照）また，マクロに文字列を一つ渡すことができます．詳しくは付属のドキュメント (fortex¥doc¥ttex.txt) をご覧ください．

コマンドライン及び GUI アプリケーションを用いた場合は，実行するコマンドとそこにつけるオプションが必要です．オプションには，ファイル名もつける必要があります．更にコマンドラインでは，実行する際のカレントディレクトリも設定しなければなりません．なお，オプションとカレントディレクトリでは，「中間ファイル削除」にて削除されるファイルのパターン（節 D.7.1.2）と同じ置換文字列が使えます．

D.7.7 プレビューの設定

現在設定されているプレビューの一覧は図 D.1 の真ん中になります．ダブルクリックで編集，右クリックで追加/削除は同様です．

編集または追加をすると，図 D.4 のようなダイアログが現れます．マクロを使うかどうかで大きく変わるでしょう．マクロを使う場合は，「マクロを使用する」にチェックを入れ，その下にマクロ名を入れます．置換文字列 %m と %h も利用可能です．

マクロを使わない場合は，プログラムとその引数を設定します．%f や %K のような置換文字列（節 D.7.1.2）が使えます．

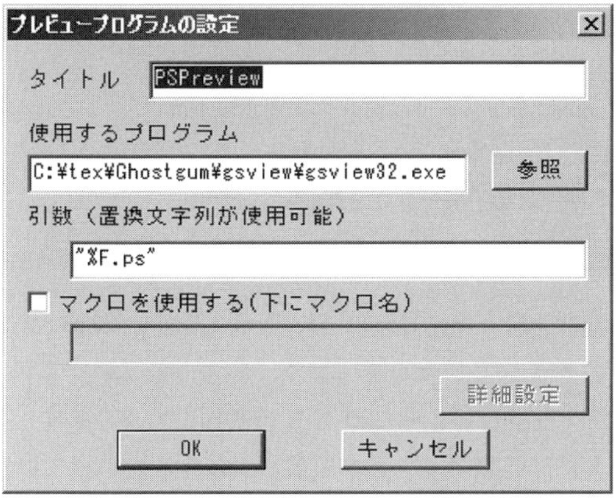

図 **D.4** プレビューの設定画面

参考文献

[1] Donald E. Knuth, The TeXBook, Addison-Wesley, 1986. 作者自身による TeX の解説書．TeX の原典といえるでしょう．ちょっと厚いですが，非常に丁寧に書かれており，頭から読むときちんと TeX の動作がわかります．マクロなどを使い込んでみたい人には必須です．日本語訳がアスキーから出ていたのですが（斉藤信男監修，鷺谷好輝訳，[改訂新版] TeX ブック，アスキー，1982），現在は絶版になってしまったようです．ちなみに私は日本語訳しか見たことがありません．

[2] Leslie Lamport, LaTeX: A Document Preparation System, 22nd edition, Addison-Wesley, 1994. LaTeX の作者による LaTeX の原典．日本語訳は阿瀬はる美訳，文書処理システム LaTeX 2_ε，ピアソン・エディケーション，1999．こちらの日本語訳は現在もまだ手にはいるようです．

[3] Michel Goossens, Frank Mittelbech and Alexander Samarin, The LaTeX Companion: Illustrating Documents With Tex and Postscript, Addison-Wesley, 1994. LaTeX 2_ε の，主にパッケージ関連の解説がなされた本．少し古くなってきましたが，それでもまだリファレンスとして有用です．日本語訳は，アスキー書籍編集部監訳，The LaTeX コンパニオン，アスキー，1998．

[4] Michel Goossens, Sebastian Rahtz and Frank Mittelbach, The LaTeX Graphics Companion, Addison-Wesley, 1997. LaTeX の，主にグラフィック関連に関して解説したものです．画像の貼り方や，LaTeX でどのように図を描くかなどが書いてあります．日本語訳は，鷺谷好輝訳，LaTeX グラフィックス コンパニオン TeX と PostScript による図解表現テクニック，アスキー，2000．

[5] Michel Goossens and Sebastian Rahtz, The LaTeX Web Companion: Intergrating TeX, HTML and XML, Addison-Wesley, 1999. 上記二冊とあわせ，三部作です．こちらは Web 関連について扱った書．日本語訳は，鷺谷好輝 訳，LaTeX Web コンパニオン: TeX と HTML/XML の統合，アスキー，2001．

[6] 奥村晴彦, [改訂 3 版] LaTeX 2_ε 美文書作成入門，技術評論社，2004. 日本語による LaTeX の入門書として最も有名な本です．入門的なことだけでなく，文書作成

の際のちょっとしたコツなどについても触れられていて，少しなれてきた人にも有用な本です．段々と改訂されていて，その時々の $\LaTeX 2_\varepsilon$ の進化も取り込まれていっています．

[7] ページ・エンタープライゼズ，$\LaTeX 2_\varepsilon$ マクロ&クラスプログラミング基礎解説，技術評論社，2002．$\LaTeX 2_\varepsilon$ のマクロに関し，非常に詳細に書かれた書．その分難解ではありますが，$\LaTeX 2_\varepsilon$ を使い倒したい人にはお勧めの一冊です．

[8] 吉永徹美，$\LaTeX 2_\varepsilon$ ［マクロ&クラス］プログラミング実践解説，技術評論社，2003．上記 $\LaTeX 2_\varepsilon$ マクロ&クラスプログラミング基礎解説の続編．上とあわせて持っておくといいでしょう．

索引

コマンド

¥!　62
¥¥　44
¥@　55
¥,　55, 62
¥/　55
¥;　62
¥>　62

¥addtocounter　167
¥advance　171, 191
¥allowdisplaybreaks　65
¥Alph　170
¥alph　170
¥and　40
¥appendix　122
¥arabic　170
¥author　40

¥backmatter　122
¥bfseries　46
¥bibitem　92
¥bibliography　96
¥bibliography　95
¥bibliographystyle　95
¥Big　61
¥big　60
¥Bigg　61
¥bigg　61
¥bigl　60
¥bigm　60
¥bigr　60

¥boldmath　68
¥boldsymbol　67
¥box　193

¥caption　85
¥cdots　67
¥centering　47
¥cfrac　58
¥chapter　41
¥cite　93, 96
¥clearpage　45
¥cline　50
¥color　138
¥colorbox　139
¥copy　193
¥csname　188

¥date　40
¥DeclareMathOperator　64
¥DeclareOption　209
¥def　163
¥definecolor　139
¥dfrac　68
¥displaybreak　65
¥displaystyle　57
¥divide　191
¥documentclass　25
¥dots　67
¥dotsb　67
¥dotsc　67
¥dotsi　67

索 引

¥dotsm 67
¥downkey 138

¥edef 187
¥endcsname 188
¥endinput 208
¥@evenfoot 204
¥@evenhead 204
¥ExecuteOptions 209
¥expandafter 186

¥fcolorbox 139
¥finalmessage 160
¥fnsymbol 170
¥footnote 43
¥footnotesize 46
¥@for 190
¥frac 58
¥frametitle 143
¥frontmatter 122

¥gdef 187
¥global 185
¥gtfamily 46

¥hline 50
¥href 129
¥hskip 195
¥hspace 56
¥hspace* 56
¥Huge 46
¥huge 46
¥hyperlink 129
¥hypersetup 131
¥hypertarget 129
¥hyphenation 44

¥ifcase 181
¥iffalse 182
¥@ifnextchar 189
¥ifnum 180
¥ifodd 181

¥iftrue 182
¥ifx 181
¥include 119
¥includegraphics 80
¥includeonly 120
¥index 113, 114
¥inhibtglue 54
¥input 119
¥inserttitle 153
¥institute 142
¥item 48
¥itemindent 176
¥itemsep 176
¥itshape 46

¥kanjiskip 54
¥kenten 137
¥keytop 136, 138

¥label 87
¥labelsep 176
¥labelwidth 176
¥Large 46
¥large 46
¥ldots 67
¥left 60
¥leftkey 138
¥leftmargin 176
¥let 165
¥limits 59
¥linebreak 44
¥listoffigures 42
¥listoftables 43
¥listparindent 176

¥mainmatter 122
¥makeatletter 166
¥makeatother 166
¥makeindex 112
¥makeindex 113
¥maketitle 26, 40
¥markboth 206

索引

\markright 206
\MARU 137
\mathbb 63
\mathbf 64
\mathbin 62
\mathcal 63
\mathclose 62
\mathfrak 63
\mathit 64
\mathop 62
\mathopen 62
\mathpunct 62
\mathrel 62
\mathrm 64
\mathscr 63
\mathsf 64
\mathtt 64
\@mkboth 204
\multicolumn 51
\multiply 191
\multirow 51

\NeedsTeXFormat 208
\newcommand 162
\newcount 191
\newcounter 167
\newenvironment 172
\newif 183
\newpage 45
\newtheorem 72, 76
\newtheorem* 73
\newtheoremstyle 77
\nocite 97
\noindent 55
\nolimits 59
\nolinebreak 45
\nopagebreak 45
\normalsize 46
\not 61
\notag 69
\number 192
\numberwithin 89

\@oddfoot 204
\@oddhead 204
\only 143, 146
\or 181

\pagebreak 45
\pagecolor 139
\pageref 89
\par 44
\paragraph 41
\parindent 171
\parsep 176
\parskip 176
\part 41
\partopsep 176
\pause 146, 158
\printindex 113, 122
\ProcessOptions 209
\proofname 75
\ProvidesPackage 208

\qedsymbol 75
\quad 55, 62
\qquad 55, 62

\raggedleft 47
\raggedright 47
\raisebox 48
\ref 87
\refstepcounter 167
\renewcommand 163
\renewenvironment 173
\RequirePackage 209
\reset@font 205
\RETURN 138
\return 136, 138
\right 60
\rightkey 138
\rightmaring 176
\rmdefault 132
\rmfamily 46
\Roman 169, 170

索　引　　271

\roman　170
\romannumeral　192
\ruby　137

\setwallpaper　160
\scriptsize　46
\scshape　46
\section　41
\sectionmark　204
\setbeamercolor　150
\setbeamerfont　149
\setbeamertemplate　152
\setbox　193
\setcounter　167
\setframe　159
\sfdefault　132
\sffamily　46
\showhyphens　44
\slidetitle　157
\slshape　46
\small　46
\stepcounter　167
\subparagraph　41
\subsection　41
\subsubsection　41

\tableofcontents　42, 122
\tag　69
\text　64, 66
\textbf　46
\textcolor　138
\textgt　46
\textit　46
\textrm　46, 64
\textsc　46
\textsf　46
\textsl　46
\textstyle　57
\textt　46
\textyen　112

\tfrac　68
\thanks　40
\the　191, 192
\theoremstyle　76
\thispagestyle　41
\thmname　78
\thmnote　78
\thmnumber　78
\tiny　46
\title　40
\topsep　176
\ttdefault　132
\ttfamily　46

\upkey　138
\usebeamercolor　150
\usebeamerfont　149
\usebeamertemplate　152
\usepackage　207
\usetheme　148

\value　167
\visible　146
\vskip　195
\vspace　56
\vspace*　56
\verb　53

\@whilenum　190

\usecolortheme　148
\usefonttheme　148
\useinnertheme　148
\useoutertheme　148

\xdef　187
\xkanjiskip　54

\yen　136, 138

索引

あ行

アウトライン　118
圧縮　215
アメリカ数学会　66

イタリック補正　55

エディタ　232

大型演算子　59, 62
オーバーレイ　146, 158
オプション引数　24

か行

解凍　215
カウンタ　166
拡張子　214
カレントディレクトリ　217
環境　24, 172
環境変数　219
関係演算子　62
関連づけ　214

キー　246
キーマクロ　244
キー割り当て　242
ギリシャ文字補完　36

句読点　62
クラスファイル　25
グルー　193
グルーピング　237
グローバル　185

コメント　24
コントロールシークエンス　23, 162
コンパイラ　13

さ行

最長一致の原則　239

システム環境変数　221
新ドキュメントクラス　5, 25

垂直ボックス　193
水平ボックス　193
数式モード　24, 57
スタイルファイル　207
スペルチェック　223

正規表現　233
セクション　246
絶対パス　212

相対パス　212
ソースファイル　13
属性　217

た行

対応するものへの移動　37
タグ付き正規表現　240

置換文字列　247

ディスプレイ数式　24
ディスプレイ数式モード　57
定理環境　66, 72, 144
ディレクトリ　210
テーマ　147
テキストファイル　215
展開　186
テンプレートファイル機能　28

閉じ括弧　62
ドライブ　211

索引

な行

二項演算子　62

祝鳥（のりてふ）　4, 11, 30

は行

バイナリファイル　215
バウンディングボックス　84
パス　212
パッケージ　26, 123, 256

引数　23
秀丸　4, 11, 232
秀丸マクロ　241
開き括弧　62

ファイル　210
フォルダ　210
フッタ　204
プリアンブル　24
プリミティブ　1
プレゼンテーションモード　160
フロート環境　86

ページスタイル　204
ヘッダ　204

ボックス　192

ま行

マーク　205
マクロ　162
マクロ登録　242
マクロフォルダ　242
メタキャラクタ　234

や行

ユーザ環境変数　221

リストボックスによる補完　34

ローカル　185

記号・欧字

¥end 補完　36

¥if系文　179

abstract 環境　41
accent 型　32
Adobe Reader　11
align*環境　69
alignat*環境　70
alignat 環境　70
align 環境　68
AMS　66
amsmath　66
amsmath パッケージ　66
amssymb　66
amssymb パッケージ　66
amsthm　66
amsthm パッケージ　66
article　25
ascmac パッケージ　136

beamer color　150
beamer font　149
beamer template　151
beamercolorbox 環境　151
begin 型　32
BibTeX　93
bibtex　96
bkmk2uni　145
block 環境　143
book　25
boxnote 環境　136

索引

cases 環境　71
center 環境　46
citebordercolor　130
citecolor　131
cite パッケージ　93
Color Theme　148
color パッケージ　138
Computer Modern　132
Courier　133
courier パッケージ　135
CreateBB.exe　84
CTAN　123
CUI　216

deltexlsr　127
description 環境　47
DocStrip　127, 207
dviout for Windows　3, 5
dvipdfm　3
dvips　3
dviware　3

enumerate 環境　47

figure 環境　85
fil　194
fill　195
filll　195
flushleft 環境　46
flushright 環境　46
fourier パッケージ　135
FRAME 環境　138
frame 環境　142

gather*環境　70
gather 環境　70
GhostScript　5
graphicx パッケージ　79
grep　241
GSView　5
GUI　216

Help TeX　29
helvet パッケージ　135
Helvetica　133
HmJre.dll　234
hoverlay 環境　158
HyperTeX　128
hyperref パッケージ　128

ImageMagick　81
INI ファイル　245
Inner Theme　148
ispell　223
itembox 環境　136
itemize 環境　47

jarticle　25
jbibtex　96
jbook　25
JFM ファイル　54
jis.tfm　54
Jre32.dll　234
jreport　25
jsarticle　25
jsbook　25
jslides　156

kpathsea　126
kpsewhich　126

large 型　32
LaTeX　1
LaTeX Beamer　141
linkbordercolor　130
linkcolor　131
list 環境　174
ls-R　127

makeidx パッケージ　113
MakeIndex　112
maketitle 型　32
mathpazo パッケージ　134
mathptmx パッケージ　134

索　引

Meadow　4
mendex　113
min10.tfm　54
mktexlsr　127
multirow パッケージ　51
multline*環境　71
multline 環境　70

notitlepage　26
NTT jTeX　2

okumacro パッケージ　137
oneside　26
Outer Theme　148

pagestyle　41
Palatino　133
pgf パッケージ　141
proof 環境　66, 74
pTeX　2
pxfonts パッケージ　134

RefTeX　4
report　25
Ring Server　124

screen 環境　136
section 型　32
shadebox 環境　136
slide 環境　157
Source Specials　38
Susie　83

Susie plug-in　83

table 環境　52
tabular 環境　49
tarticle　25
tbook　25
template　151
TeX　1
textcomp パッケージ　132
thebibliography 環境　55, 92
Times　133
titlepage　26, 41
treport　25
trivlist 環境　174, 178
twocolumn　26
twoside　26
txfonts パッケージ　134

urlbordercolor　130
urlcolor　131

verbatim 環境　53
voverlay 環境　158

W32TeX　5
wrapfigure 環境　86
wrapfig パッケージ　86

xcolor パッケージ　141

YaTeX　4

著者略歴

阿 部 紀 行
あ　べ　のり　ゆき

2006年　東京大学大学院数理科学研究科数理科学専攻修士課程修了
現　在　東京大学大学院数理科学研究科数理科学専攻博士課程在学

Information & Computing-109
一歩踏み込む LaTeX の基本
——入力支援環境「祝鳥」を用いた文書作成——
のりてふ

2006 年 12 月 25 日 ⓒ　　　　　初 版 発 行

著　者　阿部紀行　　　　　　発行者　森平勇三
　　　　　　　　　　　　　　印刷者　山岡景仁
　　　　　　　　　　　　　　製本者　関川安博

発行所　　株式会社　サイエンス社

〒151-0051　東京都渋谷区千駄ヶ谷1丁目3番25号
営業　☎ (03) 5474-8500（代）　　振替 00170-7-2387
編集　☎ (03) 5474-8600（代）
FAX　☎ (03) 5474-8900

印刷　三美印刷（株）　　　　製本　（株）関川製本所

《検印省略》

本書の内容を無断で複写複製することは，著作者および
出版者の権利を侵害することがありますので，その場合
にはあらかじめ小社あて許諾をお求め下さい．

ISBN4-7819-1158-7

PRINTED IN JAPAN

サイエンス社のホームページのご案内
http://www.saiensu.co.jp
ご意見・ご要望は
rikei@saiensu.co.jp まで．